郷土の水泳文化

"長崎游泳協会（瓊浦《けいほ》游泳協会）"

120年のあゆみと想いを俯瞰《ふかん》する

口絵1

創立當時の幹部

後列 向つて右より池田正誠氏。高柳信昌氏。江口定條氏。不明。田内虎二氏。 中列 向つて右より笠野源三郎氏
渡邊融。横山寅一郎氏。倉塲富三郎氏。遠矢三次氏。木村廣楠氏。 前列 宇田川五郎氏と池田賢太郎氏

創立当時の幹部写真(『瓊浦游泳協会十年紀念』(1912)口絵より)

口絵2

創立當年即ち十年前會員の全部

(明治三十六年八月鼠島游泳會塲)

創立当年(明治36年8月)の全会員集合写真(口絵1に同じ)

口絵3

永見徳太郎著「長崎游泳協会の話」(『水泳界』創刊号(1931)掲載より)

口絵4

『水泳界』創刊号(1931)口絵写真に掲載された「夏の長崎」

特 集 **長崎游泳協会**

報道部・牧夕莉子、佐藤大樹

「市民皆泳」目指し120年

長崎市のＮＰＯ法人長崎游泳協会（田中直英理事長）が今年で設立120年を迎える。1902（明治35）年８月、「瓊浦游泳協会」として発足。同市小瀬戸町の皇后島（通称・ねずみ島）を道場とした。江戸時代から続く日本古来の泳法「小堀流踏水術」を受け継ぎ、今も毎年2000人以上に泳法を教える。市民に親しまれてきた協会の歴史を写真で振り返る。

＝写真はすべて長崎游泳協会提供＝

大名行列 江戸時代、細川藩の参勤交代の列が立ち泳ぎで川を渡った様子を再現した「大名行列」。現在も夏の風物詩として続いている（撮影時期は不明）

ねずみ島 1962（昭和37）年の「ねずみ島」。72（昭和047）年の閉鎖まで協会の道場として使われた

大水書 終戦後、1947（昭和22）年に再開された時の「大水書」。故・田中直治主任師範（左端）が立ち泳ぎをしながら飛び上がって書いたという

長崎港から「ねずみ島」まで会員を運んだ崎陽丸と、4隻の送迎団平船。1日で3千人近くを運んだ（昭和初期）

大正後期から昭和初期にかけて設置されていた木製の大滑り台。水を流すと同時に、子どもたちが箱や板に乗って滑った▼

長崎市民総合プールに会場を移し、練習に励む会員ら ＝1979（昭和54）年７月15日

水泳教室の伝統 継承を 田中　直英理事長(78)

インタビュー

長崎游泳協会は、日本古来の泳法である「小堀流踏水術」を通して青少年の健全育成、市民皆泳に寄与してきました。毎年、長崎市が主催する夏季水泳教室では指導を担当しています。

市民プールの指定管理者でもあります。運営の努力はもちろん、「安全」と「気持ちの良い対応」に心を砕いています。

水泳教室の指導者としてこれまで動いてきたのは全員がかつての生徒たち。基本は「生涯現役」。会員も全員教室の卒業生です。特別なお願いをしなくても、毎年教室が始まる時期になると、高校生から90代まで50〜60人の経験者が全国から指導のために集まってくれます。

生徒は小学1年から中学3年まで2千人以上。このマンモス教室を、皆さんの善意で運営していることが協会の宝であり、120年の伝統です。

かつて長崎市小瀬戸町の皇后島（通称・ねずみ島）が会場でした。懐かしいですね。海水浴文化が次第に失われつつあるので、海に親しむための合宿も行っています。私も、生徒の指導に当たっています。顔に水もつけられなかった子どもたちが、25㍍を泳ぎ切った時のうれしそうな顔を見るのが一番の喜び。教師冥利に尽きます。

コロナ禍の影響で長崎市の水泳教室は2年連続で中止。生徒を集めることはできませんが、後継者は育てなければいけない。このため、協会主催の育成クラス（水泳教室）を開催し、2年間で16人に先生になる資格（初段）を取ってもらいました。

今年の開催の有無はまだ分かりませんが、参加人数に応じた指導マニュアルを作り、準備しています。なんとか開催し、伝統を継承していきたいです。

特集長崎游泳協会『市民皆泳』目指し120年（『長崎新聞』2022年5月5日付朝刊、15面）

口絵6

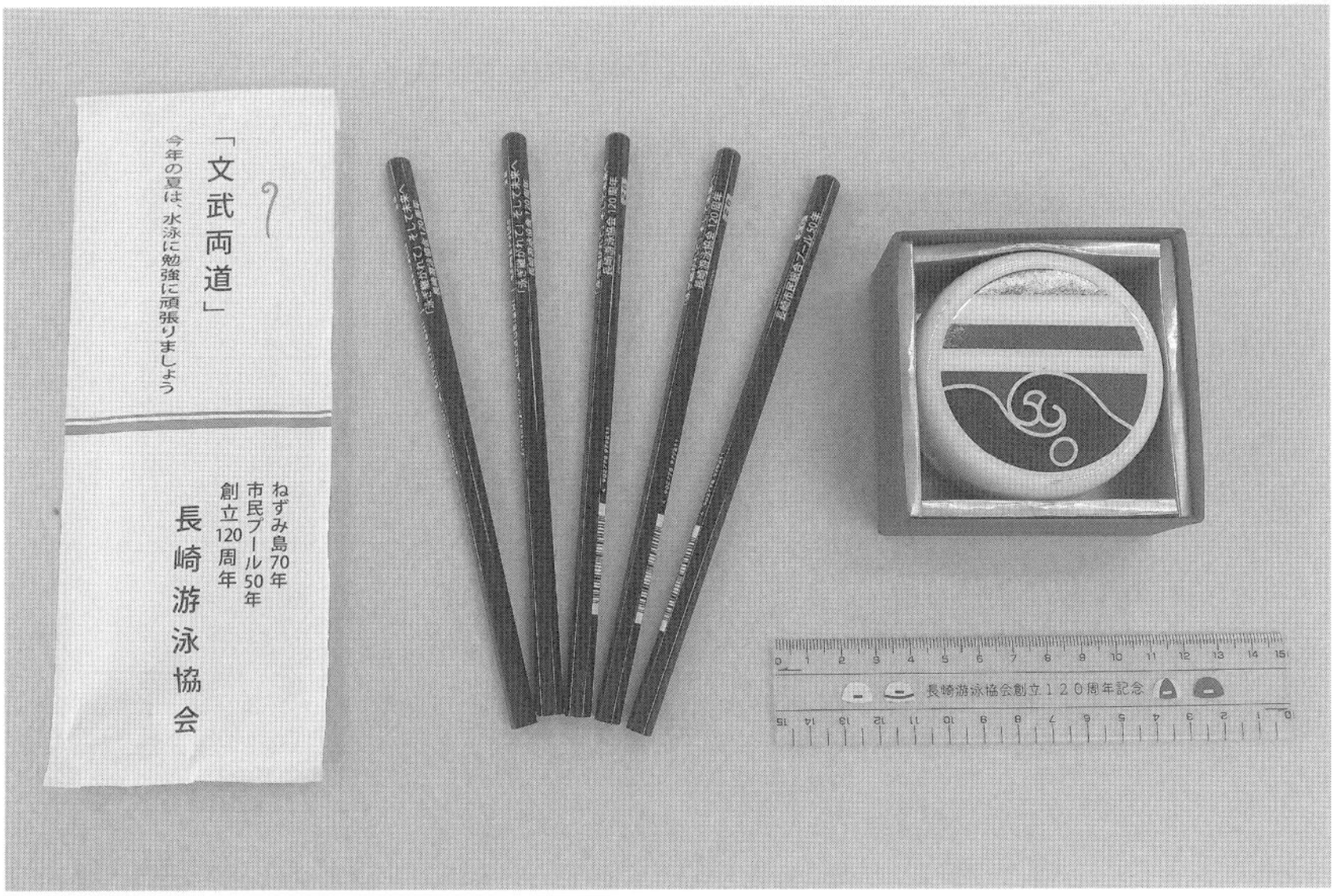

長崎游泳協会120周年で配布された記念品

口絵7

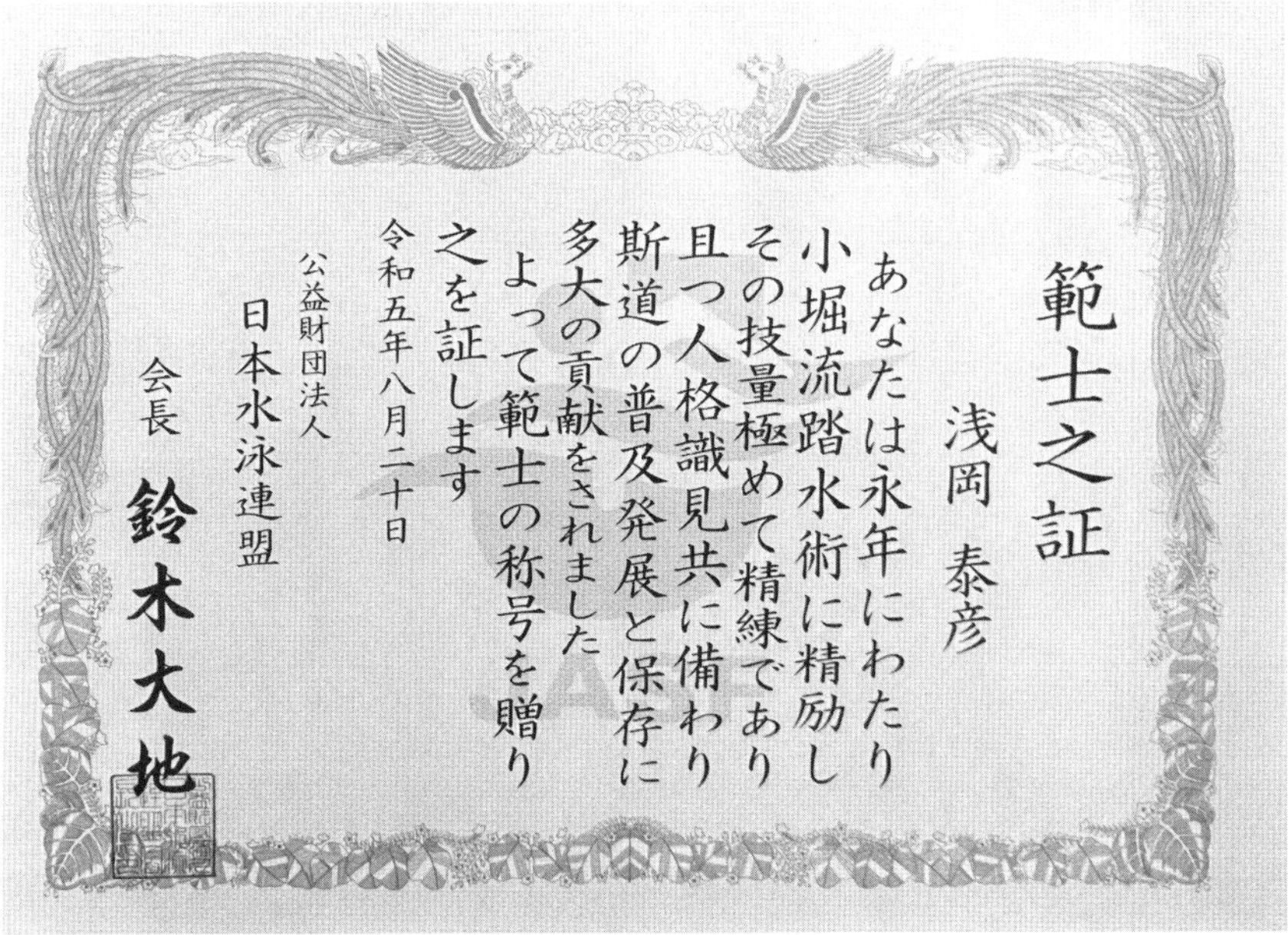

長崎游泳協会副理事長 浅岡泰彦氏が授与した日本水泳連盟「範士」合格証

まえがき

長崎市の長崎游泳協会は、2022年（令和4）8月26日（金）に、〝瓊浦游泳協会〟の名称で1903年（明治36）に長崎港外の鼠島（皇后島）にて水泳の指導を開始して以来、120年を記念する祝賀会を開催しました。祝賀会には、長崎県の政治・経済界、日本水泳連盟、小堀流関係者などの臨席があり、盛大に執り行われました。この記念行事は、同年1月3日例年の寒中水泳（稽古初め）に始まり、記念碑建立、記念誌『泳ぎ継がれて―そして未来へ―』（7月21日発行）が上梓されました。この水泳指導120年という大還暦は、鼠島で行われた海での70年期間と、その後プール移転の選択を余儀なくされてからの50年間という期間です。その間では、「市民皆泳」の目的を変えることなく継続された歴史でした。同時に、地域に根付いた水泳文化とも言えると思っています。その中では、時代社会に応じて「変わるもの」・「変えたもの」・「変わらないもの」が存在し、独自性が築かれてきたと捉えています。

それ故に、同年5月に『長崎新聞』が「特集　長崎游泳協会『市民皆泳』目指し120年」（5月5日朝刊15面（本書口絵5）1面にも紹介の写真・文あり）として掲載したこと、同年7月にはNBC長崎放送が特別企画として「泳ぎ継がれて　そして未来へ～長崎游泳協会創立120周年～」（同年7月27日放映）の2時間の番組を作成したことなどにも見えると考えます。つまり、〝郷土の水泳文化〟としての認識と理解が、この情報発信に繋がったと推察しています。

鼠島時代から現在までに確立されてきたこの水泳教育の伝承は、学んだ多くの人にとっては当たり前のことでも、他所に行くと、学校水泳や一般的なスイミングクラブでは見られない独自性に「郷土の水泳文化」と気付くことだと思われます。

本書は、著者が長崎游泳協会の伝承の一つ「大名行列」に祭りの賑わいを感じて、拙著『〝日本泳法〟のススメ　―伝承文化としての〝オヨギ〟が伝えるもの―』（（株）BABジャパン、2018）の中で、写真と文にして採り上げたことがご縁となったものです。このご縁は、前出の120年の記念誌に寄稿文掲載（第2章）となりました。そして、今回その部分を別書籍として上梓したものです。

論者は、これまで我が国固有で流派形態を維持しつつ伝承されてきた「オヨギ」の文化について、史的研究の立場から調査研究を進めてきました。具体的には、「観海流」「踏海流」「岩倉流」「向井流」「神統流」、加えて戦前に存在した全国組織「日本游泳連盟」についてなど論考を著してきました。*1

これまでに論者が、研究調査から得た見解では、武術として発展してきた経緯を持つ伝承的な泳ぎを、〝伝承泳法〟とし、現在的視点では、〝伝承文化〟としての〝オヨギ〟であり、この伝承泳法を伝える流派に対して日本水泳連盟が承認したものが用語としての〝日本泳法〟と解釈しています。現在、「日本泳法」には13流派（水府流、水府流太田派、向井流、観海流、小池流、能島流、岩倉流、水任流、神伝流、主馬神伝流、山内流、小堀流、神統流）がありますが、それ以外にも嘗《かつ》ては流派が存在し、現在も自称として存続している流派もあります。

なお、本書では、武術としての〝水術〟から発展した泳法を、**「伝承文化としての〝オヨギ〟」と捉えて、「伝承泳法」の呼称に統一**して述べます。従って「日本泳法」の呼称は、日本水泳連盟との関わりの中でのみ使用します。

長崎游泳協会を〝伝承泳法〟を伝える水泳団体と捉える中、1900年（明治33）前後という同じような時期に創立して、現在まで存続している団体が他に2つあります。その1つの団体は、「京都踏水会水泳学園」（1895年創設、当初〝大日本武徳会本部游泳部〟、京都府京都市、以下「京都踏水会」と称す）と、もう1つの団体は「毎日新聞社浜寺水練学校」（1906年創設、当初〝浜寺海水浴場併設浜寺水練場〟、大阪府堺市、以下「浜寺水練学校」と称す）が、同様の存続期間を持つ存在と捉えられます。

これらの長崎游泳協会を含む3団体に共通していることは、泳法流派の発祥地ではないと言う特色、長期間を経ても現在なおも大きな組織（会員数等）を維持していることが推察できます。それは同時に、現時点での伝承泳法の世界にあって、その存在と存続は特筆に値すると考えています。従って、このことだけでも長崎游泳協会は、社会的に意味を持った存在と考えられます。しかし、それぞれの団体には、それぞれであって比べようもない存在でもあります。それでいて、近似的な一面と対比的に捉えられる事柄には、存続の手掛かりが内包されていることが推測されます。そこで、本論では、長崎游泳協会の存続過程を述べる中で、参考事例として、その特色的な一面を論述の中で意図的に触れました。

これまでに、長崎游泳協会が発行した記念誌において、団体外部の人間によって著された歴史的経過の著述が2件あります。1件は、創立10年目に初めて実施された記念行事とともに、東洋日の出新聞社の記者、大串喜好に依る編集著述『瓊浦游泳協会拾年紀念《ママ》』（1912年、以下『10年誌』と称す）が上梓されています。本論中でも触れますが、写真や新聞記事などが豊富に掲載された戦前の貴重な資料とも言えます。もう1件は、創立65年の記念事業として郷土史家田栗奎作に依る著作『長崎游泳協会六十五年誌　―鼠島年代記―』（1968年、以下『65年誌』と略す）が上梓されています。綿密な情報収集と丁寧な資料解析に依る詳細な論述は、郷土感にも溢れていながら史実を十二分に検証網羅した、長崎游泳協会の記録そのものにも思える迫力さえ感じられました。

ただ、この2件は何れもが、団体外部者ではあっても、意識において、長崎市在住の身内的な感覚の論述表現も見受けられました。

その点では同じ外部者と言っても論者は、遠く離れた県外者[*2]であり、長崎游泳協会との関わりが実質上も意識上においても少なく、郷土意識のない人間です。それを前提としていただいて、伝承泳法を調査研究してきた論者の視点によるとして読んでいただけたらと思っています。

つまり、120年の歴史を刻んだ長崎游泳協会について、伝承泳法の世界が持つ全体像を織り交ぜながら、謂わば俯瞰的な意識をもって論じたつもりです。ただ、論者が深堀しすぎて管見となっている論述や好奇心に駆られての趣向もあるかと思いますが、持てる見識の偏りとご容赦いただければ嬉しく思います。

論述を展開するに当たっては、右記2件の冊子の他、長崎游泳協会の第11代主任師範唐津勝彦著『長崎游泳協会／ねずみ島物語　追想録』（2006年（平成18）、非売品、以下『追想録』と称す）は、貴重な記録として多用させてもらいました。また、2018年（平成30）3月開催の第66回日本泳法研究会資料『小堀流踏水術』（小堀流踏水術資料編集員会編・発行）の「1）特定非営利活動法人　長崎游泳協会」（25―43頁、以下『研究会資料・長崎』と称す）、長崎游泳協会作成の「年表」、記念誌（論中内では各記念年の冊子を『〇〇年誌』と略す）、ホームページなどを、史実における基調情報及び資料としました。地元新聞記事は、本来二次的資料扱いで手掛かりの範囲ですが、戦前に関しては残存資料だけでは不明瞭な点が多いことを理由に、『東洋日の出新聞』の記事を、基調資料の中に多数を用いて論じました。その他、情報収集上、止む無くインターネットに掲載された機関ホームページの記事を、判断基準として参考にした事項ではURL（webアドレス）を註釈で照会元として取り上げました。

加えて、長崎游泳協会からは、団体外部の人物ですが、長崎市生まれで住人期間が長く、郷土の偉人の一人とも目される永見徳太郎が、1931年（昭和6）5月創刊の月刊雑誌『水泳界』*3（駿南社）に創刊号と翌6月の第2号にも寄稿連載した「長崎游泳協会の話」（本書口絵3）がありました。かなり、詳しく表現された記述も見られますが、本人の手元資料や情報源はあったとしても、明らかな誤認の記述もあるなど、本人の記憶が混在した記述と推察されます。従って、手掛かりも含む参考事例の範囲で取り上げています。

なお、本書の構成上、長崎游泳協会の史的経過については、伝承泳法研究からの私的関心の目線で、必要と感じて着目したことを中心として論じています。そのため、詳細の史実内容については、基調情報及び資料の出典を示すことに留め、一方、これまでの史的経過において表現されてこなかった事柄や情報に関しては、敢えて詳細も含めて特化した記述を行っています。

最後に、長崎游泳協会の「水難事故防止」＝「市民皆泳」という水泳指導は、地域に直接的に果たしてきた役目や価値は具体的に見えてはいません。しかし、これまでの歴史的経過から、多くの方々に長崎市で伝承される〝郷土の水泳文化〟であると再認識されることを期待しています。

2025年1月

中森一郎

目次

表紙装画　八田　寛

【凡例】

・文中人名に関しては、敬称を省略しています。また、論述文中では、氏名は省略せずそのまま用いました。
・団体名表記においては、原則として法人格を省略しました。
・旧漢字・旧仮名遣いなどを原文の表現意図を損ねない範囲で常用漢字・現在仮名遣いに改めて用いました。なお、人名、固有名詞においては除外しています。
・冠称としての歴代数は、アラビア数字で示しました。
・文中引用文献は、『　』で示し、原則として著述及び編集者・出版社及び発行機関・西暦発行年の順で付記しました。
・引用文は「　」で表記し、引用文献の記載頁を文末後に（　）内で付記しました。
・引用文の漢数字・アラビア数字はそのままにして表記しました。
・引用文の文中における括弧の表示はそのままにして表記しました。
・引用文において、読みづらいと判断した漢字については、読みにルビを付して示しました。
・引用文における誤表記や判断が難しい文言などについては、「ママ」のルビを付しています。
・引用文の省略については、「　…　」で示しています。
・引用文献の提示は、本文内で示すか、註釈にて示すかは、文章表現として適宜判断しました。
・新聞記事については、掲載新聞を『　』で示し、発売の年・月・日・面を付し、記事については「」を付けて引用文の扱いと同様としました。なお、記事小見出しに付された記号は省略しました。
・通説となっている歴史的事項については、出典を一部省略しました。
・補足が必要と判断した歴史的事項等については、註釈番号を付して出典も含めて解説しました。
・本文中の年次表記では、原則西暦（和暦）で示しました。
・本文中での引用文献略称は、［主な参考文献］の中でも、略称『　』を示しています。
・各記念年に発行された各記念冊子に対しては、『〇〇年誌』に統一して略称表示しています。
・固有名詞に付した記号は、明確化するためで必ずしも統一していません。
・注釈は「あとがき」の次に、「まえがき」以降各論Ⅶまで一括して列記しています。

I．長崎游泳協会（瓊浦游泳協会）を生み出した原動力と動機について

長崎游泳協会（初め瓊浦游泳協会、以下「協会」と称す）という民間の水泳団体が、どのように生み出されたのか、その原動力と動機が生じた要因を探ることは、歴史的経過と存在を語る上で避けて通れない課題であると考えます。

1．創立年に関しての前提条件

先ず、創立への動機が、何時からという起点を考えてみたいと思います。

『65年誌』には、「瓊浦游泳協会（以下協会と略称）は、長崎游泳協会の前身である。創立は明治三十五年八月となっている。協会は長い間、鼠島道場創設《ママ》の翌三十六年を協会創立の年として記念行事を行なっていたが、戦前、より正確を期する意味で、その設立発起の年から起算するようになったようである。と言って、明確な資料はない。」（23頁、傍線加筆）との考察が述べられています。

現在の協会の公表するところの記述においても、他に創立年が表記された出版物などにおいても、協会が「１９０２年（明治35）創立」とされています。

本論では、上記の引用文に述べられた「設立発起の年」とされている表現と「明確な資料はない。」としながらも「正確を期する意味で」とする著者の意識を受け止めて、それを創立年とするか否かを曖昧なまま、“１９０２年（明治35）”を「創立」に関わる起点とすることを前提に考えてみました。

なお、以下、引用文を除いて「創立」・「創業」とは、初めて組織を明確に形成して事業を開始したことを指す名辞として用います。「創設」とは事業内で新たな事業を起こしたことを指して用います。また、「創立」に至るまでの動向について

は「創立過程」としました。さらに、現在通念としては、「創立」と「設立」は同時期扱い又は「創立」後に「設立」公示がされたことを前提とされています。「設立発起」は、「創立過程」と同義とするか、「創立」並びに「設立」への始動意思を表明した段階としておきます。

2. 1902年（明治35）頃の水泳場事情と長崎の状況について

この時代の社会的風潮から、協会創立発起への都合の良い状況を探ってみると、大雑把な表現ながら、日清戦争1894-1895年（明治27-28）後は、アジアの強国として大陸に目を向けつつ軍事思想（富国強兵など）が高まる中で、心身の鍛錬、外国からの教育論の流入から意識された体育思想（例えばスペンサーの三育論（知育・徳育・体育）など）、そこから意識された身体の育成[*4]、衛生面から海事思想（海国日本など）と結びついての海水浴の流行[*5]といった事柄が考えられます。

この時期の我が国における水泳場の状況については、1868年（明治元）以降の水泳指導に関する起点に触れた上で、少し詳しく触れておきたいと思います。

先ず、1870年（明治3）に陸軍及び海軍での水泳が、修得課目の中で開始されています。その後、藩制時代の諸藩の水術は、一般人も学ぶことが可能な水泳の指導として、1871年（明治4）には熊本で小堀流の伝承泳法の指導が、1873年（明治6）頃から東京の隅田川河岸では民間の水泳場が[*6]開かれ始め、この頃和歌山でも岩倉流の伝承泳法の指導が始まり、1877年（明治10）には東京大学の水泳が[*7]行われるなど学校関係の水泳が開始され、心身の鍛錬と溺れない能力の習得として、水泳教育の場が広がっていきました。

学校教育と制度の上では、1891年（明治24）文部省の「小学校教則大綱」で水泳が初めて夏期の有効な運動として示されています。

一方、民間でありながら、全国的な組織力を持つに至った教育的団体の登場には、1883年（明治16）創立の「大日本教育会」、1891年（明治24）の創立「日本体育会」（現、日本体育大学）、1895年（明治28）創立の「大日本武徳会」がありました。そのいずれでも、本部及び支部において、水泳教育が開始されたことが判明しています。判明している開始年を3団体の順で示すと1893年（明治26）・[*8]1894年（明治27）・[*9]1896年（明治29）でした。[*10]

1897年（明治30）京都府師範学校は、正課授業として、現、三重県津市で発祥して遠泳に重きを置いた伝承泳法"観海流"を学びに、同市まで赴いて実施しています。同流では、その頃から、広く全国的な学校関係への広がりとなって行ったことが判明しています。[*11]

同時に、この頃の地域的な水泳場の発展を考えると、東京が最も盛んで『東京朝日新聞』掲載の1901年（明治34）7月27日付の連載記事「水およぎ（五）」（5面）には、隅田川界隈で当時の水上警察署の許認可を得た民間水泳場の所在地・流名・教員の項目に分けた27ヵ所が掲載されています。[*12]その盛況ぶりが窺えます。

因みに、大阪で最初に民間の水泳場が開設されたのは、1889年（明治22）で、岩倉流の浅井清五郎による大阪水練学校が最初です。京都では、右記の大日本武徳会が1896年（明治29）に游泳部を創設したのが最初でした。

長崎とは近距離にある九州の水泳場での泳法指導は、前述した熊本の小堀流が早く、1875年-1876年（明治8-9）ごろに大分県臼杵市の山内流でも開始され、その後も継続されています。鹿児島でも、1900年（明治33）の『鹿児島新聞』に7月から8月にかけて6回、日本体育会鹿児島支会の水泳場について詳しく掲載されるなど、活発化した水泳教育の動きが見えます。

つまり、1902年（明治35）頃には、すでに他の大都会や伝承泳法の発祥地、九州でも、水泳場が設けられ、水泳教育が開始されています。

それに対して長崎は、人口が多く国際色も豊かな都会でしたが、水泳場は未発達だったようです。

関連として『長崎県スポーツ史』(平井清光、長崎県体育協会長崎県スポーツ史刊行委員会編、長崎新聞社、1988年)から探ってみると「長崎でもっとも早く始められたスポーツは庭球と漕艇。」(1頁)とあり、庭球が1887年(明治20)頃、漕艇が1893(明治25)以前からあったと記述されています。水泳については、「水泳も歴史は古い。明治三十五年に設立された瓊浦游泳協会(のちの長崎游泳協会)は　…　。組織立った活動としてはこの時期、県内に類をみない。」(3頁)と述べられるに留まっています。長崎における水泳教育の初めとして、協会の設立(創立)を捉えていると推察しました。

しかしながら、この記述の協会が創立されたとする年は、『東洋日の出新聞』が創刊された年でもありますが、同紙におけるこの年の記事から、長崎において水泳が行われている実態をはじめ、長崎においての水泳場開設及び水泳指導が実施された、とする記事を今のところ見出せていません。

総体的に眺めてみると、軍事や教育の世界にあって、心身の鍛錬的な発想が膨らむ中で、水泳教育は心身の鍛錬と安全思考を基調として、衛生学的な観点からの海水浴も加わったことで、水泳場も発展的に広がってきた時期であったと考えられます。しかしながら、長崎の地においては、青少年への水泳教育が未発達な状況にあったことから、社会事情が協会創立への動きを後押ししたことが推測されます。

3. 地理的・環境的に見た長崎と海水浴場について

東京では、川幅が広く水量豊かで水流の緩急など多彩な環境状況を持つ隅田川河岸において、三重県津市で発祥した観海流では、遠浅で長い砂地の海岸線の地理的環境を持つ海浜で水泳場が開設されました。津市の場合、同時に大きな"海水浴"の場所でもありました。

長崎は、地形的に海岸線が山と近く、海が平地に迫った平野の少ないことから、河川の幅は狭く延長距離も短く、水量の変化が激しいことが推測される環境であったと考えます。

しかも、海辺も貿易港としての湾港整備に加えて、船の往来などを考えると、水泳場に適した場所の想定が難しかったことも推察されます。

その一方で、海水浴場を水泳指導とも関連した環境として捉えて、長崎市辺りで探ってみました。

1893年（明治26）の『長崎名所案内』（香月榮太郎、大阪國文社）に「（四十四）鼠島の海水浴　鼠島は大層景色の好い處で夏になると海水浴に出掛ける人が沢山あります此処には明治廿四年頃迄は海水浴場が出来て居ましたが只今はこれは無く成って誰でも勝手に浴《つ》かる事が出来るようになりました」（26-27頁）と記述があります。

発行された年次が1902年（明治35）よりも随分前の事になりますが、鼠島が長崎を代表する海水浴場であって、長崎では夏季の潮湯治及び憩いの場所として知られた海水浴場でもあったと考えられます。『65年誌』でも、このことについて触れています（23頁）。

海水浴にこだわって、1902年（明治35）に発刊された『東洋日の出新聞』記事（同年3月～12月）から、4件見出しました。

①5月28日1面「乱暴工事の実際（八）　…　「市会の連中が今に尚ソンナ暢気《のんき》な思想で居るなら。モー遠慮も何も不《いら》要《ない》。及公達《おれたち》ァ徐々《そろそろ》一本づつ抜けて海水浴を行《や》ろうじゃ無いか」と。」

②6月14日3面「投書　追々水泳の期節《ママ》になるが鼠島や高鉾のように離島でなく沿岸に游泳場を許可して貰いたい東京の隅田川両岸横浜海岸の如く小屋を建て遣《や》ったら別に風俗を害すと云うこともあるまい横浜の如きは西洋人もソレでやって居る長崎の如く一日職業を休まねば水泳の出来ぬのは実に不便だ（河太郎）」（傍線加筆）

③7月15日3面「一昨日の鼠島　避暑と運動に此上なき水泳も市民の柔惰なると游泳場の遠隔なる為め一向ハヅまぬ鼠

島も一昨日は日曜のことと百四五十人は集まりたれども一度も水には入らず、鵜鷺《うろ》つき居るハイカラ多く、何の為めに十銭投げ出して小蒸気の煤煙を冠《かぶ》りながら遣《やっ》て来たのか更に判らず、尤《もっと》も游泳場の設備も皆無なる為もあるべく端舟《はしけ》一艘だに用意し無きは危急の場合にドーする量見《ママ》にや此辺は大に注意を与う可き点なり」（傍線加筆）

④9月17日2面「石黒海軍技師と長崎湾港工事　…　石垣《ママ》が抜出して海水浴をやろうが湾港の技師が引縛られようがソンナ事には一切関係がないと戯れて居り　…　」

これらの記事から窺えることとして、〝海水浴〟の場所としての設備や安全への配慮のない事情及び行楽的で海水に入ることもない暑気払いのような感覚が含まれていた事はともかくとして、〝海水浴〟という言葉が長崎でも一般化されていて、当時その場所の対象として「鼠島」と「高鉾」があったことも推察できます。

一方、②の記事において見逃せないのは、他所で水泳を習得して関東の水泳場事情にも通じていた「河太郎」なる人物の様に、游泳の場所としての海水浴場の認識を持って、自らが水泳を行いたい目的で「沿岸に游泳場の許可」を求める期待が見えることです。また、③も「河太郎」による投稿ではないかと思えなくもありません。

4. 発案者は誰で何を動機としたのか

協会の創立において発案者は、人的な要素として欠かせないことです。

つまり、具体的に誰がどの様な考えから何時・如何様に発案をして、協会の創立にまで導いたのか。実際の創立始動に至った時点ではなく、その前段階での人の動きとして、謂わば、揺籃期とも言える夜明け前について、当時に記録された直接的な経過資料は、現在のところ見当たりません。

それ故に、協会創立の発案者については、後年資料の記述や認識において一律ではなく、後述の「鈴木天眼」、「西郷四郎」、「宇田川五郎」の関係性や捉え方についての違いがあり、混乱が見られます。

『65年誌』を見ると、「同（明治）三十五年一月一日に創刊した東洋日の出新聞社が、発刊を機に有意義な事業を計画していたこと、それが当時の社会情勢から各方面の共鳴を呼んで游泳会の発起となったことなど上げられる。」（23-24頁、括弧内加筆）とし「主唱者は、協会の母胎《ママ》となった東洋日の出新聞社の社長鈴木天眼（本名力）であった。協会の名付け親とも伝えられる。」（26頁、傍線加筆）と、分析した上での考察が述べられています。

つまり、東洋日の出新聞社内で、協会創立の発起提案が起き、その提唱の中心的人物が「鈴木天眼」であったとしています。

参考までですが、前出『水泳界』創刊号に寄せた永見徳太郎著述の「長崎游泳協会の話」では、「長崎には豪傑鈴木天眼が住んでいた。天眼は東洋日の出新聞を起こし、その社長の椅子を占め、名文と卓論を持《ママ》って、筆の人として知られていた。　…　烱眼《けいがん》なる天眼は、坐した若者達を見まわして、声をふりしぼって怒鳴った。『いざ、実戦となる時には、身体を犠牲にして、刀や鉄砲を携え、無人島より進め!!それでないと駄目だ。男子たるもの、海を怖るるな』此《この》叫びの声。此声が、日本最初の游泳協会を作る源となったのである。　…　明治三十六年七月一日、長崎游泳協会は、産声をあげた。　…　発起人の顔ぶれに、筆頭鈴木力」（１２０頁、傍線加筆）と、協会外部者ながら、手元資料も駆使しての記憶と認識が文面となって表現されています。

永見徳太郎は、１８８０年（明治23）生まれ、１９０３年（明治36）頃は、満13歳程（推定）で協会設立の詳しい事情まで把握できていたかは不詳ですが、見聞きした印象的な事柄が記憶として残っていても不思議ではない年頃です。

それ故に、「富国強兵」「海国日本」といった社会的風潮と、協会創立との印象を掛け合わせたような表現となったように考えられます。

一方、これも記憶による本人の回顧ですが、当時東洋日の出新聞社員で初代主任師範であった宇田川五郎（沈水とも号す）は、自著『水泳日本』（雄山閣、1936、以下『水泳日本』と称す）の中で、協会の創立過程について述べています。

「そもそも同協会が呱々《ここ》の産声を揚げ《ママ》たのは、今より三十余年前の明治三十七年で、其の創立者は其頃同地に遊んでいた斯く申す著者なのである。　…　其頃には水泳なんてものはてんで同市人の頭に無く、大浦居留地の外人男女が年々夏季ボートで乗出し、湾内で真面目に水泳を試みつつあったのに反し、一方鼠島の一角に単なる夏の遊場としてホンの小規模な海水浴場然たるものが只一ッ在ったに過ぎず。　…　筆者は痛切に水泳教場の必要を感じ、よりより知人に其話を持ちかけて見たが。　…　誰一人相手になってくれない。　…　ようし乃公《ないこう》一人でやって見せるぞと蹶起《けっき》一番、万難を排して単独戸別訪問を試み、　…　古来同港に瓊《たま》の浦の異名が有ったところから、一寸気取って瓊浦《けいほ》游泳協会と命名し、兎も角も規律有る水泳場設立の目的を達した。」（166-167頁、傍線加筆）と述べています。

そのまま受け止めますと、水府流太田派の名手宇田川五郎ただ一人によって発案・発起され、その動機の実現に向かって奔走し、創立から命名に至るまでを遂行したとする記述になっています。

引用文を少し省略しましたが、水泳場の創立動機として、鼠島の海水浴場が管理・監督されていない危険な状態に、一念発起したことが述べられていました。ここで述べられている「水泳教場」は、文脈から海水浴場と隅田川での水府流太田派の教場を念頭に置いたような水泳の場所を想定していると考えられます。つまり、一般に泳ぐ場所と水泳指導の場所が隣接或いは共用もできるような場所を指し、単に海水浴場ではなく、水泳場としての管理体制があり、泳法の指導も行われる場所の設置を求めたことが、当初の発案理由と捉えられます。

『水泳日本』の文面と、右記新聞記事の「河太郎」の投書②及び③とのイメージがダブらなくもありません。しかし、憶測する範囲の事で、ここでは、これ以上の詮索は控えて、後年の探究に委ねます。

右記の記述のみで発案者を絞って推測すると、"鈴木天眼"と"宇田川五郎"ということになります。

しかし、牧野登著『史伝西郷四郎—姿三四郎の実像』（島津書房、1983、以下『史伝西郷』と称す）では、調査研究の中から「おそらく四郎の発案と思われる」（257頁）、「瓊浦游泳協会の実質的な生みの親であったと思われる四郎　…　」（259頁）と考察しています。

この西郷四郎は、講道館で四天王の一人と謳われた柔道家"西郷四郎"で、後述するところの鈴木天眼との関係や協会創立当初の役員として名前を連ねていること、講道館関連から考えられる宇田川五郎との関りのこと、その後の経過で果たした役割などから考えると、当然にして湧き上がってきた論理であろうと推察できます。

ここまでの状況を、総合的に捉えた近年の論述としては、2018年（平成30）に発表された『研究会資料・長崎』所収の協会史「設立の経緯」があります。その論究の要点をかいつまんで並べると、鈴木天眼自身が水泳に興味がなかったこと、協会創立においては西郷四郎の存在が大きく、その背景としての講道館創始者嘉納治五郎の影響が考えられること、宇田川五郎の回想文から海外渡航の下見として長崎を訪れていたとも推測される時期に協会創立の発案者になった可能性があること、との見解を示しています（25-27頁）。

いずれにしても、協会の創立についての初期の発起者は、後に東洋日の出新聞社員となった宇田川五郎も含めて考えると、同社の人物であったことが推測されます。

そこで、時間の経過や観点によって変化するものであることを前提として、今一度立ち止まって、その実相を探究しておきたいと思います。

誰がどのような意識から、何を目的として発案し、協会の創立を導いたのか、それは今日の協会の存在を考える上で、受け止めておかなければならない大きな課題でもあると捉えられます。

本論では、"鈴木天眼"、"西郷四郎"、"宇田川五郎"の三人のそれぞれが、如何に発案に関わった可能性と背景があるのか、以下に考察をしてみました。

(1)鈴木天眼

鈴木天眼(本名は力《ちから》)は、1867年(慶応3)7月8日福島の二本松藩士鈴木習《ならえ》の長男として生まれ、満年齢13歳ごろ東京へと上京し、勉学に励み成績優秀、多分野の学問も独学で身に付けた秀才であったようです。また、1888年(明治21)に20歳にして論じた著述『独尊子』(博文堂)は、高い評価も受けるなど文才に秀で、同時に政治思想的な面での行動力と思考力を発揮した人物でもありました。

その鈴木天眼が、初めての著述刊行を目前にして結核を患い、長崎で2年間療養生活を送り、東京に戻った後、1891年(明治24)『活青年』(博文堂)・1892年(明治25)『丈夫の本領』(學園會)・1893年(明治26)『立身問答』(博文堂)の著作を立て続けに出版しています。

この中で、『活青年』の自序に「男子は女子に異なり。主として骨力を要す。自任。独立。進取。武健。是れ丈夫の本領なり。丈夫剛毅の本質は元気の體《からだ》なり社会の骨子なり。」(2頁、傍線加筆)とあり、『丈夫の本領』の自序でも表現は異なってはいますが、丈夫の必要性を説いています。

一般論として述べる表現が許されるのであれば、病気を経験した人間として健康の大切さと意味を考え、丈夫で元気であることが社会にも反映されることを感じ取っていたように思えます。

『丈夫の本領』は、『九州日之出新聞』の社長に就任して間もない1900年(明治33)に奇しくも増補再版が発売されています。出版意図は、把握できていません。

鈴木天眼が社長となり、『東洋日の出新聞』を創刊したのは、その2年後の1902年(明治35)1月ですが、青少年の心身の育成に関して強い意識を持っていたことは想像されます。

水泳が青少年の心身の育成に有効であることや、東京の隅田川の水泳場の様子、軍隊や学校水泳などの実施状況について見聞を持っていたことは、経歴などからも考えることができます。

それが故に、本人が水泳を嗜《たしな》んだこともなく、水泳指導に関わる経験がなかったとしても、水泳場を設けて水泳教育を実施したいという意見があれば、異論を述べることなく、後押しをする立場を執ったことでしょう。

そのことは、前述した永見徳太郎の文中に、資料を見ての記述と推測できる「発起人の顔ぶれに、筆頭鈴木力」とあったことから窺えます。

つまり、協会発起への賛同と創立後の後ろ盾を引き受け、実際の協会自身の運営及実動は西郷四郎と宇田川五郎に託したことが考えられます。それでいて、特別な視点の中で見守ってきたことも推測されます。

『東洋日の出新聞』の記事の中で、幾つか見られました。

1904年（明治37）9月13日付「瓊浦游泳協会閉会式」（2面）では、協会会長式辞に続いて、会員に励ましとも言える談話を述べています。共催・支援者的な立場を感じます。

1915年（大正4）8月17日付「二選手合格」（3面）では、協会の今村豊と八牧貫一の二人が同月15日に行われた大阪毎日新聞社主催の「海上十浬《マイル》大競泳」[*13]予選競泳に出場して、参加170余人の中から決勝進出の「廿二日決行さるべき大選手二十名に選抜」されたことに対して、激励感謝の祝電文「長崎游泳協会十五年の潜勢力を発揮する諸君の大功を感謝す　東洋日出新聞社長　鈴木力」を送ったことが新聞に掲載されています。文中の協会が発足してから「十五年」は、実際の経過年ではありませんが、協会の活動を注視してきた想いの込もった言葉であると受け止められます。

1917年（大正6）7月17日付「長崎游泳協会　第15回開会式」（3面）では、社長鈴木天眼が来賓として「逐年盛大に趣ける」旨の祝辞を述べた記事が見られます。その祝辞では、協会の存在と活躍が後援者の広がりと期待を、激励として述べていますが、これも自ら協会創立を促し支援し、その存在の拡大を喜びの中で、自負も含めて述べた言葉であろうと捉えたいと思います。

（2）西郷四郎

西郷四郎は、講道館柔道四天王に留まらず、冨田常雄著の長編小説『姿三四郎』[*14]の主人公モデルとして有名で、知名度のみならず、本人の実力も評価されて、柔道家〝西郷四郎〟に着目した研究論述が多数見られます。そのため、諸説や曖昧な事柄も幾つか見られます。本論では、詳細な人物像や来歴等は公表された論述に任せ、当人が東洋日の出新聞の社員となるまでを概略した上で、協会創立始動の前段階において、協会創立への発案者となった可能性について考察をしてみたいと思います。

西郷四郎は、１８６６年（慶応２）２月４日福島の会津藩士志田貞二郎《さだじろう》の三男として生まれ、１８７１年（明治４）には志田家所縁の会津藩領津川（現：新潟県東蒲原郡阿賀町）に移住、小学校を卒業するまでこの地で過ごし、その間兄の家業である船大工を手伝い、舟漕ぎなどもしたようです。１８８２年（明治15）３月陸軍士官を目指す軍人志望を持って上京しましたが、小柄であった事などから夢遠く断念して、柔道の世界に足を踏み入れます。その後、嘉納治五郎が設立した講道館（嘉納塾）で頭角を現し、元会津藩家老職にあった西郷頼母《たのも》（保科近悳《ちかのり》）家の養子として「西郷」姓を名乗ることになりました。１８８９年（明治22）９月嘉納治五郎が欧州へ１年間の出張の折の道場管理責任者の一人でしたが、１８９０年（明治23）６月突然「支那渡航意見書」を残して、道場から出奔しています。その後の足取りは、津川に戻り、１８９１年（明治24）戸籍を転籍させ長崎へ、１８９４年（明治27）仙台へ、１８９５年（明治28）久留米へと移動しています。更に、その後は、台湾や北京など大陸に渡ったとも言われるも実態不明、１９００年（明治33）長崎に本籍を移し養子を迎えて定住しています。１９０２年（明治35）、長崎で東洋日の出新聞社を設立したいという鈴木天眼の想いを聞き、共鳴した西郷四郎は、同社創立に加わり編集者として社員になっています。なお、両者は、縁戚で同い年の井深彦三郎の紹介によって既に面談していて、福島という同郷で年齢もほぼ同じであっただけではなく、大陸への関心など、気の合う同志として親密な関係にあったようです。

東洋日の出新聞社員となった〝西郷四郎〟という人物が、協会の設立を発起した可能性と背景について、『史伝西郷』では、幼少期の水との深い関り、講道館後輩の「本田存」や師「嘉納治五郎」の影響を取り上げています（２５８頁）。この二人との関係は、項目として以下で取り上げました。

また、柔道家としての繋がりのあった人物のことも、項目を設けて考察してみました。

(1) 西郷四郎自身と水泳について

西郷四郎が、泳いだという直接な事例を示す記述は、見当たりません。

『史伝西郷』では、「多分、河童のように水に親しんだ日々を過ごしたことと思われ　…　」（２５８頁）と述べ、家業が船大工であったことも指摘しています。

更に発展的に捉えた話としては、「四郎の育った津川（現新潟県阿賀町）は阿賀野川水運の河川港として栄えた。泳ぎはかなり達者だったのであろう。息子の孝之もねずみ島で泳がせている。[*15]」とする記述があります。

確かに、小学生時代までいた津川の中で、船大工の兄の手伝いや舟を漕ぐことの中において、泳ぐ機会があったことは推測できますが、船乗りが泳げるとは限らないのと同じで、自ら泳げたとも泳ぐ必要があったとも言い切れません。

同時に、仮に泳ぎの達人であったとしても、独自に必要の範囲から身に付けたものであった可能性が高いことが考えられます。

後述もしますが、『東洋日の出新聞』の協会関係記事で西郷四郎が現場に登場するのは、１９１１年（明治44）の同紙８月２日付（３面）「競泳大会」に、「総監督　西郷四郎」が見られます。これが、協会で現場と直接的な関りを示す実動記事と受け取れますが、直接に泳法指導に携わったことと発起に関わった話とは、別と考えています。後論Ⅵ．１．（１）．(4)で触れます。

達人の域にあったとして、海辺での水泳指導の場面に居合わせたならば、柔道への情熱が強かっただけでなく、協会運営においての監督者であっただけでなく、実際に泳いだとか泳いで見せたとかの話や水泳指導に加わった事例が判明していないことは不思議に思えます。

強いて言えば、泳げた可能性があるということよりは、水泳及び水泳教育の有効性や必要性を理解していて、推奨する立場にいたことは確かであったと考えます。

(2) 東京の柔術家との繋がりと水泳及び水泳事情の影響について

西郷四郎が、東京に上京して、柔道を習得し始めた１８８２年（明治15）頃の隅田川では、先に述べたように、既に水泳場が開設され水泳教育が始まっていました。

その中に、１８７３年（明治６）頃、隅田川で最も早く水泳場を開設した元佐倉藩「水術員長（指南）」で士族の笹沼勝用《かつもち》がいました。その泳法の流儀は、"向井流"[*16]でした。彼は藩士時代に柔術、"心明殺活流"の奥伝免許を得ていた柔術家でもあり、藩士時代に交流のあった、"戸塚派楊心流"の柔術家とも東京で交流があり、その延長の中の一人に元菊間藩士大竹森吉《しんきち》がいました。現在、具体的な時期は判明していませんが、二人は、笹沼勝用が東京に出てきた早い時期に柔術での交流があり、その後水術の嗜みもあった大竹森吉と水泳における師弟関係ともなったことが推測されます。

後述でも触れますが、この大竹森吉は、水術家として師の姓から、"笹沼流"を名乗り、１８９６年（明治29）に京都踏水会の前身"大日本武徳会本部游泳部"の初代の水泳教師となった人物です。因みに大竹森吉の弟子たち、「深井子《ね》之吉」「上野八十吉」らも柔術家として道場を構え、夏期には水泳場を設置して、生業の一つとして水泳も指導しています（向井流連絡会編『向井流』（第65回日本泳法研究会資料）２０１７、１５９-１９２頁）。

一方、大竹森吉は、正式な記録は残っていませんが、１８８６年（明治19）頃行われた警視庁武術大会で、講道館が圧勝するまで東京で隆盛を誇っていた"戸塚派楊心流"柔術の中でも傑出した人物で、歴史家加来耕三の著書『日本格闘技おもしろ史話』（毎日新聞社、１９９３、以下『格闘技史話』と称す）の中では、「講道館も避けて通った男が一人いた。名を大竹森吉。」（１３６頁）と述べられています。

原康史の描いた『実録　柔道三国志』（東京スポーツ新聞社出版局、１９７５、以下『実録柔道』と称す）には、西郷四郎がこの警視庁の武術大会で戦った相手達と、その後も親しくしていたことを述べています（１０３頁）。

さらに、『格闘技史話』には、「実際は西郷とこのおりの見世物"柔道興行"をやっていた戸塚派楊心流の柔術家たちとは仲がよく、なかでも明治柔術界"最後の大立物"といわれた大竹森吉とは、四郎はとくに昵懇で、日頃から酒を酌み交わす交際であった。」（93頁）と語られています。

しかも、『実録柔道』では、西郷四郎が講道館から出奔した１８９０年（明治23）「初夏、浅草の奥山で柔道対相撲の大喧嘩があった。」（１０３頁）とし、これに加わった西郷四郎が巡査を投げて「大竹森吉宅に謹慎していた。」（１０８頁）ことが描かれています。

事の真偽は不確実ともされていますが、大竹森吉が浅草奥山で「柔道興行」をやっていたことは確かなようで、[*17]二人の間に親交があったことは想像できます。

１８８２年（明治15）から１８９０年（明治23）まで、東京に居住していた西郷四郎は、隅田川の柔術家と水泳の話も耳にしていた可能性があります。その中で、単に柔術家が収益を目的としただけでなく、心身鍛錬と溺れない水辺での安全教育として、水泳場運営をしてきたことも当然にして聞いていたことが推測されます。

(3) 講道館の後輩本田存《ありあ》とその関係について

講道館では、西郷四郎の後輩となる弟子に、本田存がいました。本田存は、講道館にあって柔道の腕前も十分であって、館長嘉納治五郎[*18]からも厚い信頼を得ていた人物です。一方、水泳においても水府流太田派第4代師範になった人物です。

本田存についての基本情報を、東憲一[*19]に依る論述「5.嘉納治五郎と本田存について」(『講道館柔道科学研究会紀要』第16輯、東京講道館、2017、59-68頁、以下『東論述』と称す)を、主な情報元として述べておきたいと思います。

本田存は、1871年(明治4)3月、群馬県館林で士族の次男として生まれています。1888年(明治21)6月、17歳、海軍を志望して、身体を丈夫にすることを目的として講道館に入門し、海軍では水泳が必要とされる能力であると考えて、この頃に水府流太田派の道場[*20]に入門しています。1897年(明治30)26歳、高等商業学校附属外国語学校(後、独立して東京外国語学校)韓語学科に入学しています。1898年(明治31)27歳、嘉納塾の海水浴に参加して水泳指導、この間に横浜で行われた水府流太田派の道場と横浜外人のアマチュア・ローイング・クラブとの競泳対抗試合で審判も行っています。この年、講道館の造士会機関誌『國士』に「講道館記事初心者手引き」を同誌2号から4号(同年11月~翌年1月)に連載しています。1899年(明治32)28歳、同年造士会游泳場の教師となっています。また、『國士』第9号から12号(同年6月-9月)に掛けて、同誌附録として水府流太田派創始者太田捨蔵の遺稿を高橋雄次郎らが編纂した『日本游泳術』が掲載され、これが翌1900年(明治33)には造士会叢書『日本游泳術』として刊行され、その奥付では編集兼発行の代表者として「本田存」の名前になっています。この年、29歳、東京外国語学校(現:東京外国語大学)韓語科卒業と同時に同校助教授に任命されています。1903年(明治36)、31歳、同校柔道部初代部長に就任、大韓帝国に留学しています。

ここまでが、協会が創立され、実質始動が確認できる１９０３年（明治36）に至るまでの、本田存の足取りです。

先ず、講道館において西郷四郎と同じ時期を過ごしたのは、１８８８年（明治21）６月から１８９０年（明治23）６月までの僅か2年間が考えられます。

この間、両者が親密な関係であったならば、色々な話を交わした可能性があります。

その関係の一端が窺える記述は、2件見出せました。ともに本田存による回想談からの話です。

1件は、『格闘技史話』に、「西郷にはもう一つ—"第二の必殺技"とも呼ぶべき秘技があった　…　西郷に直接指導を受けた後輩でもある本田存は、この秘技を、「襟袖を持って倒す背負い投げ」と　…　まだ、西郷が講道館にいた時分のこと。あるとき、この技を偶然目にした西郷が興味を示した。本田に教えてくれという。」（96頁）と、ある種気楽に語り合えた関係を感じさせる表現がなされています。

2件目は、柔道評論家丸山三造[*21]が、社報『熊本放送』に寄稿した「姿三四郎のこと」の中に見られました。執筆者の丸山三造が、老齢となった本田存に、直接に対談した折の回顧話で、時期不詳ながら紹介されています。それには、「老生（本田）があるとき、講道館でけい古の終わったあと、西郷四郎と横山作次郎（註　横山は後に講道館の大黒柱と言われた人）老生を加えて三人、車座になって雑談に花を咲かしていた。」（91頁）と当時が語られ、西郷四郎が講道館から出奔したその後の事として「以来、十余年、沓としてその消息は知るよしもなかったが、老生が日露戦争前文部省の命令で渡鮮したことがあった。そのとき偶然、この地で西郷に会った。支那服姿の西郷はひじょうに奇遇を喜んで夜の更くるのも知らず語りあかした。…　名残りを惜しみ再開を約して別れたが、これが老生と西郷の生別であり、死別であった。」（92頁）とありました。

先輩と後輩という遠慮や礼儀があったとしても、二人が親密で語り合える関係であったことが窺えます。同時に、5歳ほどの年齢の違いがあったとしても、共に軍人志望であったことや柔道の研究に熱心であったなど、極めて親しい間柄であったことが見えてきます。

であれば、これは想像の域を出ませんが、西郷四郎は本田存から、水府流太田派の水術について、何らかの情報を得ていたことが考えられます。

なお、本田存が西郷四郎と韓国で旧交を温めた話は、1903年（明治36）、本田存は大韓帝国に留学中で、西郷四郎は10月下旬から11月にかけて特派員として、龍巌浦付近の韓国側の現地に在留[*22]していた間の事と推察できます。

この対談の焦点が違っていたことも考えられますが、西郷四郎と再会した話の中で、その年の夏に協会が創立始動したばかり、という直近の状況から想像を巡らすと、二人の話題の中で、西郷四郎の口から水府流太田道場の同門で近接な関係者話として、協会創立年の初代主任師範宇田川五郎の話が登場していても可笑しくない気もします。が、不明です。

一方、本田存が、この時点まで西郷四郎の消息を不明と認識しての再会であったことを考えると、この二人の間では、協会創立過程での接触や新たな情報共有及び人材紹介などがあったとは考え難い話に思えます。

従って、講道館時代に留まるのみの、直接的な関係であったと理解できます。

(4)嘉納治五郎の教育論からの影響について

西郷四郎にとって、嘉納治五郎を、掛け替えのない恩師とする意識は生涯変わらなかったと思われます。また、師も愛弟子としての想いを持ち続けていたことが考えられます。

それは、1922年（大正11）12月、西郷四郎の訃報を聞き及んだ嘉納治五郎は、これまでの功労を評価して「追贈六段」の証書を贈与したことに現れています。

また、1914年（大正3）、この年の秋に開催予定の東洋オリンピック（後〈極東選手権競技大会〉に改称）が、上海で開催されるにあたって、上海より来日の同大会委員長ホワード・クロッカー氏が、帰路の同年7月20日に、嘉納治五郎の紹介があって協会監督の西郷四郎を訪ね、協会より10人の同大会水泳競技出場者を認める旨の話が、『東洋日の出新聞』同年7月21日付「東洋オリムピック《ママ》と長崎游泳協会」(3面)の記事に見られます。大会自身は、第一次世界大戦勃発のために、中止となりましたが、嘉納治五郎の西郷四郎への温かい気持ちが伝わってきます。

話の時代が逆流しますが、1890年(明治23)講道館を出奔した後、嘉納治五郎が欧州出張から帰朝した1891年(明治24)に、師より追放の処分を受けました。しかし、『史伝西郷』(174-175頁)に、同年に旧制第五高等学校校長(現：熊本大学・長崎大学医学部)として赴任する師と「博多駅頭で「涙の対面」をしたと伝えられるのはこの後の九月のことである。」と対面したこと、さらに西郷自身が熊本に赴いて許しを請うたことが、西郷四郎の養子孝之の手記を引用して、師弟の関係が修復融和されたこととして述べられています。また、西郷四郎と同じで、嘉納塾の管理を託され大倉増次郎も外遊から帰国した嘉納治五郎に退塾の処分を受けました。が、嘉納治五郎が第五高等学校に英語の助教として招聘しています。なお、小山紘著の『五高その世界　旧制高等学校史発掘』(西日本新聞社、1986)には、嘉納治五郎が、熊本に赴任して「在職した期間は、明治二十四年九月から同二十六年一月までの一年半足らず」(35頁)とあり、柔道部の創設と指導、運動部の振興も行い、その一方では九州の中等教育機関とも行政とも交流し、九州に帝国大学設立計画の為に奔走するなど多忙な日々を送ったようです(32-37頁)。この間の西郷四郎と嘉納治五郎の詳細な交流の実態は、不明です。が、その後の西郷四郎と嘉納治五郎との出会いについて、作家星亮一の『伝説の天才柔道家　西郷四郎の生涯』(平凡社新書685、平凡社、2013、以下『四郎の生涯』と称す)には、「明治四十五(一九一二)年、彼は天眼とともに上京、なつかしい講道館を訪れたが、治五郎は愛弟子を迎えて「五段、西郷四郎」の新しい札を、道場の門人の名札の先頭にかけてやった。」(173頁)、「大正八年六月　…　そのおよそ一か月後の七月頃、旧師治五郎の招待に応じて当日嘉納邸を訪れ、…　これが恩師嘉納治五郎に会った最後だった。」(174頁)とあり、2回の再会を伝えています。

このように、離れても親密な気持ちの伝わる師弟関係は、西郷四郎にとって師の論理から得た教示が多々あったと考えられます。

では、水泳については、どのようだったのでしょうか。

そこで、師嘉納治五郎本人が70歳代になって、水泳についての自らの経験と想いを機関紙『水泳』（第11号、日本水上競技連盟、1932）で述べた一文「世界オリンピック競技界に於ける日本水泳の使命」から、長文ですが取り上げてみました。

「私は幼少の頃摂津の海浜に育ったのであるから、水泳を学ぶ機会は幾らでもあったのだが、不幸にして特に練習はしなかった。その後東京に移り明治八年に開成学校に入り明治十年に東京大学が出来てそれに入学したので、その学校で幕臣の大橋[*23]という先生を聘して学生に水泳を練習させた時少々は教えを受けたが深く学ばず、明治二十年頃学習院の教頭をして居た時、生徒に練習せしむる為、水府流の太田という先生を頼んだ[*24]ので、自分も生徒と一緒に練習する機会はあったが、その時も外の仕事が忙しかったので、別段深く学びはしなかった。そういう訳で水泳の大切なることは十分に認めて居ながら、自身には甚だ不十分なる練習しかしなかった。それで責めて《ママ》は自分の教育して居る学生に学ばせようと思って明治二十何年であったかその頃から年々、夏期休暇中嘉納塾の塾生を相州の松輪に滞留せしめて水泳の練習をさせた。……自分の考えでは昔の柔術諸流の枠を採って講道館柔道を創始したように、水泳に於ても諸流を総合した新たな権威ある水泳術を創始せんとの意図を有して居たのである。併し何分自分が未熟である為何等新たなる組織を立てることが出来ずに過ごした。そういう次第で、私は《ママ》自分は水泳には未熟《ママ》であるに拘わらず、絶えずその普及発達には心を用い来ったのである。」（3頁、傍線加筆）という自己認識が、この時点にあったことが窺えます。

回顧文である事は、時間の経過の中で認識が変化したことも考えられますが、「自分は水泳には未熟《ママ》である」とあり、自らは積極的に学ばなかったことは事実の様です。

では、西郷四郎が、師の教育論から直接薫陶なり影響を受けたとする考えに立って、講道館にいた時代及び師が第五高等学校に赴任していて対話があったとされる間の、1882年(明治15)～1893年(明治26)だけを切り取って考えてみましょう。回顧文から、この時代の嘉納治五郎を推測すると、「水泳の大切なることは十分に認めていながら」と水泳に対する意識はあったようではあるが、東京大学では学生として、学習院では教員として、学校教育と水泳との関わりを知っていて、熊本では,小堀流,が行われていたにも拘わらず、積極的に関わっていた形跡の無いことは、水泳教育の必要と意義に至る持論のような展開にまで至っていなかったことが考えられます。

そのことを、水泳を具体的に学生に学ばせる意識が働いた、と述べている嘉納塾の話に進めて触れておきたいと思います。嘉納治五郎が、塾生に「相州の松輪に滞留せしめて水泳の練習をさせた」のは、1896年(明治29)からで、『東論述』(前出)による解説では、当時"海水浴"と称して実施され「海水浴に於ける水泳訓練というより、暑中休暇中に於ける有志の過ごし方の一環として始まり」(61頁)とあり、この様相は、翌年も同じで「水泳の目的は第一に夏を過ごす健康のためである。」(62頁)と、『嘉納塾同窓會雑誌』から掲載記事を紹介しています。しかも、註釈に示された元の記述(67頁)からすると、「師ニ乞ウ」「師ニ謂ウテ」と、塾生側による要望によって"海水浴"が実施されたようです。

つまり、嘉納治五郎が、水泳を夏期に実施することを勧めたのが、回顧文で「明治二十何年」とするところの1896年(明治29)のことであり、嘉納治五郎との対話が推測範囲にある1893年(明治26)の頃では、未だ水泳に深く関心を示さず積極的に関わってはいなかった時代、であったように受け取れます。

更に進んで、その後の1902年(明治35)に至るまでの嘉納治五郎と水泳について触れておきたいと思います。

嘉納治五郎は、1899年(明治32)2月に発行された講道館造士会機関誌『國士』第5号で、「修行鍛錬」と題した記事を掲載していますが、「冷水摩擦の衛生に効多きを聞き、盛夏の候を以ってこれを始めたるは善けれども　…　」(2

頁）とあり、水泳については特段述べていません。

本田存のところで触れた『日本游泳術』が、この年の６月の『國士』第９号から４回にわたって連載されていました。恐らく、嘉納治五郎は、『日本游泳術』の内容に目を通したことでしょう。同書の「第一編　総論　第一節。游泳術の必要」（7-8頁）には、〝国民の義務〟，〝人命の保護〟，〝徳育上の効果〟，〝精神の保養〟，〝体育上の効果〟が説かれています。

同年７月発行の『國士』第10号で嘉納治五郎は、「如何にして暑中休暇を過ごすべきか」と題して文中で水泳（游泳）について触れています。それは、暑中休暇期間の鍛錬方法として論じられ、「即ち游泳の如きは啻《ただ》に消暑の効のみならず。身体の各部を運動せしめて、その教育を資《たす》け、精神を快潤にし、胆力を養成するの効甚だ大なるものあり。況や四面環海の国に生まれたる日本男児が、巨浪洪濤の間に其生を完《まっと》うすべき術を学ぶは、寧ろ国民としての当然の務めたるべきをや。」（3-4頁）と、簡潔な文面にその影響が感じられます。

更に、翌１９００年（明治33）造士会叢書『日本游泳術』に造士会会長として寄せた序文では、殊更その影響がより強く感じられます。

同時に、ここに至るまでの嘉納治五郎の水泳に対する姿勢から考えると、明らかに『日本游泳術』の内容から影響を受けた表現が用いられ、自身の柔道と照らし合わせて共鳴点を感じていたことが推察されます。

上述で取り上げましたが、第五高等学校校長時代には、水泳に関して特段の動きは見られず、㈶熊本県体育協会編・発行『熊本県体育史　記録編・年表』（１９８８）の１８９１年（明治24）では「嘉納治五郎は五高第３代校長となり、体育を奨励。」・「済々黌で水泳の授業を始める。（白川の笠淵、小堀流の猿木宗那師範より踏水術を習う）。年に一度は江津湖で遊《ママ》泳大会が開かれたらしい」（１４２頁）とあり、１８９３年（明治26）「熊本師範本科生徒に遊《ママ》泳を始め、猿木宗那に託す（７月６日）。」（１４４頁）、済々黌も熊本師範も、嘉納治五郎の赴任前と後の話です。まだ、水泳を教育論として、重要であると語るに至っていなかったと考えます。それは、１９０１年（明治34）に、東京高等師範学校（現：筑波大学）校長に任じられ、校友会運動部会の発足時にも見られます。同校に、校長赴任当時、游泳部が当初は無く、翌年（明治35）に、世間の風潮を感じ取った志願者20余名の連署をもって創部しています。[*25]つまり、師範学校生徒自らの意思で創部に至ったことで、嘉納治五郎がそれを承諾し支援したと解釈できます。

その後の嘉納治五郎の水泳に関する意識の高まりは、回想文の「絶えずその普及発達には心を用い来ったのである」と、内容を一つにするものだと捉えますが、１９０２年（明治35）の時点まででは、必ずしもすべてに積極的に指示をして、自ら率先して計画を立てるような活動を実行した、とは捉えられず、そのあり様は「啓蒙」、「推奨」、「支援」などであったことを意味していると考えます。

西郷四郎が出奔後も、恩師嘉納治五郎と親密且つ深く論理を交わす場があったことやその度合いは不明ですが、それとは別に、お互いが独自の論理を持っていたようです。

１８９４年（明治27）西郷四郎は、旧制第二高等学校（現：東北大学、仙台）に、柔道師範として招かれています。『四郎の生涯』に拠ると「この話を持ち込んだのは、講道館時代の仲間だった。嘉納と意見が合わず、講道館を追われた人物が何人かいたのである。嘉納は一高に力を入れており、……仙台は会津と一緒に戦った仲である。一高に一泡吹かせたいという野望もあった。」（76頁）と、嘉納治五郎と対峙的な立ち位置にも受け取れる描写があります。

この第二校高等学校で、西郷四郎が述べた武道論と嘉納治五郎の武道論の違いを述べた論述では、中嶋哲也[*26]の「旧制二高柔道部の歴史的実態：１８９３-１９１４年を中心として」（『スポーツ科学研究』、第12巻、早稲田大学スポーツ科学学院、２０１５）の中に見られました。論述では、西郷四郎が、近世武術の心法論の研究や心得に従って述べることに対して、嘉納治五郎は、柔道と忠君愛国に結び付けた論理を説いたと考察しています（6頁）。また、「西郷にとって重要なのは心法的な境地としての武道への悟入であり、柔道はその手段に過ぎなかった。そして西郷は尚志会（校友会のようなもの）のような撃剣・柔道の総称には武道という用語を使用せず、「武芸」を用いたのである。」（6頁、括弧内加筆）と、師への敬愛や尊厳は変わらないものの、それぞれが自己の理論を形成していたことが窺えます。[27]

勿論、西郷四郎にとって、嘉納治五郎は、学ぶべき存在であったことは疑う余地もないことです。しかし、嘉納治五郎の教育としての水泳に対する重要性は、前述したように１８９６年（明治29）までの教育論の中で、実質的に強調されていないことが明白です。西郷四郎が、師の教育論から水泳についての論理を得たとしても、現段階では協会創立の時期までにあったとは考え難く、両者の接点やあったとする十分な論拠も見当たっていません。むしろ、師から影響のあった学びの対象は、柔道の技術的研究並びに精神性を捉えた思考的探求を中心としていたことが、現実的に思われます。

一方、水泳については、隅田川で柔術と水泳を指導した大竹森吉たちや水府流太田道場に通う本田存から、吸収した認識と想いがあったように推察します。

１９０２年（明治35）時点において、西郷四郎は、前述の東京の隅田川の水練場や学校水泳のこと、京都踏水会（当時、大日本武徳会本部游泳部）のこと、講道館の造士会の水泳のことなども、新聞社の社員として、それらの見聞を得ていたことが考えられます。

つまり、西郷四郎が、水泳教育の必要性と効用を意識する中では、恩師嘉納治五郎の水泳に関する教育論よりも、これらからの影響が大きかった可能性があると推察できます。

(3) 宇田川五郎

宇田川五郎が、協会創立の発案者であると自ら表明している記述は、前述の自著『水泳日本』以前にもありました。それは、月刊雑誌『水泳界』第２号（駿南社、１９３１）に掲載された「日本最初の試み　大毎十哩競泳」と題する記述で、

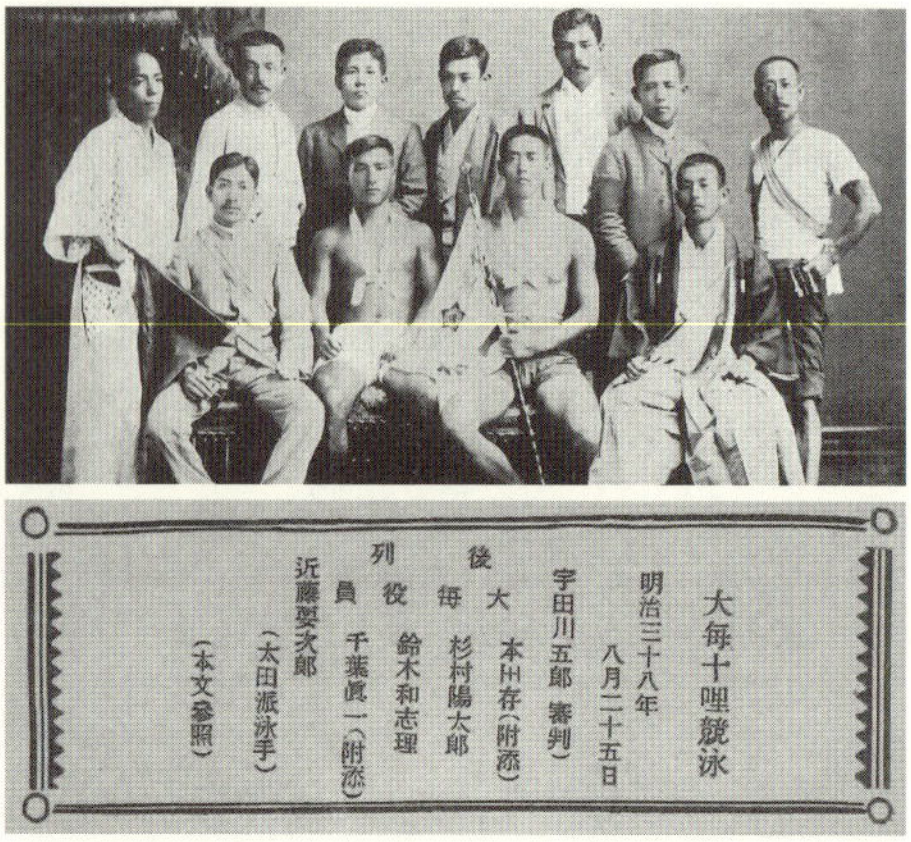

大毎十哩競泳大会での宇田川五郎（写真右端、『水泳界』第2号口絵写真より変形転載）

「自分は嘗て長崎に瓊浦游泳協会（其後長崎游泳協会と改称せられ今日では全国中有数なる模範大游泳場となっている）なるものを創立し、家鴨《あひる》が卵を産みっ放しにして」（66頁、傍線加筆、括弧内原文）と表現しています。『水泳日本』ではより詳しく、本人単独で発案から奔走して、創立まで成し遂げたと述べています。

この告白には、自負心を燻《くす》ぶられての経緯があると憶測します。それは、先に取り上げましたが永見徳太郎に依る『水泳界』創刊号の「長崎游泳協会の話」の中で、鈴木天眼が「此声が、日本最初の游泳協会を作る源となったのである。…　発起人の顔ぶれに、筆頭鈴木力、県庁土木技師池田謙太郎、控訴院判事池田正誠　…　師範は、宇田川五郎、此人は、東洋日の出新聞の記者をしていて、水府流の達人であった。」（１２０頁）と鈴木天眼を発案発起者とし、当人が東洋日の出新聞社の一記者であって、師範を務めたとの表現に留められているような記述があります。これに対して、真実を明らかにしておきたい、という意思が働いたのではないでしょうか。なお、当該の『水泳界』創刊号では、宇田川五郎は2件の著述を掲載しています。投稿という意味では、事前に寄稿文に目を通すこともなく、当人同士が面談することもなかったと状況から考えられます。しかし、発刊されて後には、永見徳太郎の文面に目を通したことは、間違いのないことでしょう。その上で、反駁の形態をとらず、『水泳界』第2号での表明を思い付き、さらりと、自身が発案者である旨を表現したのではないかと推察します。それから5年後の、１９３６年（昭和11）発行の自著『水泳日本』では、さらに、協会の創立に関わった自身の痕跡と存在を示して残しておきたいとの意識を持って述べたことが想像されます。そこでは、自らが発案して、協

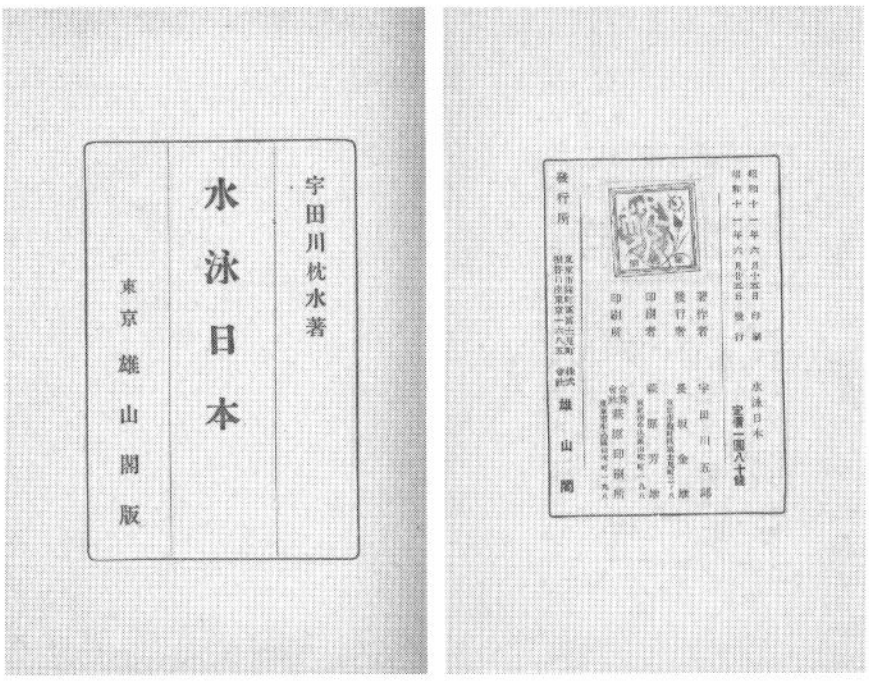

著書『水泳日本』の内表紙と奥付

会創立までに積極的に関わった状況をより鮮明に述べ、それでいてどこか後出しの感があったのか、敢えて表だってではなく、文脈の流れの中に潜り込ませたような形で、文面に認めたとも思えます。

この告白から、最初に起案した人物として捉えた場合、宇田川五郎という人物像を探ることは、この告白証言の真意を探る重要な手掛かりであると考えます。

しかしながら、現在までに、宇田川五郎の略年譜的な資料を目にしたことがありません。そのために、本人の行動履歴については、不詳なことが多く、点在する情報を網羅して全体像を見ることが望ましいとの判断から、手持ち資料と知り得た情報から経歴の一端を取り出してみました。

なお、歴史年次等について、他資料と対照して、一部本人記述を参考にしつつも従っていない箇所もあります。

１８６９年（明治２）生誕と推測しています。１９３６年（昭和11）６月発行の自著『水泳日本』に「六十七歳の老体」（２６５頁）とあり、単純に逆算してみました。

１８８６年（明治19）に水府流太田派道場の得業生になっています（『水泳日本』90頁）。

１８９５年（明治28）水府流太田派第２代師範岡崎内膳から免許皆伝を本田存他とともに授かり、１９００年（明治33）には同流第３代師範高橋雄治から免許皆伝を本田存他とともに授けられています。その後、一説に１９１７年（大正６）第４代師範を継承したとも言われています。[*28]

その手掛かりとしては、高橋雄治著『大日本皇道大要』（長門屋書房、１９３４）の冊子末に添付された広告『増補改訂大日本游泳術』に「元水府流太田派　大日本游泳術宗系統伝　流祖太田捨造　…　三代高橋雄治　…　四代宇田川五郎　号沈水　大正六年八月二十三日　継承（高橋三代の時六氏に、宇田川四代の時一氏に師範免許す）」（頁無し）があります。そのことを、自著『水泳日本』でも、「大正六年に三代家元高橋雄治氏（大日本游泳術著者）より親しく第四代宗系統伝を承けたが、其前後永の歳月北馬南船、果は足掛け九年欧山米水、そこら中をのたくり廻り、其間我水泳界に大なる御無沙汰をしてしまった　…　是に於てか著者は同流宗系統伝者の意見として」（90-91頁、傍線加筆）とあり、この当人の文面から推察すると、宗系統伝継承を了解したまま欧州で動き回っていたために関与できないままであったと述べています。それは当時水府流太田派の宗系統伝継承者の立場にある者との自覚があり、即ち「第四代」の宗家であることを述べていると解釈できます。後述の1936年（昭和11）8月発行『歴史公論』に寄稿した「日本水泳各流派と其沿革」では、自らを「水府流太田派宗家」（130頁）としています。このことを物語っているように捉えられます。ただ、高橋雄治による宗系統伝継承の記述には、「元水府流太田派」として「元」が付加されています。そのことが示す意味を捉え切れていません。現在、水府流太田派内では、同流第4代師範として「本田存」が継承したことを正論としています。同時に、伝承泳法（日本泳法）の世界においても、この正論が定説として認識されています。

話を戻しますが、宇田川五郎は、当時の同流派の中において達筆であったことから、伝書類や免許証までも含めた祐筆役を務めていたこともありました。[*29]

また、1896年（明治29）に開始された講道館の水泳にも「相州松輪に於ける講道館水泳部に師範として行って居った」（『水泳界』第2号、66頁）と、関わりのあったことを述べています。

1898年（明治31年）8月13日、わが国初の水泳国際競技会と言われている水府流太田道場と横浜のアマチュア・ローイングクラブと横浜で対抗試合が行われた際、宇田川五郎もその場に居合わせています。『水泳界』創刊号（前出）に標題

「日本に於ける最初の国際競泳」(64-69頁)として、自ら体験した回顧談を織り込んで解説しています。その文中に、「審判として日本側より本田存君と筆者が当《あた》ったのである。」(67頁)とあります。そのことを示す記述は、「アマチュア倶楽部《くらぶ》員ホール氏、日本側より本田存宇田川五郎両氏が審判官として」[*30]「日本側の申し込みには半マイルは後藤武保、宇田川五郎、中沢鉎丸とあるが変更した」[*31]「宇田川五郎氏の水書四海兄弟東西和親の意は」[*32]と審判・参加予定者・水書披露などが見られます。

1902年(明治35)に、長崎を訪問して、逗留していたと推測しています。詳細は、後述することとして除きます。

1903年(明治36)東洋日の出新聞社員の身分で、瓊浦游泳協会主任師範となっています。

1904年(明治37)関東へ帰っています(『水泳界』第2号、66頁)。

1905年(明治38)浪花游泳同志会[*33]の創立に関与しています(『水泳界』第2号、66頁)。

同年(明治38)8月大阪毎日新聞社主催〝第1回海上十浬競泳〟の委員を嘱託されています(『水泳界』第2号、66頁)。また、同年8月15日付『大阪毎日新聞』(7面)では、本戦出場者に水路の説明をしたことが報じられています。

その後の行動として、『65年誌』に「東洋日の出新聞を退社後、パリー《ママ》で俳優になった人である」(39頁)とありますが、『東洋日の出新聞』1910年(明治43)8月9日付「巴里《パリー》より倫敦《ロンドン》へ」(3面)との見出しで、本人から同新聞社に宛てた私信拠り掲載されていました。記事の書き出しに「宇田川五郎氏は、堅き自信を以て欧州の劇界に川村千臣《ちおみ》唯一人を相方とし世界に名だたる俳優の向こうを張りて到所に気を吐き居る」とあり、パリにおいて「コメディー、ロワイヤル」座を旗揚げし35日間の講演に成功し、5月11日よりシガール座に移り総勢60人程の『アントワス』座の向こうを張って、「二人ポツチ勿驚《おどろくなかれ》十七分未満の小默劇を以って打出」と無声劇のような事をしていたようです。それも評価を得て30日間程公演したことが記されています。しかし、相棒の川村千臣が別の仕事で去り、残されたパリで「各游泳教場を荒し廻り」いた処、パリに来た鈴木天眼と杯を交わしたようです。その後8月15日より「ロンドン、コリセアム座（　：　）に出演すべき契約成立」とロンドンでの俳優？活動を予報しています。二人無声芝居（「小黙劇」）で俳優のような活動をしたこと、そして、鈴木天眼即ち東洋日の出新聞社との繋がりが絶えていなかったことが窺えます。それは、協会創立後1年限りで「突然帰東の事」と『水泳日本』（167頁）にありながら、東洋日の出新聞社に事情が了解されての退社であったことが考えられます。

『水泳日本』では「大正六年に　…　其前後永の歳月北馬南船、果ては足掛け九年欧山米水、その中をのたくり廻り」（90頁）とあります。『水泳界』創刊号（前出）に、“徹翁”のペンネームで寄稿した「セーヌ河大競泳に失策せし打明話」（68-76頁）の中で、1910年（明治43）頃パリ滞在の記述があり、上記の記事はその後の活動等を示す論拠になりそうです。何時パリに出向いたのか、何故パリへ向かったのか、そしていつまで滞留していたのかなどの正確な情報は不詳です。が、1917年（大正6）パリから帰国し、長崎游泳協会の名誉師範となったことは、東洋日の出新聞社との関係性が途切れずに、協会への再来であったと推測できます。この年8月2日から『東洋日の出新聞』に宇田川枕水《ちんすい》訳「仏国小説　神秘侠」を68回に亘って連載（各3面）もしています。当然にして、フランス語に習熟していたと考えられます。

1930年（昭和5）5月〈第9回極東選手権競技大会〉[*34]で模範演技を披露しています。

同年11月〈明治神宮鎮座十週年奉祝游泳大会　日本游泳競技〉[*35]で模範演技を披露しています。

1831年（昭和6）『水泳界』創刊号～第3号、9月号（第5号）に寄稿[*36]しています。

1935年（昭和10）8月“第9回日本游泳大会”以降1942年（昭和17）“第15回大日本游泳大会”（審査員及び模範演技：“第13回”まで、その後「大会参与」）に関わっています。[*37]

同年12月に出版された『SWIMMING IN JAPAN』[*38]に「“Suikyu-Reisha”（Suifu Ryu' Ohta Ha） BY Mr' Goro

宇田川五郎の水弓礼射（『SWIMMING IN JAPAN』45頁より）

Udagawa」のタイトルで水弓の演技が掲載されました（45頁）。

1936年（昭和11）6月、前出『水泳日本』を上梓、文中にこの年1月に行った寒中水泳の新聞記事（写真付、口絵）と記述（259-267頁）が見られます。

同年8月「日本水泳各流派と其沿革」を『歴史公論』第5巻第8号（通巻47号）（雄山閣、130-137頁）に寄稿、前述しましたが肩書を「水府流太田派宗家」としています。

1940年（昭和15）8月『女子体育』12巻8号と同年、同9号に寄稿をしています。[*39]

なお、観海流第3代家元山田慶介直筆墨書の住所録『日本游法関係者名簿（昭和五年五月現在）』（山田家所蔵、三重県津市）には、「水府流太田派　東京市浅草区芝崎町九　宇田川五郎」とあり、『水泳日本』の口絵写真に「報知新聞（昭和11年1月20日付）」として「凍る荒川で水泳　六十七才老人がザンブ」の記事が掲載され、文中に「赤坂区田町七の三」と当時の住所が見られます。

また、『水泳日本』（259-267頁）に述べられた自らの寒中水泳実体験を簡略して並べると、25歳の時、3月北海道函館湾内で泳ぐ、その12、13年後の1月18日愛媛県八幡浜で舟から跳び込んでふらふらと泳ぐ、1932年（昭和7）1月3日千葉県市川鴻ノ台下で、1936年（昭和11）1月12日板橋区石神井のプールで（日本游泳連盟に招かれて）、同年1月19日荒川新大橋上流で（向井流、川口水術練習所、並木忠太郎の誘いで）、の5件が示されています。

以上、随分と紙面を取りましたが、ざっと人物を見直しますと、前述の本田存よりは、少し年上であっただけでなく、水府

水府流太田派元老写真(写真上列右端「本田存」、前列右2人目「宇田川五郎」、『水泳界』創刊号の口絵写真より)

流太田道場に本田存が入門した時には、既に得業生の先輩であったことが分かります。

それでいて、同流道場の中心的な存在にあって、秀でた泳ぎ手の一人であったことが窺えます。一方、我が国初の本格的な国際競技水泳で、審判となり、新たな競技方法に接して興味を感じていたと受け止められます。行動を見渡すと、血気盛んで積極的な行動力が伴い、社交的で向上心が豊かであったことも感じられます。同時に、フランス語に長じ、理想と想像力だけでなく、論理的で著述や「小黙劇」を演じるなど、表現力豊かなことも伝わってきます。傍ら、晩年には、水府流太田派だけに拘らず、競技泳法に対して伝承泳法を重視しつつも、独自の立場から水泳と接していたのではないかと推測しています。

これらから、生業の実態としては、水泳指導者、新聞記者、文筆家、翻訳家、或いは時として俳優など文化的表現の中で活動していたことが推定されます。しかし、多彩過ぎて杳《よう》として、その生業を正確には掴みきれませんでした。ただ、その中で、記述として残された内容は、鵜呑みにすることが出来ないこともありますが、少なくとも手掛かりを意味していることは見逃せません。

このような経歴を持つ人物が、何故、協会創立の過程における発起者であったと後年に自ら名乗りを上げたかについては、前述に憶測として述べました。

宇田川五郎が発起者として名乗りを上げた記述は、時間的経過から見れば年次の誤認や錯綜のほか我田引水的な表現もないとは言えません。しかし、他の論述などを見ると、記憶を丁寧に辿る傾向がある事から、記憶再現範囲の矮小化や見落としを含む表現不足があったとしても、意図的に偽証を用いることは無いと推察しました。

少し時間的経過を順序立てながら考えてみたいと思います。

先ず長崎には、何時やってきたのでしょうか？

「明治三十七年　…　其頃同地に遊んでいた」（『水泳日本』、166頁）としています。

この示された年次「明治三十七年」は、明らかに記憶に拠る誤認と考えますが、実際に本人が在留していた年次を考えるならば、1903年（明治36）と、既に創立されていたと説もある前年の1902年（明治35）が対象となります。

対象年次を捉えるヒントとして「鼠島の一角に単なる夏の遊場としてホンの小規模な海水浴場然たるものが只一ッ　…　著者は入水第一にガラスの破片で足を切る、雲丹《うに》のエガ《ママ》が蹠《あしのうら》に刺さるという始末、其中で酔っぱらいや子供たちがぽちゃぽちゃやっている。」（『水泳日本』、166頁）とある記述から考えてみました。この記述は、実際に海に入って経験したことを意味していることで、既に海水浴シーズン中のような状況がイメージとして浮かんできます。そして、この海水浴シーズンを1902年（明治35）と仮定した場合、その時点から僅かな準備期間で諸々の人々に声を掛けた上で、シーズン中に協会創立の組織構成などを進めるには、時間的に余裕がなかったと推察します。況して、コレラ禍（『65年誌』、24頁）の時やシーズンオフに協会の創立を成立させたとも、その必要があったとも思えません。

その点から推測できるのは、1902年（明治35）を準備期間として、翌年に創立を目指したと捉えられないでしょうか。

宇田川五郎自身が述べている、創立を導くために動いたとする状況の顛末は、「遊説是れ力《つと》め行く中、漸くにして其熱誠が酬いられ、県庁、港務部を始とし、三菱支店（当時江口定條氏が支店長）其他有力者の賛同を得て、前記鼠島の裏側に形ばかりの小屋を建て三菱其他より無償提供せられしランチで団平船を曳き約一浬余り」（『水泳日本』、167頁）とあります。ただ、この表現だけでは、時間的な経過が正確には見えてきません。

論者の憶測に従えば、長崎で遊んでいたのは、創立始動する前年であったと考えられます。

では、何故長崎にやってきたのでしょうか。

『研究会資料・長崎』所収の協会史「設立の経緯」では、「海外航路の起点・寄港地である長崎で渡航の計画を練ろうとしていたのかもしれません。」(27頁)と推測しています。この説には、一理があると考えます。

それは、東洋日の出新聞社を退職した後にパリに向かって渡航して帰国までを「果《はて》は足掛け九年欧山米水」(『水泳日本』、90頁)と表現していることにあります。この「欧山米水」という四文字熟語的表現が気になりました。

探索して行き当たったのが、1900年(明治33)12月発行の大橋又太郎著『歐山米水』(博文館、何故か「自序」は翌年元旦の識)でした。所謂、著書が用いた冊子標題としての造語ではないかと捉えています。著作の内容は、世界旅行を思い立って欧米を周遊した見聞録で「巴里《パリ》」の話も出てきます。

となれば、長崎に訪れる前にこの著書を読み、血気盛んでフランス語を少なくとも嗜んでいた本人が触発され、パリ行きを実現するための行動であった可能性があります。それは、一理ある説の理由と「よりより知人に其話を持ちかけて見たが。」(『水泳日本』、166頁)とある知人が居たことによる訪問だったのでしょう。この訪問が、何故この時期であったのかと考えられる誘因の手掛かりの一つでは、1902年(明治35)、水府流太田派第3代師範高橋雄治の都合と河川の汚染で浜町河岸の環境が悪化して、流祖太田捨蔵開設した、太田道場,がこの年に閉じられています。宇田川五郎の水泳における拠点が、この時には、無くなっていたのです。時期同じくしての様に見えます。*40

長崎で遊んでいたとする理由と時期の手掛かりは推測できたとして、前述でも触れましたが、本人の記述では、鼠島の海水浴場の状況を見て「痛切に水泳教場の必要を感じ」(『水泳日本』、166頁)とあります。水泳場の設置に関する構想は理解できます。しかし、発起当初から、協会創立のイメージと具体的構想があったのかは測りかねます。また、本人が、ただ一人で発起して進展させたのであれば、東京からやってきた訪問者(旅行者)が単独で進めることには限界があり、地元の理解者、協力者、支援者など後ろ盾なしでは、成し得なかった筈です。

本人が、東洋日の出新聞社の社員であったことも述べていますが、その経緯などの詳細は不明の上、協会創立過程での記述の中に、賛同者及び支援者として、東洋日の出新聞社関係者の人名が全く出てきません。

しかし、協会創立時の様子から遡って考えると、社員の身分を得たことも含めて東洋日の出新聞社の後押しが、協会創立の実現を演出したと想定できます。

何故なら、情報機関が持つ力には、例えば宣伝効果、人脈、資金調達などにおいて有力な媒体となる可能性があり、当時で言えば新聞社が考えられます。

１９０２年(明治35)の長崎における新聞社と言えば、「東洋日の出新聞社」と「九州日之出新聞社」ですが、東洋日の出新聞社との関りを持ったことには理由があると思えます。

その中では、東洋日の出新聞社の創立メンバーである西郷四郎が思い出されます。それは、宇田川五郎と近接な関係であった本田存が、西郷四郎と過去親密な関係であったことからです。

ただ、講道館で水泳が行われた１８９６年(明治29)年以降に、師範として関わったと本人が述べていますが、人の移動状況と照らし合わせると、西郷四郎との関係は、この経歴と関連はなく、本田存からの話として、記憶の中で知っている程度だったのではないでしょうか。逆に、本田存から、親密であった西郷四郎の話が伝わっていた可能性や講道館で西郷四郎の存在は世間でも知られていたことから、宇田川五郎の耳に入っていて記憶に留まっていたことは十分に考えられます。

仮定として、直接、西郷四郎と面識があって親しくなっていたのであれば、地元で水泳場の設置を発起した早期の段階で、面談して協力を求めていたことであり、協会創立過程を示した記述の中に、東洋日の出新聞社の名称とともに西郷四郎の名前も登場していたことが考えられます。

それらの事を踏まえて推測をすると、西郷四郎との接点が生まれたのは、発案から発起に動き出した早期の段階ではなかったこと、鈴木天眼と事前面識もなかったことを意味していると推定します。つまり、本人がある程度、働きかけをした後に出来た関係性と思われます。

なお、東洋日の出新聞社員には、講道館に過去在籍していた福島熊次郎[*41]がいましたが、関連性は不明であり、同時に、事前の関連は考え難いと判断しました。

ここまでの論述としては、年次に関しても、事実の把握に関しても、推測の領域に留まっています。丁寧な検証の為には、例えば、宇田川五郎が、1902年(明治35)年から1903年(明治36)に掛けての長崎滞在や再来日の有無、実質的な意味での東洋日の出新聞社員としての行動なども今後明らかにすべき課題であると考えられます。

以上、東洋日の出新聞社内の人物が、協会創立の発起者であったと捉えた三人ですが、当時の他地域での水泳場や水泳教育の状況について、知り得ていた人物と考えます。それ故に、未発達の地、長崎においては、やりがいのある魅力的な協会創立という構想が発起され、その必要性に共鳴し合えたのではないでしょうか。

更に、具体的に考えてみると、長崎訪問者であった宇田川五郎は、海水浴場鼠島に水泳場の設置を念頭に置いて行動した「発案者」、東洋日の出新聞社員西郷四郎はその発案に同調し共同して協会創立までを社長鈴木天眼に提案した「提案者」、鈴木天眼は提案に賛同して実際の創立を実現に向けて人脈紹介や助言など後ろ盾となった「支援者」の位置付けで捉えられます。

一方、協会創立時に、外部から見た人々の眼には、役員として東洋日の出新聞社の社員が多数関わっていて、その中に居た泳法名手で初代主任師範を担った宇田川五郎も同化された一社員として扱い、総体として同社が主体的に進めた、民間の社会的組織団体に映ったのかもしれません。

それ故に、宇田川五郎の発案・発起よりも、事の成り行きとして、『65年誌』では主提唱者を社長である鈴木天眼と捉えられていたように、社内事業として発案されたかの如く受け止められたことが推察されます。しかし、創立者(設立者)についても、宇田川五郎が、自ら創立者(設立者)とする表現もあるように、捉え方によっては、後年の記述からだけでは言い切れない実相が隠れている可能性があり、今一歩資料探索と検証が必要であると考えます。

5．1902年(明治35)を創立年と考え始めたこと

上記で、発起者に関わっての検証を進めてきましたが、1902年(明治35)の状況は、推測は出来る事柄があるとしても、断定できる事柄は殆んどないと言ってよいのが現状です。

それでいて「1902年(明治35)創立」を通説とする文献上の現実があります。『65年誌』以降に協会が作成した、次の記念誌『80年誌』には、この「1902年(明治35)創立」を定説とした表記が「年表」に見られます。その後は、この表記を引き継いで、協会創立年としています。

そこで、この説に対する捉え方を考察した上で、次のⅡの論考「協会創立」へと進めたいと思います。

『65年誌』に戻って見ると、前述したように「創立は明治三十五年八月」(23頁)とあり「戦前、より正確を期する意味で、その設立発起の年から起算するようになったようである。」(23頁)と述べています。ここで示された「戦前」とは、何時の事で、何故「起算」する事が生じたのか探ってみました。

考えられる戦前は、『65年誌』の文中に「協会はこの年(1926年：大正15)二十五周年記念行事を催した。従来の鼠島創設より一年早いが、協会の創立から起算することになったのである。」(114頁、括弧内・傍線加筆)と考察を含めて述べられている個所があります。現時点では、この「起算」とする表現が、著述者による思考なのか、何かに既に表現されていた協

会の記述に基づくものなのかの結論を持っていません。

「鼠島創設より一年早い」記念行事の継続を捉えると、１９２６年（大正15）25周年、１９３１年（昭和６）30周年、１９４１年（昭和16）40周年とする、戦前の行事開催が見られました。

何故、「創立からの起算」とする考え方が起きたのか、一つの手掛かりとして考えられるのは、『東洋日の出新聞』１９２４年（大正13）８月13日付「崎陽運動界と我社（三）　七千号発刊に際して」と題する笠原嘉守による記事に、「游泳協会の源　…　此游泳協会も亦我東洋日の出新聞社から生まれたものの一つです。本紙が発刊されて社内の事務其他の秩序稍整うや、第二の国民たる青少年の元気を鼓舞し天晴《あっぱれ》海国の国民足らしむべしと、我社の故西郷四郎、宇田川五郎、池田正誠（控訴院判事）の三氏等が中心となって鼠島を会場とし、游泳協会を設立し」（１面、傍線加筆）とあったことです。

この「社内の事務其他の秩序稍整うや」と協会創立に向けての動きがあった表現を捉えて、新たな解釈から生じたように思います。さらに踏み込んだ感覚では、事の起こりは意識され動き始めた時からが、創立に含まれると解釈したことが考えられます。

この記述を手掛かりと考えたのは、この記事の掲載が１９２４年（大正13）で、一年早い記念行事が開催されたのが２年後の１９２６年（大正15）だったからです。

仮に同社が、１９０２年（明治35）11月に業務拡張[*42]がされた時点の事を、解釈の対象として捉えていたならば、同年８月の創立は考えられないことです。

また、協会が創立始動した１９０３年（明治36）７月に対する関連記事などから、詳しい創立経緯が見いだせたならば、明確な答えが見つかるかもしれません。

可能性を探る手立てとして残念なことは、現在のところ『東洋日の出新聞』の１９０３年（明治36）５月から同年10月までの紙面は現存せず、『九州日之出新聞』においても、この期間の紙面は残存していません。

その意味で、現時点として明確なのは、『10年誌』に「瓊浦游泳協会設立之趣意（明治三十六年七月）」（1頁）が見られることです。また、その後の『東洋日の出新聞』の記事においても、例えば、１９０４年（明治37）9月17日付「游泳協会の成功

上　瓊浦游泳協会が昨年創設早々　…　本年即ち第二年期の同会は」（2面、傍線加筆）などの年次特定の記述が幾つか見られます。

協会創設（創立）までの過程を考えた場合、『水泳界』創刊号の永見徳太郎が示した「発起人の顔ぶれに、筆頭鈴木力、県庁土木技師池田謙《ママ》太郎、控訴院判事池田正誠、港務部長河村弘貞、港湾浚渫会社社長渡邊秀融《ママ》、紳商では澤山精八郎、藤瀬宗一郎、倉場富三郎が、名をならべ、市長横山寅一郎会長となり、後に県知事荒川義太郎は総裁となった。」（１２０頁、傍線加筆）の記述があります。会長と総裁の事は創立後のこととして、発起人の事が述べられています。何らかの資料に基づいているのではないかと思われますが、この中で「筆頭鈴木力」も「紳商では澤山精八郎[*43]」も、『10年誌』に掲載された協会役員には見られない人物名です。

この発起人の資料の存在を推測させることが、『65年誌』に「趣意書には役員の主だった人が発起人として名を連ねたが」（26頁）とあります。永見徳太郎は、この趣意書文に添えられた「発起人名簿」を、恐らく見たのでしょう。とすれば、一般的なことだと思われますが、協会創立年次は変わらないこととして、それ以前に発起人が、事業始動のための出資をして、発起人による動きがあったことも推測としては考えられます。しかし、上記で述べた経過からは、「発案者」「提案者」「支援者」があっての発起人の出現で、同一人物である必要のない話です。また、発起人が組織として動いたとしたら、何時から駆動し始めたのか、現時点では特定に至れません。

繰り返しになりますが、上記に登場した永見徳太郎は、新名規明著『永見徳太郎』（長崎偉人伝、長崎文献社、２０１９）

の「略年譜」(221頁)に拠れば、長崎から東京へ移住したのが、1926年(大正15)3月で、本人のみならず長崎においても、この時点では、まだ協会創立が「1903年(明治36)」と認識されていたことが考えられます。この認識のあった前提からは、大正時代後半辺りが、1902年(明治35)創立の説が表面に登場してきた時期と推測されます。それが、1946年(大正15)の25周年だったと推察しました。

上述した『65年誌』の著者が「起算して」とする記述から、別の見方として、『10年誌』に「創設以来、今大正元年にて十年の星霜を経たり」(1頁)とする表現や、1912年(明治45)7月8日付『東洋日の出新聞』記事に「游泳会の開始瓊浦游泳協会は創立以来本年にて満十ヶ年の星霜を閲《けみ》し」(3面、傍線加筆)と紛らわしい表現への捉え方もあります。この2つの表現から、当年はまだ途中で「十年の星霜を経た」とは言えず、創設(創立)から既に丸10年経過した11年目に当たると解釈して、逆算すれば創立は10年遡って「1902年(明治35)とする」との考えもできます。しかし、『10年誌』の発行日は、1903年(明治36)9月5日で、この年の水泳行事が終わらんとする時点の発行予定であったこと、新聞記事の「本年にて」の範囲を解釈次第によって、「十年の星霜」を経たと表現しても矛盾がないとも拡大解釈では考えられます。それは、同誌に1912年(明治45)に関する記述として、「今十年目は本市の田中直治にして … 本年の田中師範に依りて定められたる教範は大略左の如し」(5頁、傍線加筆)とあり、この年に定められた「教範」が示され、「十年の今日は丁組各班を通じて八百余人」(6頁)と会員数が見られ、「幹部の配置」(6頁)も掲載されています。つまり、この年が、「10年目」であり講習が終了しての「10周年」を示すことにも捉えられます。同誌記述には、さらに続けて、「組織の一班と監督」では、「而《しこう》して明治三十六年七月創立当時の予算は」(6頁)と、明確に「1903年(明治36)創立」が示されてもいます。従って、『10年誌』の記述や新聞記事の「十年の星霜」と「十ヶ年の星霜」からの解釈としては、「10年目」であり「10周年」を迎える年と捉えるのが妥当と思われます。つまり、「1902年(明治35)創立説」は、同誌発行より後年に出現してきた論理であることが推定されます。

この創立年の、1年振り戻しの「1902年(明治35)創立説」は、誰が何時、どの様な意識と根拠を以って決定したのかは、現時点では実質不明点が多いとしか述べられません。

強いて上げれば、『65年誌』には、1902年(明治35)に協会創設(創立)への動きがあったと意識された、東洋日の出新聞の動き、個人の記憶と推理、地域情報(23-24頁)が記述されています。この記述の通りであれば、この年の創立(創設・設立)説を生み出したように思われます。

歴史的事実を探る上で、記録されたものや表現から解釈によって、変化が生じることはあり得ます。邪推から言えば、現在の立ち位置の価値を、長い歴史に求めたり、力のある側との関係の深さを強調したりなどの力が働かないとは限りません。この創立年の場合でも、推測の力が働いたことが、「創立年(創設年)」と「設立年」、「○周年」と「○年目」の意味設定や解釈による論議を生じさせていると考えます。同時に、単なる常識とされる認識だけでなく、人の想いによって、結果的にその真相に探り当たることもあるでしょう。しかし、明確な論拠を得る事なしに、説の正統性を論じ定説化することは危うく難しいことです。それ故に、論拠不確定の現在、以降の文中では直接触れません。

唯、ここまでの史的考究の視点から解明を進めた中では、「1902年(明治35)」は論拠の乏しい説であって、現在、論拠となる協会の創立年或いは設立年は、「1903年(明治36)」のみが判明していると断定できます。従って、協会創立を「1903年(明治36)7月」と捉えておくことを無難とし、前年の1902年(明治35)は創立(創設)や設立そのものではなく、そのための原動力が働き発案者が登場して、その組織作りのための準備段階としての動きが始まっていた可能性がある、と後年に至って想いを汲み取った「一つの説」と解釈しておくことが、現段階では望ましいと述べておきます。

Ⅱ．長崎游泳協会（瓊浦游泳協会）創立と初年次実態について

協会の創立への発起者を探りながら、「宇田川五郎＝発案者」、「西郷四郎＝提案者」、「鈴木天眼＝支援者」である三者が居て始動したことを前述し、創立年も１９０３年（明治36）と捉えました。当然のことですが、協会創立に向かって進むためには、三者間で認識した共有の理念があり、それに基づいての目的があった筈です。

創立当初の目的と目標を手繰るとともに、創立初期の実態を確認しておくことは、今ある存在の意味を、再認識することに繋がることと考えます。

１．宇田川五郎が示した理念と目的の背景

宇田川五郎を、協会創立の発案者として捉えた時、そもそも水泳場を求めて長崎を訪問した訳ではないのに、何故、水泳場設置を発起して行動に移したのでしょうか。

このことを探る第一の手掛かりは、１９０２年（明治35）当時、33歳（推定）の血気盛んな“水府流太田派”の泳ぎ手であったことです。この泳者として、磨きのかかった年代の人物が、泳げる場所があればと海水浴場に出掛けたことは、素直に受け取れる行動です。

そして、泳げる場所を求めて出合った鼠島海水浴場が、余りにも水泳環境として悪しく、長崎で適切と思える水泳場が他にもなく、自己の知識と経験に照らし合わせて、この地には管理の整った水泳場設置と水泳指導の教場が必要、と感じたことが想像されます。

この時、隅田川での水府流太田派の教場や同地の水泳場事情なども、頭を過《よ》ぎったことでしょう。同時に、この道場で

培い身に付けた水泳に対する同流の理念から、状況に手をこまねいたまま黙ってはいられず、発起への行動を取ったのではないでしょうか。

では、この水府流太田派の理念について、流祖太田捨蔵[*44]が『日本游泳術』で述べた「緒言」から求めて見ました。

「游泳術に流派ありて游泳方の同一ならざるは、各地の水勢均《ひとし》からざるが為めに、各其水勢に適応する方法を用うるに因るものなり　…　此書水府流に基き、諸流の游泳方の参考となる可《べ》きものを加え、広く我海国の同胞をして、游泳術の何物たるを知らしめ、併て此術を実地に演習せんとする子弟をして、水勢の変に応ずるの術をも練習せしめ、異日地を易《か》へて游泳することあるも、不測の禍《わざわい》を蒙《こうむ》らざらしめんことを期するに在り。」(5頁、傍線加筆)

大雑把に意訳しますと、基本となる流儀の泳法を維持しつつも、いかなる場所でも条件でも対応できる必要性を想定し、誰しもが禍から身を守ることができる泳法の修練と習得の大切さを述べています。至極当然のことといえば当然ですが、状況に応じた泳法の必要性は、伝承泳法の世界でありがちな流派泳法の拘泥よりも、水難事故防止を第一目的とした、理念と実践にあると論じていることに着目できます。

宇田川五郎の中で、太田捨蔵からの影響力を捉える意味では、その人間関係を本人の自著『水泳日本』に探ってみたいと思います。

「著者幼少の頃、朝な夕な、当時米屋を営んで居られた先生(太田捨蔵)の御店へ御邪魔し、お児《こ》さんの無き先生御夫婦から吾児の如くに愛撫せられ、其後家厳《かげん》(父親)に伴れられ先生の水泳教場に入門してからも、自然尋常一般の師弟関係の域を超え、特別我儘をさせていただいたような間柄だったので、著者が先生に対するの親みは一段と深く」(90-91頁、傍線・括弧内加筆)と、その関係性の深さは、本人が申すが如く、尋常ではなかったようです。

この関係から考えると、師太田捨蔵が1892年(明治25)1月に他界した後であっても、師からの薫陶は理念の基幹として息づき、理解を深めていったことが推測されます。

それを、後年に著した『水泳日本』の文中に見ると、書名表題の意図として述べている「我海国日本に生を享けた者は男女老幼を問わず、水に溺れるようなものは唯の一人も無い即ち挙国皆泳という実がほしい。」（自序2頁）の表現にも、「誰彼無しに是非心得て置く可《べ》き必要な技なりとして、一通りは之を習得してもらいたい。そして万一の場合大事な生命を無慙《むざ》無慙水に奪われるというような事の無いようになってほしい　…　別けて次の社会に活動すべき小学児童全体に是非とも之を奨励し（…）それに深い趣味を有たせたい。」（自序3頁、傍線加筆）、「重ねて言う、噫《あゝ》、何とかして海国日本人は一人残らず泳げるようにして見たい！」（自序4頁）との表現にも、強調された理解が感じとれます。

更に、先に、西郷四郎と嘉納治五郎の関係を前論Ⅰ．4．（2）．⑷の中でも取り上げましたが、水府流太田派の教書『日本游泳術』に「第一節。　游泳術の必要」として、「第二」から「第五」までの項目を上げて述べています。後述の参考にあたる記述として、全文を示しておきたいと思います。なお、内容認識のため、論者の簡約を各項下に控えめに示しました。

『日本游泳術』表紙

「第一。国民の義務　本邦は四囲環海、啻《ただ》に軍事のみならず、水産、漁業、通商、貿易等の航海に據《よ》る事業少しとせず、此等諸般の目的の為めに渡航するもの、若し游泳術を知らば、内に恃《たの》む所あるを以て、勇猛、敢為以て己の職務を尽くすを得可しと雖も之を知らざるときは、常に水を恐るるの念あるを以て、自ら職を空うするの憂いあり。故に游泳術は、海事思想を養成する、良方法にして、之を練習するは、国民の義務と云うべし。」（7頁、傍線加筆）

＊論者簡約：四面海に囲まれた日本では、軍事だけでなく、航海を必要とする中では游泳術を知らなければ水を恐れる事であり職務の遂行にも影響し、これを練習するのは海

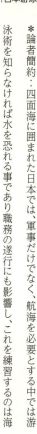

事思想の養成ともなり国民の義務である。

「第二。人命の保護　渡航するに舟筏を用うれば即ち足る。然れども人過《あやま》ちて河海に墜落することあり、舟筏復た転覆すること無きを保せず。加之陸地往々洪水、海嘯《かいしょう》等の災害あり。此等の場合に当り、此身を守り又人を救助するものは、游泳なり。」(7頁)

＊論者簡約‥水辺でのあらゆる不慮の事故において、身を守りまた救助できるのが游泳術である。

「第三。徳育上の効果　此術も一般の武術と等しく、人の徳性を煥発せむる者にして、数千尺の蒼海面に浮かぶも、数尺の沼水に在る如く、毫《すこし》も恐怖の念を起こす事なく、渺《びょう》々たる大洋に孤游するも屈する色なく、激浪急流に逢うも、狼狽することなく、能《よ》く適当の術を施すを得るが如き、健忍、不抜、豪毅、沈勇等の気象を養生せしむ者なり。」(7-8頁)

＊論者簡約‥備えあれば憂いなしであり、それは精神面を強化することに役立つ。

「第四。精神の保養　凡て興味なき運動は、徒《いたずら》に身体を疲労せしむるに過ぎずして無益なるものなり。運動は身心共に快なるを要す。然るに游泳するに当りて、四囲の光景、風物の美は、他の武術若しくは遊技等に於て、求め得べからざる、一種壮快なる感覚を游者に与うる者にして、不知の間に精神を養う者なり。」(8頁)

＊論者簡約‥自然の中での游泳は、他の運動や遊戯にはない壮快な感覚を養うことに適している。

「第五。体育上の効果　游泳は適宜に身体の各部を使用するものにして、従って其筋肉を一様に発達せしむる故、身体を鞏固《きょうこ》にし、又皮膚の冷気に抵抗する力を増し、肺臓及心臓の働きを活発ならしめ、胸郭を広くるを以て、最も体育に適したる、運動の一なり。」(8頁)

＊論者簡約‥游泳は、身体各所を使用して筋肉を発達させ、身体を強め内臓を活発にし、胸郭を広げるなど、体育に適している。

この五項目にわたる論理は、時勢に対応した必要を訴える表現に思えます。

宇田川五郎が、他者への提言の際に、この論理と師より薫陶を受けた理念とを伝え述べたことが考えられます。つまり、この提言によって、西郷四郎にしても、鈴木天眼にしても、宇田川五郎が論ずるところの説明から、時代や社会の風潮に留まらない水難事故による不幸を回避するための水泳教育の必要性及び管理された水泳場の設置の意味として、より一層に理解することができたのではないでしょうか。

余談ですが、身体の運動の中にあって水泳は、技術習得が出来ていないと死に直結する可能性が高い事は、推測を要せずに泳げることの大切さとして、一般的に受け入れられ易いことです。加えて、弁舌が得意であったと思われることから、上記五項目の論理を加えたことで、より多くの理解者を得る上で説得力にも繋がり、協会創立への動きを促したことが想像されます。

いずれにしても、宇田川五郎が、水泳指導を必要と考える根本理念の中では、水難事故の防止を前提として、あらゆる状況に対応できる技術を習得させることも目的に考えていたと推察します。また、宇田川五郎の理念と経験だけであれば、東京の民間における生業的や個人的な水泳場の構想に留まっていた可能性もありますが、西郷四郎と鈴木天眼の社会的見識が加わったことで、地域事業的な構想へと膨らみ、その形が結果として協会創設の実現に繋がっていったのではないでしょうか。

2.『瓊浦游泳協会設立之趣意』から見えたこと

『10年誌』に、1903年（明治36）7月付で、協会の創立とその期する処を公示した『瓊浦游泳協会設立之趣意』（1-2頁、以下『趣意書』と称す）が掲載されています。

公示の方法は不詳としても、印刷物が作成されていたことは勿論として、『10年誌』の編集執筆者が東洋日の出新聞社の主筆であったことから考えると、当時の『東洋日の出新聞』の協会創立記事の中に、或は広告の形で掲載された可能性があったと推測しています。後述に引用重複もありますが、この全文を、参照のため、以下に取り上げておきます。なお、原文にはルビなし、カナ文字には必要で濁音加筆、現在の音読みに部分変換しています。

「瓊浦游泳協会設立之趣意（明治三十六年七月）

海国ノ人士ハ水ヲ家トスルノ覚悟ヲ要ス今ノ世ハ大洋ヲ凌キテ世界ヲ闊歩スルノ時也国防殖産、通交皆一ニ水ニ由ラザル可ラズ然シテ能ク怒涛ヲ恐レズ狂瀾《らん》ニ溺レザル気宇ヲ養イ得ル所以ハ身ニ游泳ノ真術ヲ体《たい》スルニ因ルモノニシテ能ク斯術ニ得達スルニハ幼少ノ時代ヨリ之ヲ訓練セザルヲ得ズ更ニ考エルニ夏季ハ動《やや》モスレバ心身ヲシテ柔惰ナラシムルニ独リ清新俊爽ノ気ニ満タシムル者実ニ適度ノ游泳ニ在リ其自然ノ結果ハ能ク体育ノ旨ニ　協《かな》ヒ兼ネテ修徳ニ資スルニ足ル宜《むべ》ナル哉海外ニ於テモ夙《つと》ニ斯術ノ必要ヲ認メ遠ク希臘《ギリシャ》時代体操教育ノ隆盛ヲ極メタル頃水練ハ実ニ其主座ヲ占メ下テ羅馬《ローマ》時代ヨリ近世ニ至リ益々其発達ヲ見我邦《くに》ニ於テハ元亀天正ノ頃ヨリ各地ニ水練ノ達人ヲ出シ徳川末世ニ至ル迄水泳ヲ武芸十八般ノ一ニ加エ各藩競イテ之レガ訓練ニ勉メタリキ然ルニ惜ム可シ明治維新廃藩置県ト同時ニ文武ノ制度一変シ古来ノ武芸殆ンド廃頽ニ属セシヨリ斯術モ亦《ま》タ一時漸《ようや》ク中絶ノ姿ナリシガ爾来幾モナクシテ其必要ハ再ビ社会ノ認識唱道スル所トナル現ニ東京ニ於ケル官私各学校ノ如キハ之ヲ体育ノ一課目トシテ毎年盛ニ奨励シツツアリ顧《かえり》ルニ我長崎ノ地ハ海清ク気爽カニ之ヲ歴史ノ上ニ稽《かんが》エ又地理ノ上ニ察シテ最モ水ニ親ミ海ニ浮ビ一ハ以テ身心ノ保養トナシ一ハ以テ海国男子ノ真面目ヲ発揮スル素養タラシム可キ最好ノ適地也然カモ此《し》長崎ニシテ従来水泳ニ対シテ何ノ設備モナク只　恣《ほしいまま》ニ各自ノ行動ニ委ス有様ニテ嘗テ一定ノ規律ノ上ニ組織的訓練アリシヲ聞カズ而《しこう》シテ世ノ父兄モ亦タ最愛ノ子弟ヲ斯《かく》ノ如クニ放擲《てき》シテ顧ミズ思エバ危険ノ極ミナラズヤ吾等茲《ここ》ニ鑑ル処アリ此度瓊浦游泳協会ノ設立ヲ企テシモノ菲才素ヨリ其任ニ非ズト雖モ聊《いささ》カ抱懐スル所信ヲ実行シ組織的游泳術ヲ実施シ以テ長崎幾十万ノ人士ヲシテ安《やすん》ジテ此必要ナル技術ヲ研磨修練セイシメントスル微意ニ外ナラズ惟《おも》ウニ斯ノ如キ事業ハ之ヲ公共団体ノ組織トナスヲ以テ最モ適当ナリト信ズ故ニ吾等ノ理想トスル所ハ之ヲ市事業若クバ県事業トシテ組織ノ完成ヲ期スルニ在リ唯事ノ創立ニ当ッテヤ世間尚ホ水泳ノ真味ヲ解スルモノ少ナキガ故ニ徒《いたず》ラニ之ヲ目シテ危険ノ遊戯ナリトシ容易ニ手ヲ下サズ是レ吾等ガ自ラ進ミテ本会ヲ企画シ茲ニ其模範ヲ示サントスル所以ニシテ若シ幸ニシテ行ク行ク吾等ノ理想ノ実現サルルニ至レバ則チ吾等ノ望達シタリト謂ウ可シ仰ギ願クバ紳士淑女諸氏吾等ノ衷《ちゅう》情ヲ察シ奮ッテ賛同ノ意ヲ表セラレン事ヲ切望ノ至リニ堪エズ」

(1)『趣意書』に見える理念

『史伝西郷』には、「一瓊浦游泳協会設立趣意」書も署名はないが（西郷）四郎の筆によるものと思われ」（259頁、括弧内傍線加筆）と西郷四郎による公示文章であるとの推察を述べています。

西郷四郎と協会の創立後の活躍などから、推理して述べられた論理と受け止められます。

今一度、『趣意書』の文言に、どのような理念等が隠れているのかを、確認する意味で検証をしてみました。『趣意書』を検証する上では、宇田川五郎と関りの深かった師太田捨蔵の遺稿でもある、水府流太田派の教書『日本游泳術』との照らし合わせから始めてみました。

『趣意書』の前段部分の「海国ノ人士ハ水ヲ家トスルノ覚悟ヲ要ス今ノ世ハ大洋ヲ凌ギテ世界ヲ闊歩スルノ時他国防殖産、通交皆ニ水ニ由ラザル可ラズ然シテ能《よ》ク怒涛ヲ恐レズ狂瀾ニ溺レザル気宇ヲ養ヒ得ル所以ハ身ニ游泳ノ真術ヲ体スルニ因ルモノニシテ能ク斯術ニ得達スルニハ幼少ノ時代ヨリ之ヲ訓練セザルヲ得ズ更ニ考エルニ夏季ハ動《やや》モスレバ心身ヲシテ柔惰ナラシムルニ独リ清新俊爽ノ気ニ満タシムル者実ニ適度游泳ニ在リ其自然ノ結果ハ能ク体育ノ旨ニ協《かな》ヒ兼ネテ修徳ニ資スルニ足ル宜《むべ》ナル哉」（傍線加筆）について、上記で触れた『日本游泳術』の「第一節。游泳術の必要」の五項目，国民の義務，人命の保護，徳育上の効果，精神の保養，体育上の効果，と照らし合わせてみました。

確かに、直接的な軍事表現がなく、表記表現の違いが見られます。しかしながら、五項目と傍線部分を重ね合わせて捉え場合、解釈として基調となる思考が同じ土壌の範囲から述べられていると思えました。

また、『趣意書』文中の「能ク斯術ニ得達スルニハ幼少ノ時代ヨリ之ヲ訓練セザルヲ得ズ」とする一文は、水泳を指導して来た経験のある人物の、実感ある目線から述べられているように感じました。

続いて、『趣意書』では、世界及び我が国の水泳に関する歴史について述べています。この部分は『日本游泳術』の「第二節。游泳術の歴史」（8-29頁）を参考とした可能性があります。

例えば、『趣意書』の「希臘時代体操教育ノ隆盛ヲ極メタル頃水練ハ実ニ其主座ヲ占メ」（傍線加筆）の個所は「第二種。外国の游泳術歴史。　…　希臘《ギリシャ》時代に於て、音楽及び体操教育の隆盛を極めたる頃、水泳の技は実に其主座を占めたりき。」（26頁、傍線加筆）は、明らかに部分引用が見られ、『趣意書』に「明治維新廃藩置県ト同時ニ　…　現ニ東京ニ於ケル官私各学校ノ如キハ之ヲ体育ノ一科目トシテ毎年盛ニ奨励シツツアル」との内容は、「五　明治時代の游泳術」（24-25頁）の記述を、概略化して論じた可能性が明らかに考えられます。

ここまでが、『日本游泳術』との照らし合わせから見えてきたことです。

更に、『趣意書』を見ていくと、「長崎ニシテ従来水泳ニ対シテ何ノ設備モナク只　恣《ほしいまま》ニ各自ノ行動ニ委《まか》ス有様ニテ嘗《かつ》テ一定ノ規律ノ上ニ組織的訓練アリシヲ聞カズ　…　斯ノ如クニ放擲《てき》シテ顧ミズ思エバ危険ノ極ミナラズヤ」と述べています。この一文から想起してみると、『水泳日本』で「水泳教場」（166-167頁）の必要を発起したことを述べた、回顧文の印象と重なり合うものがあると私には感じられます。

これらの『趣意書』の文言から、少なくとも宇田川五郎と『日本游泳術』の存在が、背景としてあったことは、否定できないと推察します。

更なる推測を働かせての判断としては、この『趣意書』を宇田川五郎が一人で作成したとは思えませんが、彼が主体となって作成したと、捉えても言い過ぎではないと考えます。それは後述の、実質的に協会創立初年度の水泳指導実態の中にも見られることであり、同時に太田捨蔵に依って薫陶を受け、水難事故防止を第一として技術の習得をさせたいとする、宇田川五郎自身の根底にある理念を、反映したものであったと受け止められます。

(2)『趣意書』に見える目的

この『趣意書』が、宇田川五郎主体で作成された可能性を述べましたが、実際の公示文の作成に当たっては、西郷四郎などの助言があったことも想像されます。

例えば、1924年(大正13)8月13日付『東洋日の出新聞』「崎陽運動界と我社(三)」(1面、前出)の中で、協会創立に奔走した人物として、「西郷四郎」「宇田川五郎」「池田正誠《せいせい》(控訴院判事)」の存在が述べられています。三者中、賛同者でもあり嘱託師範の役目でもあった池田正誠が判事であったことは、公文書作成に精通していて、公示文言の作成に関わり、その知識と表現が生かされたとも考えられます。

これらのことも念頭に置いて、『趣意書』から協会を創立した目的について、文字を拾い考えてみました。

「吾等茲ニ鑑《かんがみ》ル處アリ此度瓊浦游泳協会ノ設立ヲ企テシモノ菲才素ヨリ其任ニ非ズト雖モ聊《いささ》カ抱懐セル所信ヲ実行シ組織的游泳術ヲ実施シ以テ長崎幾十万ノ人士ヲシテ安ジテ此必要ナル技術ヲ研磨修練セシメントスル微意ニ外ナラズ」(傍線加筆)とあります。

この一文を論者が一方的に解釈してみると、何故協会を創立してまで実行に移そうとしたのかは、水難事故防止を第一に考え、『日本游泳術』より必要とする基本の泳法を選定し、安全を確保しながら、正しく泳法を習得できることの場所と機会を与えたいと願う、目的のためであったと受け取れました。

なお、『日本游泳術』から泳法の選定をしたと考えたのは、『趣意書』に同書を明らかに参考とした痕跡があること、宇田川五郎が泳法指導の主導者となる前提で創立が進められてきた可能性があること、『日本游泳術』には具体的で段階的な指導教程までが示されていることなど、その可能性が高いと推測できたからです。同時に「組織的游泳術」「必要ナル技術ヲ研磨修練セシメン」なども、水泳への深い技術的知見を持った人物による表現に見えます。

では、組織が水泳教育を実施した目的や組織が設立された目的について、年次には差異がありますが、意図的に観点を定めて事例を探ってみました。但し、以下に取り上げる例示文は、提示された状況や内容において一律ではありません。

①軍事的な観点から

陸軍・海軍において、軍人教育として水泳が課されていたことは前述しましたが、海軍で必須とされたことは容易に推測できます。一方、陸軍においても、その必要理由が見える事例文があります。

1875年(明治8)11月25日付で陸軍省達第127号として『陸軍游泳概則[*45]』が通達されています。その条文において「第一條　凡ソ軍人游泳術ヲ精究練熟スルハ軍隊一般必須ノ要件トス游泳術ハ熟セザレハ溺没ノ憂アルヲ以テ平時戦時ヲ論ゼズ渉水ニ臨ミ逡巡シテ事機ヲ誤ルニ至リ及ヒ水中動作ニ従事スルコト能ハズ是レ其必須ナル所以ナリ」(傍線加筆)と軍人として必用で熟達していなければ溺れることが示されています。この規定は、1888年(明治21)に廃止されていますが、游泳術の溺れないための必要性と目的を説いています。その後も陸軍では「游泳術」が必須として実施されています。

②海事思想と体育的な観点から

１８９１年（明治24）に創立された日本体育会は、軍事的予備教育の性格を有しながら、「学校、社会。軍事の三領域の体育を併用した活動を、その使命とした」[*46]全国的な団体ですが、１８９４年（明治27）に游泳場を隅田川に開設しています。その游泳場規則には、「日本体育会游泳場規則　第一章総則　第一条　…　夫レ游泳ノ術タル一ハ河海ノ業務ヲ発達セシムルニ必要ニシテ且ツ船行スルコトヲ嫌悪スルノ弊ヲ除去スルコト一ハ身体ヲ強壮ニスルヲ以テ目的トスル」[*47]とあり、河海の業務に必要且つ船で移動する事を厭わなくなることや身体を強壮にすることを目的としています。同会の游泳場の設置は、前述にも述べましたが、後年には支部会での設置も見られました。

なお、創立者日高藤吉郎の軍事教育の必要性の中に「日本人には游泳が不可欠なことである。これは、西南戦争の際、球磨川の急流渡河で敵味方とも多くの犠牲者を出したのを目撃した結果である。　…　これが日本体育会における游泳指導への特別な関心となって現れる。[*48]」と同会が游泳場を設置した背景が別にあったようです。

③武術として必要の観点から

１８９５年（明治28）に創立された大日本武徳会は、武道精神と国粋主義的な思想を兼ね合わせた武術の奨励と普及を目的とした全国的な組織でした。組織の本部が京都に設置され、游泳部は、翌１８９６年（明治29）に創設されています。

游泳部が創設された理由としては、「現今有用ノ武術ニシテ奨励ヲ必要ノモノトシ」[*49]武術的必要性が認められたこと、「水練　海国日本ニアリテハ先ヅ海国思想ヲ養成セザルベカラズ風浪ニ会シテ自ラ保チ人ヲ救フ其ノ利ヤ大ニシテ而《しか》モ身体ノ発育ニ効アリ宜シク会員ノ為メニ教授シテ河水ヨリ湖海ニ及ボシ漸次其ノ規模ヲ拡大シテ優秀者ノ輩出ヲ図ルベシ。[*50]」とあり、水泳指導をすることは海国思想の養成や自他の命を救う事や身体の発育に有効であるとして、場所を選ばない熟達者の育成を目的としたようです。現在、京都踏水会では、これを創立の起点としています。

④海水浴場に併設された水泳場（「水練場」）の観点から

１９０６年（明治39）夏、大阪毎日新聞社は、大阪府下の浜寺村海浜と兵庫県下の打出海岸に海水浴場を設けて同時に併設水泳場を設置しています。その水泳場規則には、「水泳練習場規則　第一、当場は模範的水練術を速成的に教授するを目的とす」[*51]（１２０頁）とあり、海水浴客に水泳を指導する便宜を図ったことから始まったようです。[*52]

１９０６年（明治39）６月15日付『大阪毎日新聞』に公示された海水浴場及び海水練習所開設の趣意説明文では、「時運は国民の海上発展を促しつゝあり、海事思想の養成先ず急にしてこれが為には国民特に青、少年の男女をして海を知り海と相親ましむるに如くはなし、而してこれが方法としては海上游泳を学び若くは海水浴の習慣を養うを以て最も簡易なる手段とす」[*53]（傍線加筆）と海事思想の養成にあって、海に親しむために水泳を学び海水浴の習慣を促すことを目的に取り上げています。この当時では、新聞社の宣伝戦略的な要素を帯びた一面があったと思われます。現在、浜寺水練学校では、この浜寺海水浴場の併設水泳場を創立の起点としています。

これらの目的に関する表現も、似て似ざるものの如く様々ですが、時代及び社会的な背景が反映されて示されたことを含めて考えておきたいと思います。

明治時代の社会情勢における一大変化の一つに、鎖国政策から開国に転じたことが挙げられます。そのことに由って欧米文化が流入し、近代化への流れが加速的に進みました。その中では、軍事も外国に倣い（陸軍＝フランス、海軍＝イギリス）、衛生面の知識も流布し、教育論も活発となり、明治中期に至っては列強国と双肩できる立場を目指し、「富国強兵」「殖産興業」「海事思想」などの実践化が社会的風潮とともに隆盛となり、水泳が教育や修練される目的にまで侵食してきたことが窺えます。

しかし、水泳が必要とされる目的は、時代や社会の風潮、時に必要とされるイデオロギーとしての背景などあって出現していますが、それは一過的なこととして、水難事故の防止や心身の健康促進などが、不変の目的であると考えられます。殊に、水難事故の防止は不変の一次目的であり、その上に自然や状況対応としての水泳技術の習得も、忘れてはならないことであるとしてきたことが考えられます。

それらは、協会創立時の理念として内包してきたことでもあり、目的の本質を「水難事故防止」＝「市民皆泳」を同義として、現在も不変であると捉えておくべきことでしょう。

ただ、明治中期頃、水泳に対する意識上の偏見が存在していて、地域として独自の風評も見られ、協会創立の頃の長崎でも、見られたことでした。

そのことは、『趣意書』に、「唯事ノ創立ニ当ツテヤ世間尚ホ水泳ノ真味ヲ解スルモノ少ナキガ故ニ徒ラニ之ヲ目シテ危険ノ遊戯ナリトシ容易ニ手ヲ下サズ是レ吾等ガ自ラ進ミテ本会を企画シ茲ニ其模範ヲ示サントスル所以ニシテ若シ幸ニシテ行ク行ク吾等ノ理想ノ実現サルルニ至ラバ則チ吾等ノ望達シタリト謂ウ可シ」（傍線加筆）との一文があり、水泳が危険な遊戯と思われていたことが示されています。

時代は前後しますが、日本体育会の「游泳場規則」では、「… 近来該術ノ振ハザル大ニ嘆ズベキモノアリ此レ畢竟《ひっきょう》完全ナル游泳場ノ乏キト世間多クハ沈溺ノ難ヲ危惧シ之ヲ忌避スルニ其因スル者ノ如シ」[*54]とあり、理想的な游泳場は少なく、危険との意識があったことを示しています。

また、地域における意識として、大日本武徳会本部に游泳部が創設される頃の京都の状況について、「其七　游泳術イ・講習創始ノ顚末　京都ノ地タル　…　山河襟帯ノ地ナレバ市民ハ由来水ニ親シム機会ヲ有セズ従テ児童ノ水ニ趨《おもむ》クコトハ父兄ノ最モ危険視スル処ナルノミナラズ　日射ノ結果都人優雅ノ容姿ヲ傷クルハ其ノ最モ厭ウ処ナリ。」[*55]と、危険視する認識に加えて、容貌への不都合な変化を避ける旨のことが示されています。

以上の事情も鑑みますと、『趣意書』で表現された内容は、単に協会創立の趣旨を述べることに留まるのではなく、その必要と想いを示しながら、指導内容にまで具体的に踏み込んで説明されていることで、地域において、より深い理解と賛同を得たいという願いを、文面から読み取れます。

(3)『趣意書』に見える目標

協会の創立という、社会的事業が果たせたとしても、広範囲な理解や存続を考えた時の理想的な形態について、『趣意書』には次のように示めされています。

「惟《おも》フニ斯ノ如キ事業ハ之ヲ公共団体ノ組織トナスヲ以テ最モ適当ナリト信ズ故ニ吾等理想トスル所ハ之ヲ市事業若クバ県事業トシテ組織ノ完成ヲ期スルニ在リ」

と事業組織の完成を述べています。

つまり、述べられているのは、民間事業として行うよりも、公共事業としてなすべき事業の性格を有していると解釈しています。そのことは、水泳教育の実践と場(官地)の確保と使用には、水難事故防止の観点から捉えて、公益的で共助の性格がある、と考えたことが推測されます。

また、水泳指導の活動は、原則夏期のみという限られた季節的な側面に加えて、安全性を含めての設備と環境の管理や人員を要するなど、経費的な面での負担を強いられる可能性がある事業です。

これらを考えると、公的な機関が後ろ盾となって事業を推進できることは、安定して存続を計る事にも有効な方法と考えられたことでしょう。

現在では、伝承泳法の世界において、無形文化財などの指定を受けることで、公的機関から物心両面の支援を受ける形態を持っている流派もありますが、この場合には支援があっても団体にとっては十分とは言えない場合も考えられ、また体制側の状況によって不確実な事態が生じないとは限りません。

少し話が逸れますが、伝承泳法発祥地の団体の多くは、明治以前、「水術」として藩校の武術教科として実施されてきた経歴を持っています。この藩制時代は、武士の嗜むべき武術の一つとしての存在で、100を超える藩校又は藩で実施されてきました。当然ですが、その指導者の多くは、藩の組織下で、役目(職制)として継承されてきたのでした。

それが、廃藩置県後では、この藩の庇護も無くなり、多くの水泳指導者は失職となりました。藩の役目という縛りが無くなったことから、旧藩内を出ての指導の場も広げられました。ただ、水泳指導を生業として或いは伝承の場を持つことが出来た指導者は、藩政時代に水泳が指導された藩校や藩の数と照らして、それほど多い数ではありませんでした。この少数例の中には、個人や団体、軍部や学校関係に、水泳の指導者として採用されたことも見受けられました。しかし、明治中期頃までは、社会における認知においても必要度としても高くなく、前述の様に「危ない」とか、京都地域での「日射ノ結果都人優雅ノ容姿ヲ傷《キズツ》ク」などと避けられる風潮さえあったようです。

この状況から、時代の気風の中で必要性が説かれたことや、水難事故防止に有用との認知も得られて広がり始めたことで、状況は変化していきました。

その変化に影響力を持ったと考えられる方向には、前出の民間でありながら全国的な組織力を持った「大日本教育会」、「日本体育会」、「大日本武徳会」で、水泳指導が実施されたことがありました。それぞれの団体では、水泳指導の組織を、本部や支部に創設するなど、広い地域で展開されました。それは、水泳指導が持つ、公益的側面を理解しての動きであったとも捉えられます。

公的な組織の中で、存在を維持してきた伝承泳法流派の例としては、大分県臼杵市で継続されてきた'山内流'があります。現在、「山内流游泳所」と称しています。

それは、1892年(明治25)町営として、町長宇野治光が所長となって設立されて以来、継続されています。現在も臼杵市の管轄下にあって、所長は臼杵市教育委員長が、その責務を果たしています。[*56]

なお、大日本武徳会游泳部(現、京都踏水会)は、1946年(昭和21)に母体組織「大日本武徳会」が解散したことを受けて、「游泳部」[*57]も解散となり母体を失いました。しかし、この窮地は、1947年(昭和22)から京都市社会教育課の経営の元で「京都市水泳講習所」と改称されて指導が継承されています。[*58]つまり、公的機関設置の傘下の中で、団体組織としての維持ができたのでした。その後、自助独立して民間団体となり、今日も「京都踏水会」として健在しています。

上記に上げた、山内流游泳所と京都踏水会の例は、水泳指導の必要性や有効性に加えて、公益性が認知されての事であったと推察します。

話を戻しますが、協会創立において、大阪毎日新聞社のように、民間営利企業が水泳指導を行う組織を創設することは、経営体力からも可能な話であったのかもしれません。

しかし、協会の創立とその理想的目標とするところが、公的機関による組織事業にあったことを考えると、創刊間もない東洋日の出新聞社の経営体力や支援が十分にあったか否かという問題は別として、当初から新聞社という民間営利企業による組織の創設は、想定外と考えて、企画化が進められて行ったことも考えられます。

それが故に、協会の運営において、東洋日の出新聞社関係者が、数多く深く関わり、実態としては、後援を超えた共催とも思える関与ではあったけれども、あからさまに新聞社共催の関係性を表面に出すことさえ、印象として、目標に適わないと受け止められていたのではないでしょうか。

この目標が示された背景に、公益的な意識も含めた社会奉仕の精神があったことは、現在も協会の活動の中で息づいていると感じられます。

なお、『65年誌』には、「大正九年には、鼠島の施設（七・八千円）をそのまま提供して市営事業とすることに、かなり進みながらも実現を見なかった。その後も話題に上っては立消えになっていた。」（113頁）とあり、協会側からの市営事業への移管話があったようです。

その動きには、官と民とが共同的に進めて来たことの意識が、どこかにあったことを匂わせるようにも思われます。

3. 協会創立当初の実態　―初めの第一歩―

1903年（明治36）7月に、協会が創立された時点の目的と目標は、おおよそ推察できましたが、では、実際の始動はどのような実態であったのでしょうか。

ただ、初年次の実態を伝える情報は多くありません。その理由としては、この年の協会側が意識的に残した資料や記録類が、戦災などもあってなのか、皆無に等しく、しかも1904年（明治37）9月17日付『東洋日の出新聞』の記事に「游泳協会の成功　上　瓊浦游泳協会が昨年創設早々著しき成績を呈せし次第は当時の本紙に詳記したるが」（3面）とありながら、残念なことに、現在では、この年次での該当する新聞記事の残存が皆無で、目にすることができません。また、その上に、『65年誌』作成時に収集された個人の記録や個別資料なども、現在では、所在不明などの状況にあります。

『瓊浦游泳協会拾年紀念』表紙

しかし、幸いにして『10年誌』（『瓊浦游泳協会拾年紀念』）が残存[*59]していたことで、初年度の史実としての情報を、幾らか拾うことができます。『65年誌』においても協会の創立年次については、『10年誌』を少なからず出典としている部分があることが明瞭です。そこで、当論述の中では、初年次協会の実態について、史実重視の観点から探る方法として、『10年誌』を単に資料扱いとはせず、一次資料相当としました。

『10年誌』に示された初年度の記述は、創立年の新聞記事及び資料に基づいていると捉えています。その文面からは、創立初年次の記録的な記述を抜き出し、その補足的資料として、翌年に当たる１９０４年（明治37）の『東洋日の出新聞』から、初年次関連記述の情報も加えながら探ってみることにしました。

探求の目的は、初めの第一歩を知ることであり、諺の「初めが肝心」の如く、その後の源を辿り知ることに通じると考えました。

(1)創立当時の始動と組織について

発起人の組織が存在していた可能性を前論Ⅰ、5.で述べましたが、協会の組織が動き始めるには役員組織を形成し、役割分担は欠かせないことです。

『10年誌』に「其創立に際して既に今日の隆昌を見るべき要素を備えて組織されたる」（1頁）とあり、「十年の今日忘れ能《あた》わざるは当時役員の功労之《こ》れなり、今《い》ま当年の役員諸氏を記せば」（3頁）と、その役職・肩書（加筆）・氏名が明記されています。それを以下に、転記してみました。

会長・長崎市長・横山寅一郎、理事・三菱炭坑社長・江口定條、理事・長崎県技師・池田賢太郎、理事・長崎市助役・平田喬、理事・実業家・倉場富三郎、理事・日本郵船会社支店長・東條三郎、理事・日本商業銀行支店長・丸山継男、理事・湾港浚渫会社長・渡邊融、理事・長崎県師範学校長・安藤喜一郎、理事・実業家・藤瀬宗一郎、理事・東洋日の出新聞社員・西郷四郎、師範・東洋日の出新聞社員・宇田川五郎、嘱託師範・控訴院判事・池田正誠、嘱託師範、陸軍少佐・高柳信昌、嘱託師範・陸軍大尉・遠矢三治、嘱託師範・長崎県技師・木村廣楠、庶務・東洋日の出新聞社員・田内虎二、庶務・東洋日の出新聞社員・服部熊吉、庶務・東洋日の出新聞社員・小倉清彦、庶務・東洋日の出新聞社員・平田賢三、嘱託医・（医師）・阿久根重志、嘱託医・（医師）・神吉勉

『10年誌』には、「創立当時の幹部」の集合写真（本書口絵1）が掲載されています。そこに写っている人物の名前には、「池田正誠」「高柳信昌」「江口定條」「田内虎二」「笠野善三郎」「渡邊融」「横山寅一郎」「倉場富三郎」「遠矢三治」「木村廣楠」「宇田川五郎」「池田賢太郎」と「不明」と示された、総計13人が居ました。この中で、上記役員に名前が列せられていなかった「笠野善三郎」が居ますが、『東洋日の出新聞』の1904年（明治37）9月18日付「市中出身の最も熱心なる游泳家笠野源《ママ》三郎氏の名誉師範に加わる有り」（2面）と同じか、一方「不明」の人物は上記役員のいずれかの可能性があります。また、協会の創立に貢献したと考えられる、西郷四郎の存在が無いことも気になります。

なお、『65年誌』には、上記に加えて、「顧問長崎県知事荒川義太郎」（26頁）が、最初に記載されていました。協会役員を記した原本となる資料には、そのような記載が有ったのかもしれません。しかし、上記で述べた、『10年誌』口絵写真に役員として知事が写っていなかったのは、当初は関与していなかったことを意味しているとも受け取れます。また、前章で取り上げた永見徳太郎は、『水泳界』創刊号で、「市長横山寅一郎会長となり、後に県知事荒川義太郎は総裁となった。」（120頁、傍線加筆）と述べています。荒川知事が「総裁」となったことについては、『東洋日の出新聞』1910年（明治43）9月3日付「鼠島の大会　本日鼠島に於て瓊浦游泳協会の大会を催し　…　荒川総裁（知事）も臨場すという。」（3面、傍線加筆）に「総裁」とあります。荒川知事と協会と関連のある動きとしては、同紙1907年（明治40年）8月20日付「鼠島は日曜まで中止　一昨日鼠島の競泳大会は知事以下各高官連の参観もあること〻て、」（3面）と協会の行事への臨席が

示されています。また、『65年誌』には、1909年(明治42)年7月23日「荒川義太郎知事を始め県の高等官一行が、特別船を仕立てて渡ってきた　…　会員二千を擁する游泳場の実況視察であった。鼠島には、最初の視察団である。」(44頁)と視察訪問が述べられています。「総裁」には、翌1910年(明治43)からであったのでしょうか。この役職名についてですが、『東洋日の出新聞』1911年(明治44)1月14日の「游泳会寒稽古会　瓊浦游泳協会の寒稽古会は　…　池田副総裁の訓示演説ある由。」(3面、傍線加筆)と別人ながら「副総裁」とあり、この時期だけの役職に「総裁」があったのか、新聞記事上だけの誇張された敬称であったかは不詳です。同時に、役職が実在したとして、何故「総裁」との名称が必要であったのか、が気になります。

上記の協会創設時役員を、職域から見ると市政・県政関係、港湾関係、海運関係、金融関係、教育関係、商工会関係、裁判関係、軍事関係、報道関係、医療関係の人物が名前を連ねています。

それは、初期の段階から、官民が合体したかの地域事業の装いに見えます。同時に、事業の運営上、必要な政財界も含めた多面的な支援協力が得られたことで、市民からは、その事業が民間事業としての立ち上げながら、公的性格を持った事業に見えた可能性を感じさせます。もう一点、人員の中の「東洋日の出新聞社員」の多さは、社長鈴木天眼の熱の入れようと、同社が共同開催者的な参画であったことを示していると受け取れます。また、役員の体制は、『趣意書』に示された、協会が理想と掲げた目標を意識した組織構成であり、同時に、10年にして「今日の隆盛を見るべき要素を備えて組織され」と言わしめるところの運営布陣であったとも言えます。

この組織体制と目標は、大日本武徳会と「京都踏水会」、大阪毎日新聞社と「浜寺水練学校」のように、明らかに母体組織があって創設された経緯とは、路線が異なっています。

協会創立にあって、その人的実動に関して『10年誌』では、「就中《なかんずく》江口、池田(賢)、池田(正)、宇田川、渡邊、丸山、田内の六《ママ》氏は創立者中の創立者として　…　殆ど献身的な努力を為し、当時の荒川知事河村港務部長等の現実的声援と三菱郵船等の大会社が社交的貢献に甘んじて非常の好意を寄せたる」（3頁）と述べています。

実質的な個人の活動において、7人が挙げられ、公的機関の管理者側にも声援・支援を受け、企業体からも援助があったことが見えます。この中には、何故か西郷四郎の名前が出てきません。そこから考えられるのは、協会創立当初、理事に名を連ねてはいますが、現場を見守る統括責任者的な位置に居ただけ、だったのかもしれません。

翌年の『東洋日の出新聞』の記事からも、その一端が窺えます。

1904年（明治37）9月18日付「游泳協会の成功　中　…　創業の主動者たる池田正誠君が」（2面）、同年9月19日付「游泳協会の成功　下の一　…　昨年は三菱炭鉱《ママ》社長江口定條氏が奮うて協会の柱石を以て自任する有り。氏の温粋謙和にして事務に精確なる人格は協会創業の処理に大部分を貢献したり」（2面）と、実質運営面で池田正誠が、事務的な処理作業においては江口定條の活躍が示されています。

この二人の活躍があって、泳法指導の諸事に関しては宇田川五郎が専心して、主導的に担当する体制であったのが実情と推測します。

（2）指導体制について

この当時、一つの水泳場において伝承泳法が指導される場合、指導者の個人的な過去の泳法修得歴や他流派の水泳場指導者間の交流は兎も角、実践としては単一流派の指導者による体制で組織されることが、一般的であったと言えます。例えば、創立時の京都踏水会が「笹沼流」[*60]、浜寺水練学校が「小池流」[*61]の指導者のみの体制から始まっています。

『10年誌』には、「創立当時の主任師範宇田川氏は水府流[*62]にして嘱託師範たる遠矢木村両氏は伊予の神伝流、其他或は熊本の小堀流伊勢の観海流等師範の任に在る人の流儀は一様ならざりしも」（4頁、傍線加筆）と複数の流派の泳法修得者の構成が見られます。

この記述から、役職として師範の任に在った人物5人を、個別に修得流派に当て嵌めてみました。

主任師範の宇田川五郎は、「水府流（太田派）」。

嘱託師範の遠矢三治は、「神伝流」。

嘱託師範の木村廣楠は、「神伝流」。

この3人は、記述通りと判断しました。

では、熊本の小堀流は誰かと考えた場合、嘱託師範の池田正誠が「熊本県の人である[*63]」ことから単純に推測すると、「小堀流」の可能性が考えられます。次論Ⅲ．でもこのことに触れて述べます。

『10年誌』の上記文面からの意訳転用文、と思われる『65年誌』の記述では、「宇田川主任師範は水府流太田派、池田遠矢両師範は神伝流、その他小堀流観海流とまちまちで」（28頁、傍線加筆）とあります。

しかし、創立から『10年誌』までの記述や新聞記事において、池田正誠が「神伝流」であったと明記されたものは見出せていません。

残る最後の一人であり「伊勢の観海流」は、消去法で行くと嘱託師範高柳信昌が該当することになります。但し、「観海流等」の「等」が何を意味しているかは不詳であり、単に文面から、先の「小堀流」と、この「観海流」を個人に当て嵌めて捉える事には、正確さを欠いていると認めざる得ないことですが、一つの手掛かりとして取り上げました。

論者の中で、一つの水泳場で、複数流派の指導者が存在した例として思い出されるのは、幕府講武所[*64]での指導者体制があります。

協会の状況については、時代や目的の条件に加えて、組織編成や流派などの考え方がすべて符合するものではありませんが、宇田川五郎に通じる話として取り上げます。

幕府講武所では、「水術」の稽古も行われました。

1855年(安政2)「水泳之義は御番衆小普請等是迄水泳肝煎之者共並御徒方之内達者成者相撰、講武場水泳世話役被仰渡、其外藩士に而水練達者成者も有之由、右之者も世話役為仕度奉存候。[*65]」と、幕府の武士と諸藩の水泳達者が水泳指導に関わる考えが示されたが、実際には、幕府徒士《かち》と船手組が「世話役」となり、「手伝い」に直参が就きました。[*66]

この時の「水泳世話手伝」として、稽古に参加していた宇田川五郎の師太田捨蔵(当時、今村市三郎)が居ました。そして、本人は水府流の修得者でありながら、幕府の徒士組、船手組、諸藩の泳者の泳ぎを見分できただけでなく、体験もした可能性があり、教授方の競泳(競《せ》り水《みず》)にも加わっています。[*67]

太田捨蔵の講武所での経験は、流派に囚われない水泳の世界観となり、加えて隅田川周囲の水泳場の泳法なども参考として述べられたのが、遺稿『大日本游泳術』であり、それに師の宿志を継いで考究を進め門下高橋雄次郎(後、雄治)編として、講道館の造士会から世に出たのが『日本游泳術』です。

それは、「水府流」の泳法を基本としながらも、一流派の泳法に囚われることはなく、必要の中で泳法を考え、伝えるべき情報は多彩に網羅し、水辺の状況に応じた安全な水泳を目指すものと捉えられます。

『日本游泳術』から、その一端を紹介すると「一流派に拘泥するは、游泳術を学ぶ者の本領にあらざるべし。流派は一地方に固着せる死物なり、水は活物なり、地を易《か》へ時を経れば変化す。一流派の游泳方のみを以て応じ得べきものにあらず。」(180頁、傍線加筆)と述べています。

この太田捨蔵の思考は、師より寵愛された宇田川五郎にも、引き継がれていたことは自然なことでしょう。

従って、初年度の水泳教育に必要な指導者を募り、組織を形成する段階では、流派に拘ることはなかったと推察します。それよりも、指導の実際において、指導者として必要な技量を計り、初歩段階の方法論や泳ぎ方の理解、情報の共有などを鑑みながら、宇田川五郎主体で計画が進められたことが考えられます。

恐らくですが、宇田川五郎は、協会の指導者体制における師範の中でも、伝承泳法の一流派の道場においても中心的存在で、表舞台での活躍や修行の程度や指導歴に関して最も経験豊かな存在であったと捉えられます。

(3) 講習内容と成果について

『10年誌』に「主任宇田川氏が水府流なるを以て皆な之を大宗し前記の教範をつくれり、これを今日に比すれば総てに於て科目は甚だ易きが如くなれど」(4頁)と、講習の指導課程を宇田川五郎の案に基づいて決定されたようで、'水府流太田派'の泳法であり、同時に『日本游泳術』から選定された泳法等であることも、表現された名称などが酷似な点に窺えます。

そこで、『10年誌』に示された指導課程と課目名を示しておきます。

- 丙組
  - 浮働《ママ》法、準備泳方
    - 押手　掻分手
    - バタ足
- 乙組
  - 横体泳方
    - 一重伸《のし》
    - 二重伸
  - 平体泳方
    - 両輪伸
    - 平伸
  - 跳入法
    - 平跳
    - 直跳

潜水　　逆跳
横体変化泳方　　片抜手　一重伸
　　　　　　　　片抜手　二重伸
甲組　平体変化泳方　　小抜手　両抜
　　　　　　　　大抜手　浮身
　　立体諸泳方

得業生　水術諸心得

以上です。

これだけでは個々の詳細は不明ですが、示された表現や名称を『日本游泳術』と比較してみました。同書と見比べると、課程の段階区分及び名称が異なっていること、「浮働法」[*68]「両抜」の名称が無いこと、単に「潜水」「浮身」とした表現を用いていることがあります。これらを除いては、同書に取り上げられている泳法区分の表現や名称に至るまでほぼ同じです。また「得業生　水術諸心得」は、同書の「得業者ノ諸心得」(136-139頁)が反映されたものと考えられます。

同書では、泳法によっては「神伝流」、「向井流」、「小堀流」、「観海流」で該当する泳法を参考として取り上げています。それは、一律ではない流派泳法修得者の指導者体制にあって、課程を理解する上で、馴染を生むことに繋がったのかもしれません。同時に、表現や名称の違いがある部分は、指導陣の間において調整がなされたことも想像されます。

なお、個々の泳法など具体性を求める上で、『日本游泳術』に示された解説文も取り上げるべきかもしれませんが、本論では詳しくは同書をご参照いただきたい、とすることに留めます。

その指導体制の中で、指導課程の区分が「甲」・「乙」・「丙」の三段階とされ、修得が確認されれば「得業生」と認めたことに対して、『日本游泳術』では、「第三　教授法及順序」において「第一期。浮くことを専第一とする時代（五級　乙）」（40-42頁）・「第二期、游泳方の基礎を作る時代（五級甲四級）」（42-43頁）・「第三期。水に慣れ沈着する時期（三級二級）」（43-46頁）・「第四期。諸游泳方を教へ得業生と成す時期（一級得業生二級）」（46-47頁）と目的に依る区分表現あり、基本4区分とする違いが見られます。この点の相違は、宇田川五郎と指導者体制を考慮しての判断があったものと考えます。

水泳の指導課程について、年次の近い時代の事例では、1894年（明治27）創設の日本体育会游泳場が「甲　練習生　能ク游泳ヲナシ得ル者」・「乙　練習生　稍々游泳シ得ルモ充分監視ヲ要スル者」・「丙　練習生　初心者」・（三種ノ外特別ノ熟練ナル者ハ特別練習生トス）「毎年修業末ニ於テ特別練習生得業試験ヲ行ヒ及第者ニ得業証書及得業生ノ内優等ノモノニハ優等証書ヲ与フルモノトス」（傍線加筆）としていて、教程3区分の上に得業生を設定[*69]して、内容は別ですが区分法としては名称とともに同様でした。1896年（明治29）創設の大日本武徳会游泳部（現、京都踏水会）の初年度では、「講習生の階級は七階級とし[*70]」とあり、帽子の区分において「講習生一級乃至四級は、白地に赤の一本筋　同五級乃至六級は、半面白、半面赤」・「同七級全部赤[*71]」と泳力に伴う3分別がなされていました。1906年（明治39）創設の浜寺水練場（現、浜寺水練学校）では、「初級―水泳心得、水泳初歩、平泳練習」・「中級―水泳練習、抜手（一擢《ぬき》）潜水初歩、水泳初歩」・「上級―鷗《かもめ》泳、抜手（二擢）傳馬泳、鯔《いな》跳、瓜むき、枯木流、捨浮、筏流、溺者救助法、其他高等水泳術」の3段階[*72]で区分の数としては同じでした。

これらを並べてみて、泳法修得の段階において、「初歩」・「基礎」・「応用」のような教程区分の中で行われたことなのでしょう。恐らく、水泳に限らず技術習得の課程では、一般的な区分法とも思われます。

伝承泳法の世界の中で特別な例としては、「観海流」があります。同流では、1853年（嘉永6）に津藩の藩校で教科として海防を意識して採用された流派で、団体で遠泳を実施することに主眼を置いていました。それ故に、その課程の設定では、技術的な修得を距離で測るという方法に焦点を当てて、「三町」・「五町」・「七町」・「十町」・「二十五町」・「五十町」＝初段・「三里半」＝中段・「五里」＝奥伝を段階的な区分の設定として、修得課程の認定としてきました。修得目標が明確で、集団での長距離遠泳を最終目標としたこの認定方法は、学校関係での教育目的（集団行動・心身の鍛錬など）に適うとして、戦前に全国的な広がりを見せたことがありました。[*73]因みに、長崎県では、この観海流と学校関係に関する伝播の形跡は見られませんでした。

水泳教育の中で、泳力を計る目安として、距離を泳ぐことは必然的に用いられ、特に海防を意識して行われた幕藩体制下の水術の時代には、幕府においても諸藩の中でも行われたことが推測されます。それは、技術習得の度合いとともに行われ、最終的には、遠距離を泳ぐことが達成目標となっていたことも少なくありません。

例えば、幕府の徒士《かち》（歩兵）での水泳稽古について史料から取り上げてみます。幕末の徒士であった山本政恒《まさひろ》が書き残した『幕末下級武士の記録』（吉田常吉校訂、時事通信社、1985、原題「政恒一代記」）に、浅草川での水泳稽古の様子が描かれています（115-124頁）。それを要約すると、浮くまでは腰に紐を結んで板を持って顔を浸けてのバタ足のようなことから始め、犬掻きのような泳ぎへと進み、これで顔を上げて進む「かっぱ泳」ができると、次いで横泳へと、さらに「抜手泳」、「立泳」、抜手で一列に並んで向河岸へ、潜り、御用船から飛込、横泳で順位を競う「競り水《せみず》」、橋よりの飛込、そして距離を泳ぐ「遠町泳」が行われたようです。

序《つい》での話ですが、徒士の水泳では、将軍の前での上覧水泳もあって、揃っての抜手や水書、水馬、旗の取り合い、競り水が披露されたようです。この上覧水泳についての絵図や記録は、現在も残っています。[*74]

上達を披露する場が違いますが、明治以降の水泳教育の場でも、泳力の上達を披露する場が行事として設けられています。

例えば、京都踏水会（当時、大日本武徳会本部游泳部）の初年次、1896年（明治29）、生徒父兄参観の状況で「競泳会（水泳大会）」が開催され、競泳などを披露させています。[*75]同会の、この年の水泳指導は、東京の隅田川で水泳道場を開き指導していた前出の大竹森吉による笹沼流（向井流系）でしたが、当時の東京の水泳指導では、父兄の理解や評判と興味を得るなどのために、この様な行事が既に行われていたことが考えられます。

少し話が逸れましたが、水泳技術及び泳力において基礎的な段階を終えたことを推し量る手段として、一定以上の長い距離を泳ぎ切る、所謂「遠泳」を課すこともありました。

例えば、1892年（明治25）『東京朝日新聞』8月24日付の記事に「遠泳会　浜町河岸に設置したる四五の水連稽古場は巳《すで》に本期第一回の試業を挙行したるが来る廿八日を以て第二回の大遠泳会を執行する由なり旧幕の頃御徒士衆の遠泳と云えば吾妻橋の辺より遠く品川沖へ泳ぎ出でて」（1面）とあり、また、1906年（明治39）9月発行の『風俗画報』（122号、東陽堂）に掲載された大田才次郎著「水練（続）」では「向井流の教授法を記せんに　…　其技に熟すれば教師は生徒を率いて遠泳と云うを試むることありては石川島御台場辺の沖合に出て、鹹水《しおみず》に泳がしめ其成績を験するなり此試験終れば教師は生徒に得業証書を與うるを例とすという其他の水泳場の教授方法も之れと大同小異なる」（12頁、傍線加筆）と述べられています。

この距離を泳ぐことと、泳力を推し量る方法論は、隅田川界隈のみならず伝承泳法の水泳場において、通例的であったことを示していると考えます。なお、右記で示した日本体育会游泳場の創設時の指導課程は、向井流の教師によって指導されています。従って、同游泳場での「得業試験」は、「遠泳」が課されていたことも推測されます。

協会の創立時の指導課程でも、上記と同様に長距離泳、広義な意味で集団が長距離を泳ぐ「遠泳」が課されていました。『10年誌』に１９０３年(明治36)年に「当年既に八月初旬百十九名の甲級《ママ》生(鼠島高鉾間往復)を出し更に其上級たる「初伝」の一階を編み之が試験は鼠島小ヶ倉間往復を以てし九月に至りて左の二十九名に初伝を差許せり」(４頁)と記述されています。

また、同じ頁に、この時の初伝免許状の本文も掲載されていますが、「貴殿儀水術熱心不浅鼠島小ヶ倉間往復此距離二海里以上無滞遠泳致候ニ付初伝差許候也　明治三十六年九月」(傍線加筆)と「遠泳」の文字が見られます。

この記述は、鼠島と高鉾島の間を往復して１１９人の得業生(基礎課程の卒業)を認め、その認定者の中から新たな目標として「鼠島小ヶ倉間往復」(１浬:１８５２mの往復、大雑把に４km)を課して、男性29人が達成し「初伝」認定の免状が授与されたことを述べています。この免状には、前述師範・嘱託師範の５人が認定者として連名で書き添えられていました。また、指導課程を単に「水泳」とし、往復距離泳(遠泳)の達成を授与の条件としていることに着目出来ます。多くの伝承泳法の水泳場と異なって、流派に関わる情報記述が見られないことが特徴的です。また、卒業者(得業生)が出て、更に段位授与者まで出たことは、人材育成でもあり、指導体制の助力者を生み出したと言えます。

１９０４年(明治37)『東洋日の出新聞』９月17日付の記事に「昨年は精々二三十人に過ぎざりし婦女子会員」(２面)とあります。『10年誌』には、１９０３年(明治36)の婦女子会員の中から「鼠島高鉾間游泳往復の科を了うるに至る」(４頁)と述べられた４人に感状を、更に「鼠島木鉢間往復」を達成した２人には賞状を、閉会式に際して市長で会長であった横山寅一郎から贈呈されたことが述べられています。この２つの往復游泳の距離は正確には不明ですが、これを創立初年度にしての女性の快挙と受け止め、同時に協会の成果として奮起を促し奨励の意味が込められていたと推察します。

右記で述べたこれらの成果は、まだ長崎では地域社会としての水泳教育が未発達のところから、初年度にして成し遂げた評価として、翌年（1904年）の『東洋日の出新聞』9月17日付記事に「創設早々著しき成績を呈せし」（2面）と捉えられていたことが分かります。

このような協会創立初年度の成果が見られる中にあって、『10年誌』には採り上げられていませんが、1904年（明治37）の『東洋日の出新聞』記事に、この年の行事として「競泳会の催しありて」（8月8日付3面）と土曜日に男子部各組と婦人部の競泳があったこと、また、「瓊浦游泳協会閉会式　…一昨日鼠島に於て本年の閉会式を挙行したり。鼠島なる会場には　…　会員来賓皆列席し内には十余名の外人も見えたり。各組男女の競泳を手初めとし障害物競泳、源平土器割、来賓競泳、各師範助手の游泳等あり。中にも男子の水中提灯行列女子の花笠泳ぎ及び水書の如き」（9月13日付2面、傍線加筆）がありました。この閉会式については、事前に新聞広告（9月10・11日）が出され、一昨日（同月11日）の日曜日に公開的に閉会式が開催されて、競泳や演技が行われ成果発表の場が持たれたことが窺えます。

推測の域を出ませんが、創立年、既に競泳会を含めた同様の行事が既に開催されていて、開催曜日を土曜日や日曜日にすることで多くの人に公開するという方式があり、これを踏襲した可能性があると考えられます。

これも、見方をかえれば、会員の励みに留まらず、地域理解の促進に結び付く活動であったと考えられます。

なお、閉会式の競泳記事には、「五十ヤード」「百五十ヤード」「四百ヤード」「八百ヤード」の距離設定が示されています。創立年のみで長崎を離れた発案者宇田川五郎ですが、前述した1898年（明治31）に本人が、横浜で外人との競泳会に審判員として参加した経験に倣って創案したことを推測させるもので、設定距離[*76]に違いがあっても、当時としては一般的とは思えないことから、置き土産だったのかもしれません。

協会が創立されたとしても、人が集まらなければ、経費を生み出して賄えなければ、その後の継続を導くことが出来ません。その点について『10年誌』から触れておきたいと思います。

(4)運営について

(1)会員

会員とは、「協会員は大体に於て正会員、名誉会員、準会員の三大別あるを創立以来異なるなし」(3頁)

正会員‥小学校生徒、中学程度諸学校生徒、専門学校男女生徒

月又は全期の会費を納めた者

準会員‥一日限りの臨時会員

一日の会費を納めた者

名誉会員‥協会への功労者や推薦された名望家

(2)会費(6頁)

正会員(一カ月)‥16歳以上60銭・16歳未満40銭

準会員(一日)‥16歳以上8銭・16歳未満4銭

名誉会員‥不詳

(3)人数(6頁)

正会員‥7月183人、8月530人、9月103人

準会員‥全会期8,109人

名誉会員‥全会期428人

(4)収益（6頁）

2，550余円

初年度の経費について「明治三十六年七月創立当時の予算は游泳場たる鼠島まで大波止よりの曳船《ひきふね》費用を始め陸上水上の諸設備其他万般の経費を一千七百九十余円と見積り正会員を三百名と予想し之に準会員及名誉会員を加えての会費収入並びに有志者よりの特別寄付金を合算して之れまた一千七百九十余円の収入あるものと想定したり」（6頁、傍線加筆）としています。

つまり、必要経費を収入から差し引いて、収支が零という利潤を求めない運営想定で、会費の設定が行われたようです。会費[*77]だけを取り上げますと、『風俗画報』（122号、前出、1906）の大田才次郎著「水練（続）」では、「水泳場（浜町河岸）の謝金は一様ならず日本体育会は入場券として六拾銭を要すされど賛助会員の紹介ある者及び特約を結ぶ所の学校生徒は其半額とす鈴木水泳場[*78]（浜町河岸）は東修金[*79]五拾銭月謝金六拾銭特別教授者は東修金一円月謝金五拾銭なり水戸流水泳場（浜町河岸）は授業料五十《ママ》銭にして日々通学し難き人には一日限りの切符を附す笹沼流の水泳場（浜町二丁目河岸）は授業料三拾銭なり其他の場所は大抵日謝を以て定め大人は三銭小児は二銭なり又下帯料として別に一銭を課する所あり」（12頁、傍線加筆）と東京地域での会費が示されています。

この例示を単純に比較はできませんが、この時代にあって鼠島までの渡船費込みなどを考えると、協会創立当時の会費が社会的に特別でないことが推測できます。

協会の初年度の会員数や収入は、見込みの2倍以上という好結果に終わっています。この結果に対して「協会の創立が如何に世上に歓迎されたるかを見るべき恰好の資料なり」と地域の評価の伴ったことが表現され、一方では、予算以上の経費を要したようで、経費上の収支で想定していたと同様のままで収益には結びつくほどではなく「支出も殆ど収入と相《あい》若《し》く」とも述べています（6頁）。

一方、当初から、この収入予算には、「有志者よりの特別寄付金」が含まれています。それは、この民間事業に対して地域理解が得られるとの期待からのことですが、行政の声援や地域有力企業及び名士の支援はその牽引力として欠かせなかったことで、発起人や役員構成員の公示も、その役割の一端を担ったことでしょう。

京都踏水会（当時、大日本武徳会本部游泳部）の創設と運用資金についての場合、大日本武徳会の基金は年間を通じての事業に対して募られたもので、游泳が夏期だけの事業の上京都の子弟に使用することが憚られ「独リ京都ノ子弟ヲ奨励スルハ頗ル不公平ノ嫌アルヲ以テ寄付金ヲ募リ、若クハ授業料ヲ徴シ本会ノ特別経済トシテ実行スル事」となり、寄付金募集の委員には、京都日の出新聞社長で衆議院議員などの肩書を持つ雨森菊太郎をはじめ、多くの名士が名前を連ねています。それでいて、1896年（明治29）開始の游泳部の講習については、京都で初めての水泳指導でもあり一般的には危険との印象があったことから、関係者の勧誘でやっと84人を集めて開始され、徐々に努力が実って理解が進み、最終的には講習生数が356人に達しています。[*80]

一方、毎日新聞社設置の浜寺水練学校（当時、浜寺海水浴場併設浜寺水練場）では、開設初年度の1906年（明治39）に、入門生総数1，173人を数え、卒業生数を12人出しています。[*81]

(5) 水泳場と施設について

協会設立と水泳場の選別については、長崎という地理的環境的条件を考えた場合に、市街と直結した場所での水泳場設定は難しく、既存の海水浴場である鼠島が、宇田川五郎の判断もあって選定されたことは、前論Ⅰ・4・(3)の中で述べた通りです。

『10年誌』に「鼠島は大波止より海上二浬[*82]半を距《へだ》て此間約三十分を費すべし　…　今日の如く市民全体に知らるゝに

至れるは協会在りて後のことなり、鼠島は官有地に属し、而して陸軍省所管の下にあり　…　右のうち九畝十六歩の地積を協会にて借用し此處に脱衣場其他の設備をなしあり」（９頁）と、使用地と設備について触れています。

このように鼠島への海上移動が必要であって、島が官有地で陸軍省所管であったが、湾港・県・陸軍などの関係者から、良好な関係且つ許認可を含む支援まで得られるに至った事は、この地を最適の水泳場として、認識させてくれたことと考えます。

恐らく、島へ船で渡っての水泳教育が行われる水泳場は、全国的に見ても稀な存在と言えるでしょう。同時に、この島へ曳船に引かれた団平船で、一夏通い続けた体験は、生涯にわたって忘れ得ない、特別な記憶となった人は少なくないことでしょう。

また、海浜や河川、湖、池などの自然の場での水泳場は、色々な変化や生き物との出会いも含めて自然を楽しみ学習する機会でもあり、プールでの水泳教育では味わえない意味深さもあった筈です。

この鼠島で、協会創立時に必要として設置した島の設備は、『10年誌』に「陸上設備は各組の脱衣場、幹部の詰所、不完全なる酒保一ヶ所、会員に無料を以て供給する湯沸場」（10頁）としています。

なお、設備の中で、「酒保」とあるのは、売店の様な施設を意味していると思われますが、水泳場でもあり海水浴場としての機能も考えてのことであったようにも思えます。

海水浴場に併設された浜寺水練学校では「明治卅九年七月一日より開始したが当初は設備も不充分であったけれど、数名の水練教師と数名の世話人とを常置して希望者には無料で水泳の教授をなし水上には水練梯子、筏、浮標《ブイ》、応急船を準備して教練、危険の予防、衣服の監督、麦湯の接待等[*83]」と、海辺の設備や運営状況があったようです。おそらく、脱衣場などの陸上施設は併設の海水浴場に設置されていたと思われます。

協会の創設当時には、浜寺水練学校で示された幾つかの海辺設備や運営もなされたと推測されます。当時のこれらの設備や運営は、毎夏に必要とされた設備であり、水泳場としての安全管理上必要不可欠なものであった筈です。

協会の場合、この設備や運営に加えて、島への渡船という配備が加わり、事業としては経費負担の多かったのは止む得ないことであったと考えられます。

(6)協会の名称について

協会の当初の名称が、"瓊浦游泳協会"であったことは明らかです。では、誰がどのような意味を込めて命名した名称だったのでしょうか。

名称の命名については、鈴木天眼によるとする記述「協会の名付け親とも伝えられる。」(『65年誌』、26頁)或いは宇田川五郎本人が名付けたと主張する記述「古来同港に瓊《たま》の浦《うら》の異名が有ったところから、一寸気取って瓊浦《けいほ》游泳協会と命名し」(『水泳日本』、167頁)があります。命名者と決定するには、地名の呼称に対する知識の入手など即時的でなかった可能性が考えられることから、今一歩の検証が必要に感じます。

では、名称の示す意味について、考えてみたいと思います。

「瓊浦」は、長崎を示す別称で、歴史を感じさせ、地域にとっても好印象で思い入れのある名称であったと思えます。つまり、地域での共鳴を意識した名辞の採択と捉えられます。

「游泳」は、「水泳」を意味する言葉と受け取れますが、古い文献としては1670年(寛文10)林羅山が著した歴史書『本朝通鑑』にも登場する名辞で[*84]、この当時一般的にも使用されていた名辞であったことが考えられます。例えば、この当時発売された水泳書名を見てみましょう。木下秀明編共著『体育・スポーツ書解題』(不昧堂出版、1981)から、1897年(明治30)から1902年(明治35)までの5年間に出版された水泳関連書(海水浴関係を除く)14冊の標題を見ると、「游泳」の文字が8冊に見られます。[*85]この冊数比からも、一般の人々にも「水泳」と同義で理解されていた名辞と言えます。また、この時代の水泳家の中で「游泳」は、「游」が浮かび行くことと捉え、「泳」は水中を潜り行くことと捉えて、水泳の様態を表現した適語として用いられた可能性も考えられます。

なお、宇田川五郎にあっては、師の遺稿『大日本游泳術』でも、使用されていた名辞であり、馴染みが深かったと言えるのかもしれません。

(7)東洋日の出新聞社との共催について

先に、協会の目標を取り上げた中で、協会の運営において東洋日の出新聞社関係者が深く関わり、実態として後援を超えた共催とも思える関与、と述べました。

この時代の新聞社と民間事業との関りを考えますと、先ず、宣伝活動として新聞は、情報発信に最も好都合な機能を備えていたと言えることでしょう。

殊に、会員の募集活動においては、有効な手段であったことでしょう。

募集活動においては、大阪毎日新聞社主催の浜寺水練学校は言うまでもないことですが、大日本武徳会創設の京都踏水会でも「日出新聞及ビ朝日新聞ニ公告ヲ出シテ講習生ヲ募集セリ」[*86]と記録されています。

協会創立の翌年、1904年(明治37)『東洋日の出新聞』において、協会の状況に応じての掲載広告では、例えば「鼠島游泳開始広告」(7月17日付4面)、「游泳協会会費規定広告」(7月20日付4面)、「発船時刻改正広告」(7月31日付4面)、「出船時刻変更」(9月1日付4面)、「閉会式」(9月10日付4面)などを見ることが出来ます。明らかに、新聞広告が協会からの伝言板的な役割として使用されています。

恐らくですが、現在、見ることが出来ない同紙の協会創立初年度の紙面中では、広告も含め協会に関する記事の掲載が、多数回あったのではないかと推測されます。

新聞社と言う報道機関は、多くの人が関心を抱くような話題を記事として発信することで、読者獲得に繋がり、企業体力となったことは述べるまでもないことです。

その新聞社が主催者として、１９０１年（明治34）11月9日に、時事新報社が国民の体力向上を目的として〈十二時間の長距離競走〉を東京の上野不忍池で開催し、これに対抗するように同年12月15日に、大阪毎日新聞社が〈長距離健脚競争大会〉を大阪の堺大浜で開催しています。また、大阪毎日新聞社は、１９０５年（明治38）8月20日〈海上十浬《マイル》競泳〉を開催しています。また、１９０６年（明治39）に、同じく大阪毎日新聞社が海水浴場と水練場を主催したことは上記で触れました。

このように、新聞社が自から主催者となった話題の事例がありますが、協会創設（１９０３年）の時点では、未だに新聞社が主催する水泳教育や水泳大会などの事例は皆無でした。

従って、仮に東洋日の出新聞社が協会の主催者となれば、我国初となっていたことでしょう。しかし、先に述べたように、東洋日の出新聞社の目論みとしては、水泳教育の公益性を理解して、出来得ることであれば公共事業としての方向性が望ましいと考えていたのでしょう。同社の肩の入れようは尋常でなく、協会創立を新聞社の事業とまで印象付けながらも主催とはならず、強力な後援者の立場を執り、報道は勿論のこと実質面においての共催と言える状況までで、押し留まっていたことが考えられます。

協会創立とその実態について述べてきましたが、協会の創立は旅人宇田川五郎の発案から、西郷四郎や鈴木天眼の共感と支援を受けて、東洋日の出新聞社が深く関与した民間事業の形となり、同時に地元の賛同者・支援者によって、公益事業の意識を明確に表出したことから、初年次にして想定以上の認知を得るという成果のあったことが窺えました。

また、水泳教育の場を海上の島に設定したことで、全国的に見ても特別の環境であったことに加えて、全国的な組織や大企業の母体も持たず、官民共同的な地域主体の民間事業として存在したことは、当時にして稀なことでもあったと推察できます。

この事業が、水難事故防止の理念を持った公益性だけでなく、利潤追求の無い奉仕の精神に基づいた創立であったことは、地域の支持を得て受け入れられることを容易にしたと考えられます。これらの条件があったからこそ、その後に地域の風物詩となり、今日までの継続となったとも言えるでしょう。つまり、協会の理念や精神、指導課程の形態など、初年次が礎《いしずえ》となり、その継続が今日を導いたとも考えられます。

Ⅲ．長崎游泳協会に見る‚小堀流踏水術‘の伝承と継承・継続について

前論Ⅱ．では、1903年（明治36）協会の創立時に公示された『趣意書』から所期の目的と理想として掲げられた目標について述べ、『10年誌』を頼りとして初年度の実態について、推理を働かせて論じてみました。

その中では、『趣意書』の作成は、宇田川五郎が大きく関与したと考えられること、協会の創立は、地域における水難事故防止を意識しての水泳教育の必要性からであったこと、水泳教育は地域の公益に資することであり、理想としては公共事業であるべきと考えていたことも判明しました。また、初年度の実態からは、予測以上の成果と地域理解が得られ、具体的な指導課程は別として、水泳教育を行う事業としての運営方法など、その後の存続においての形態が、大凡この時点で既に形作られていたと推察できました。その意味では、長崎初の社会的水泳教育は、想定以上の船出をしたと言えるのでしょう。

この船出では、宇田川五郎が主導となって、骨子となる泳法の部分を『日本游泳術』から泳法を選定しての水泳教育の開始でしたが、現在から見ると伝承泳法そのもので、‚水府流太田派‘の泳法と言ってよいのかもしれません。また、協会の目的の中で述べられた意識から捉えると、必要とする泳法の伝授であったとも言えることでしょう。

『10年誌』に「凡そ游泳諸流のうち遠泳を特徴とするは伊勢の観海流にして立体は熊本の所謂踏水術を大宗とすべし、協会の師範は前記の如く水府、神伝、観海、熊本の小堀流等相交りたるを以て茲に各流の長を採り自《おのず》から協会流なる一流を生じたるものの如し」（5頁、傍線加筆）と述べられ、協会独自の考えに従って、複数流派から泳法を採択して、新たな流儀を創始したかのような表現になっています。しかし、基本とする泳法だけを捉えると、前述したように、‚水府流太田派‘の泳法から選択したと考えられます。例え指導者諸氏の流派流儀が異なっていたとしても、課目の設定に基づいての

指導が統一されて行われる中では、指導者個々人によって異なった泳技を伝えることは、学ぶ者に混乱をきたす可能があったと考えられます。

協会の場合、指導者間において、複数流派の泳法が入り混じっていた時代もありましたが、この時期でも歴代主任師範の流儀を中心に展開されてきたと受け止められます。ただし、『10年誌』の表現が指す意味を拡大解釈して、創立年以降10年目に新たな課目（教範）が定められるまでの間、創立時の課目の設定は、主任師範の交代とともに徐々に形骸化するなど変化していったことが推測されます。

具体的には、協会創立2年目以降、主任師範は伝承泳法流派'小堀流踏水術'の指導者となり、その流儀を中心に今日まで継続されています。

なお、現在、伝承泳法流派の表記として'小堀流踏水術'と扱うべきところですが、当論述内では、便宜上、'小堀流'に統一して表記します。

当論Ⅲ.では、論者の「伝承泳法研究の視点」から、協会が2年目に'小堀流'の指導者を導入して、今日まで伝承を継承するに至ったことについて、殊に水府流太田派から小堀流の泳法を主体とした指導形態が確立された経過について深く触れながら、その継続について述べたいと思います。

なお、『65年誌』において、1904年（明治37）〜1906年（明治39）の協会に関する情報が、詳細に触れられていなかった部分については、経過情報を補足する意味から敢えて採り上げました。

1. 熊本の小堀流から主任師範を招聘

『65年誌』では、創立2年目の1904年（明治37）の協会の実態については、詳しく触れられていません。

そこで、初年次と比べた同年の変化や新聞記事から、実態についても併せて触れておきたいと思います。

協会創立の年、宇田川五郎が中心となって水泳指導が実施されましたが、翌年の指導が開始される前までに、長崎を去っています。そのことは、『水泳界』第2号(前出)に拠ると、協会創立の「翌年帰東の途次」(66頁)と述べていて、その夏の協会の水泳指導には携わらず、東洋日の出新聞社を退職して、東京へ一端戻ったようです。僅か初年次の1年にして長崎を去ったのは、長崎を訪れた当初の目的と考えられるパリ行きのためであったと推測されます。前論Ⅰ・4・(3)で触れたように、その後、渡欧してパリを拠点とした活動をしていたことが窺えます。また、東洋日の出新聞社との関係は途切れていなかったことも推察できました。

当初、何を目的としていたのかは具体的に知り得ないことですが、本人にとっては意義のある日々を送ったことは確かなようです。

(1)小堀流事始め

その様な訳で、協会創立と基軸はできて始動しながら、指導の主導者(主任師範)宇田川五郎が去った翌2年目は、『10年誌』に「協会主任師範は第二年に於て小堀流の熊本人吉田荘太郎を以てし」(5頁)とあり、熊本の小堀流から吉田荘太郎が主任師範として招聘されたことが記述されています。

小堀流は、この年以来、今日も変わることなく、協会で継承されている伝承泳法の流派です。その意味では、熊本から小堀流の指導者を招聘したことは、協会の小堀流を主体とした泳法の伝承へと結びつく起点であったと捉えられます。

また、この時点での協会は、学ぶべき泳法は流儀ではなく、目的を実現するための手段として、宇田川五郎の様な、高度な泳法技術の指導及び実技修得者を必要としていたことが考えられます。

では、何故、主任師範を熊本の小堀流から招聘する事になったのでしょうか。

色々と推測を巡らせてみました。

例えば、鈴木天眼及び東洋日の出新聞社の存在と大陸を目指す人物並びに熊本県人との関連[*87]や、西郷四郎と熊本県人（例えば宮崎滔天）との関係[*88]なども思慮する対象として考えてみました。が、関連性追求には至りませんでした。

前論Ⅱ．3．（2）では、初年度の各師範の修行流派の考察の中で、「熊本の人である」ことから小堀流の修行歴が考えられる師範として「池田正誠」を取り上げました。

推論を立てる上では、池田正誠が熊本県人で、小堀流の泳法を修行したことがあることは短絡的としても、都合の良い話です。

そこで、彼が熊本県人であったことを推測させる情報として、熊本県生まれで、上海を拠点に東亜同文会設立に参加などの活躍をしたジャーナリスト宗方小太郎[*89]の『日記[*90]』に、１９０６年（明治39）7月29日協会を訪れた記録の中で「控訴院判事池田正誠之を主持し、町野、内海香州、鈴木行雄、八田某等の同県人之が師範たり。」（傍線加筆）と熊本県人の一人と受け取れる人物として、池田正誠の名前が見られます。

池田正誠が熊本県人として、小堀流を幼少時代に学んだ可能性においては、１９０１年（明治34）協賛会発行で伊喜見文吾著『熊本県案内　全』に「一、水泳　：　熊本市にありては現今猿木宗那氏水泳師範の伝授を襲ひ年々夏期青年を教養しつつあり　：　猿木氏等は古来の技術に加うるに新進の体操法を応用し之を小学校生徒に課するの工夫を凝らし既に熊本高等小学校にありては此方によりて毎年夏期生徒に課しつつあり」（雑件1－2頁、傍線加筆）との記述があります。が、猿木宗那が、高等小学校で指導したことは、猿木恭経著「猿木宗那先生略歴」（会誌『踏水』第7号、猿木宗那先師特集、小堀流踏水会、１９８５）に「全（明治）三十年七月十七日　熊本県熊本高等小学校水泳教師嘱託」（7頁、括弧内加筆）とあります。池田正誠の生年月日は把握出来ていませんが、高等小学校を卒業して、その後進学して判事に任官されるまでの年齢的過程を考えると、この話には、無理があります。しかし、熊本県人であることが確かであれば、小堀流の修行者から、或いは直接小堀流の道場で学ぶなどの接点は不詳ながら、その可能性はあったと言えることでしょう。

また、小堀流の選択は、このことに加えて、『東洋日の出新聞』１９０４年（明治37）9月18日付に「游泳協会の成功中　…　創立の主動者たる池田正誠君が依然たると同時に、専任師範として新たに熊本の老巧家吉田荘太郎先生を招聘して教科の体用を整え更に市中出身の最も熱心なる游泳家笠野源三郎氏の名誉師範に加わる有り。…　更に三谷為隈氏を抜いて嘱託師範として高柳老大尉亦元気昨年に一倍して名誉師範を務めたれば、昨年に比すれば寧ろ手揃いと謂う可く、且つ助手諸員の功績や没す可からざる者あり」（2面、傍線加筆）とあります。宇田川五郎が去った後、運営と水泳指導に関して主導的な立場を執り、自らの意識が働いて出身地並びに経験のある流派を選択したことが想像されます。

なお、『65年誌』には、「二代目の主任師範吉田荘太郎は熊本の人、小堀流猿木宗那の実弟西村宗系の愛弟子、明治三十七年吉田師範就任以来、宗系はしばしば来り游いで範を示した。　…　石橋元吉師範手記」（36-37頁）とありますが、『東洋日の出新聞』の同年記事からは、猿木宗那の実弟西村宗系の訪問や教導について確認できていません。

この記事の記述から、この年の指導体制として、吉田荘太郎を主任師範として、池田正誠の他、「創立当時の幹部」の集合写真に居た笠野源三郎が師範に加わり、初年次は師範に名前の無かった三谷為隈師範、初年次「観海流」修行歴を持つと示した高柳信昌大尉《ママ》（前年陸軍少佐と『10年誌』に有り）が師範を務めたように受け取れます。さらに、同記事では、助手制度、班長制度も設けられたことが分かります。その状況は、助手11人には前年初段試験に最初に合格した29人中の7人（伊東幸次郎、岡本栄次、田中直治、宮川清三郎、山本俊麿、宮田格、島谷秀次）が、班長7人には、同じく2人（奥田直恵、石田成徳）が担っています。これも、初年次があっての成果と受け止められるでしょう。

一方、小堀流の指導者を招聘したことによる泳法指導上の変化として、この年に協会行事で演じられた泳法を『東洋日の出新聞』で見た範囲では、小堀流の泳法である「足撃」・「手繰游」・「御前游」などの名称はありませんでした。

逆に、１９０４年（明治37）９月20日付「本期最終の游泳協会」（３面）では、余興として競泳が行われ種目では「バタ泳」「平泳」「横泳」「抜手」「片足片手泳」「遠距離競泳」が見られます。恐らく、泳法の指導そのものは、初年次の指導課程を生かしながら、変化に対応をしての展開がなされたように推測されます。

しかし、吉田荘太郎が主任師範となったことで、初歩課程などに小堀流の「足撃」が「バタ足」の動きに生かされ、同流が得意とする「立游《およぎ》」の動きも足のみで泳ぐ応用技の基礎として習練させたり、指導者や上級者に小堀流の泳技の模範が示されたりしたことが想像されます。また、主任師範が甲組の上達した会員には、「御前游」などの指導をしたことが考えられます。

その証として、翌１９０５年（明治38）の『東洋日の出新聞』１月７日付「旅順陥落紀念全市祝捷会の景況」の見出し標題の中で「游泳協会の壮挙　…　一昨年来湾口鼠島に腕を鳴らせし游泳会の有志者三四十名は真ッ裸となりてザンブと海中に躍《おど》り込み列を正して軍艦の側《そば》迄泳ぎ勇ましく御前泳キ《ママ》を為し」（３面、傍線加筆）と「揃《そろい》御前游」を行ったことが記事に見られます。その泳技としての技量の程は兎も角、小堀流の泳法が演じられたことがその実態を示していると言えるでしょう。このことだけでも、明らかに小堀流の第一歩が始まったと言えることでしょう。

なお、協会の代表指導者と流儀が、２年目にして入れ替わったことの例では、京都踏水会（当時、大日本武徳会本部游泳部）がありました。初年次の１８９６年（明治29）は、笹沼流（向井流）の大竹森吉が招聘され、翌年１８９７年（明治30）からは熊本の、小堀流から城義核が招聘に応じて伝承を始めて、現在も京都踏水会では同流の伝承を継続しています。その点では協会と同じです。が、指導者組織を維持したまま主任師範を招聘する形態の協会とは、運営形態が違っていたことから、２年目に招聘した指導者に教授方式のすべてが委ねられ、伝承する流派の流儀に則って実施されています。

(2) 2年目の協会について

協会創立2年目（1904年）も終盤となった9月17日付〜9月19日付『東洋日の出新聞』には、「游泳協会の成功」（上・中・下）と標題を付けて、前年との比較も含めて、事業運営が成功したとの記事が連載されました。

その成果の表現では、「游泳協会の成功　上　瓊浦游泳協会が　…　本年即ち第二年期の同会は、初年に比して幾倍の進歩を遂げ、之を近年長崎に於て成功したる事業の随一として何人も認むるに至りた。…　同会は専ら正式に教科的に游泳を修むる正会員の増加を以て隆盛の標準と為す次第なるに、本年は昨年の二倍以上に当り、…　昨年は精々《せいぜい》二三十人に過ぎざりし婦女会員が、本期は一躍して二百人以上に達し正に十倍の増加とは驚く可し　…　即ち是れ本年の最も目に着く成績である。」（9月17日付2面）と社会的評価と盛況を伝えています。

この記述において、「近年長崎に於て成功したる事業の随一」とあることは、地域における着目の度合いも意味しているように思えます。

『10年誌』に、協会会員の男女別統計が記載（7頁）されています。これは、協会保存の1912年（明治45）『四十五年日誌』の「六月十六日　決算報告成就ス。自《より》明治三十七年度至《いたる》明治四十四年度男女別会員数」から転載されたものと思われます。が、そこに示された1904年（明治37）には、男子689人（『四十五年目誌』では698人）、女子52人となっています。新聞では正会員数が、前年の2倍、女性に至っては、10倍の増加と記事にあります。これは、例えば実質数によるなど集計方法の違いなのでしょうか。

更に、社会的評価を注目と協力という視点から見ると、同紙の1904年（明治37）8月8日付に「昨日の鼠島　瓊浦游泳協会にては日々に入会者を増加し来るは會《かつ》て所報の如くなるが、昨日曜日の来会者一千二百人以上に上《のぼ》りしが、同日は競泳会の催しありて優等者へ夫々賞品を授与したり。」（3面）とあり、組別男女別の着順氏名と賞品寄贈商店（13店）が記載されていました。これも、肯定的に見た場合、一定の評価を得たと見られる一コマと推測されます。

もう少し、「游泳協会の成功」の記事から変化を拾ってみますと、「本年は左の三夫人名誉準教師として専ら訓導の任に当り女性を以て女性を率いし為め調和の宜しきを得たり。」（下の一、9月19日、2面）と、男性師範と監督を設けた上で女性に対する女性の指導を敢行しています。

この年の新聞記事からは、先出の「遠距離競泳」は見られましたが、初年次に甲組で行われた「鼠島高鉾間往復」や初伝試験として実施された「鼠島小ヶ倉間往復」に関する記述は、目にすることが出来ませんでした。

協会創立年は、記事のみならず記録資料の類《たぐい》も無いことですが、この年にも師範体制の人員も考えると同様の事が行われていても不思議ではないと思えます。

なお、『65年誌』、1905年（明治38）「十哩遠泳」記述の文中に「深堀の豪家深町金八（深町朗初段の伯父）」（33頁、傍線加筆）と「深町朗初段」初段授与が示されています。ただ、協会の「歴代初段免許取得者名簿」の1903年（明治36）取得者には、この名前がなく、この初段取得が事実であれば、可能性として、1904年（明治37）の授与が考えられます。

2. 創立3年目に生まれた小堀流への想い

協会創立から3年目の1905年（明治38）も、主任師範の交代がありました。昨年に続いて熊本より招聘しています。

『東洋日の出新聞』同年7月27日付「游泳師範増聘　…　従来の師範の外に今般新たに熊本小堀流の達人町野晋吉氏を増聘なし」（3面）とあります。

(1) 主任師範3代目町野晋吉と本流師範猿木宗那の来訪

『65年誌』には、増聘された「町野晋吉」について、「町野師範は元来病身の方で、めったに泳ぐことはなく、例の長髪を同文書院の学帽につつんで、大抵、舟上から指導していた。　…　同師範は没年は不明だが、早世だったということである。」(39頁)と、協会の人物の記憶に基づいたと推察できる記述があります。

この町野晋吉主任師範については、新たな情報が僅かですが判明しましたので、以下に列記しておきます。

①『熊本日日新聞』1964年(昭和39)4月30日「熊本の体力　郷土スポーツのあゆみ　明治のころ(23)　〈水泳くまもと〉❹」(3面)に、三兄弟であったことが述べられている中で「次兄の晋吉は撃剣家としてもならしたが、むしろ小堀流の普及者としての功績が大きかったようだ。済済黌から上海の同文書院に進んだが、明治四十年ごろ長崎に住み、長崎港外の鼠(ねずみ)島に游泳場を開いて小堀流を教えた。眉(び)目秀麗、水もしたたるばかりの好男子で指導ぶりもなかなかよく、門人も数百を数えたという。長崎で小堀流が盛んなのは町野晋吉によるものだ。また有名なオーストラリアン・クロールについて「長崎にきた豪州の水夫が、日本の抜き手泳ぎを持ち帰って改良したのではないかと」と故末弘厳太郎博士がいっていたことがあるが、もしかするとその元祖は町野晋吉だったのかもしれない。」

②猿木宗那が遺した『游泳諸控』に「一、明治三十六年六月一日協議員会に於て助手員に選定し先生より御嘱託されることに決す。人名左の通り。遠藤良夫　町野貞吉　魚住清海　広吉寅雄　坂口鎮雄　町野晋吉」(猿木恭経「猿木宗那先生略歴」、会誌『踏水』第7号、猿木宗那先生特集、小堀流踏水会、1985、12頁、傍線加筆)と町野晋吉と兄貞吉が小堀流門下の助手として選ばれ任命されたことが窺えます。

③1904年(明治37)8月6日に開催された大日本武徳会の『第六回青年大演武會記事』[*91]「第七章　游泳部」の記録に、

「第十七回　…　此時　総裁宮殿下ノ御好ニ依リ左ノ各流教師番外トシテ各特得ノ技術ヲ演ジテ御覧に供シタリ

本部教師　浮游　町野晋吉

神伝流教師(大垣)水書　枝吉元信

能嶋流教師（和歌山）二ッ掻　多田一郎

小堀流踏水術師範（熊本）　浮身六体　猿木宗那

本部教師　立体　城　義核」（103-104頁、傍線加筆）

とあり、総裁伏見宮貞愛《さだなる》親王の前で町野晋吉は、審判員でもあった能島流宗家多田一郎[*92]、師猿木宗那、その弟城義核らの指導者格の各演武者の一人として泳技を披露しています。さらに、「第二十回　抜手游（小堀流踏水術）　本部教師

○町野晋吉　廿一年」（105頁）ともあり、この年は大日本武徳会本部游泳部（現、京都踏水会）の指導のため小堀流の城義核[*93]に随伴して教師として関わり、単独で演武も行い優秀として賞を得ています。当時21歳と記述されています。

因みに、1897年（明治30）大日本武徳会本部游泳部に初めて小堀流が招聘された際、猿木宗那師範より命を受けて、城義核が教師として派遣され、随伴者に実兄町野貞吉が指名されています。[*94]

④前出の宗方小太郎の『日記』（前出）の記述から、同人物と町野晋吉の交流は、1904年（明治37）4月9日から見られ、数度の交流の上、同年8月26日華族会館（東京）で同文書院生徒82人の一人として入学式を終え、同8月30日頃上海の同文書院に向かっています。翌1905年（明治38）7月、熊本に帰ってきていた宗方小太郎と数度交流、1906年（明治39）8月上海へ向かうため長崎に寄った宗方小太郎が町野晋吉を訪ね瓊浦游泳協会との交流が、『日記』に綴られています。

「七月二十九日　晴。…　午前一時大埠頭より瓊浦游泳協会の船に乗じ鼠島に至り游泳を観る。来会する者男女約一千余人。控訴院判事池田正誠之を主持し，町野，内海香州，鈴木行雄，八田某等の同県人之が師範たり。午後八時帰る。町野を招き晩食を共にす。」

「七月三十日　晴。　…　夜町野晋吉の招邀に赴く。控訴院判事池田同席たり。」

「七月三十一日　雨意。　…　五時開船。池田正誠の鼠島游泳場より帰るに邂逅し，船上互に帽を振りて別る。鼠島附近を通過する時，町野晋吉，游泳会員を率ひ小舟に乗じ国旗を立て海中に投じ，遊泳して我行を送る。是夕海波平穏。」

１９０７年（明治40）2月宗方小太郎は、熊本県出身学生の暴力事件の責めを感じて同文書院を辞職したが、その後も時々の交流が『日記』に見られます。この『日記』の１９０９年（明治42）の記述に、町野晋吉の死去について触れられています。なお、記述中、「町野玄同」は、晋吉の父親と考えられます。

「四月二十八日　雨。　…　町野玄同氏の信至る。町野氏よりは其三男晋吉二十日死去せることを報じ来る。」

「四月二十九日　晴。町野玄同氏に弔詞を送り，」

「五月一日　陰。　…　八時半より同文書院の町野晋吉の追弔会に臨席し，正午帰る。是日清国先帝大葬の期たり。」

⑤『東洋日の出新聞』１９０８年（明治41）8月1日付「武徳会柔道部夏稽古　武徳会長崎支部柔道部にては斯道奨励の為め本日より夏稽古を開始し、市内各道場の教師諸氏及び游泳協会の聘に応じ熊本より来崎中なる町野氏等も出席し熱心に教授する由にて、」（3面、傍線加筆）

以上から、大凡の情報を整理すると、町野晋吉は、数え年で計算すると、１８８４年（明治17）熊本生まれ。１９０４年（明治37）大日本武徳会本部游泳部教師、同年8月6日に〈大日本武徳会青年大演武会〉で「抜手游」を演じ、賞を授与されています。同年8月26日同文書院に入学し、上海に渡っています。翌１９０５年（明治38）7月協会主任師範として招聘を受け赴任し、１９０６年（明治39）7月末宗方小太郎が上海に戻るため長崎に来た折、池田正誠等の協会の熊本県出身師範とともに協会の訪問を迎へ入れ、交流を深めています。１９０９年（明治42）4月20日熊本にて死去（推定26歳）。踏水術に秀でていたのみならず、「撃剣」と「柔道」も特技としていた可能性があります。町野晋吉が「元来病身の方」との評がありますが、大陸を目指した青年の情熱が発揮できた時期と、早世から推測される病身が見えた時期があったのかもしれません。

協会3年目（1905年）の水泳指導には、小堀流第6代師範[95]猿木宗那《むねやす》の来訪がありました。『東洋日の出新聞』では、同年8月20日付「流の達人来崎　日本にても有名なる熊本猿木《ママ》流游泳の大達人たる猿木師範は今般瓊浦游泳協会よりの招聘に応じ、斯道奨励の為め態々《わざわざ》本日熊本より来崎なし、直ちに鼠島なる同会員の競泳大会に臨んで游泳に関する講話及び模範游泳等あるべしと謂えば、本日の競泳大会は一段の花を添え定めし盛会の事あるべし。」（3面、傍線加筆）とあります。が、都合で、この招聘に猿木宗那師範の来長崎は実現していません。その後、同年9月4日にも招聘に応じて長崎に来ていますが、急用で模範を示せずにいました。漸《ようや》く、招聘と模範游泳が実現したのが同年9月10日で、同紙9月12日付記事に「一昨日の游泳大会　一昨日鼠島瓊浦游泳協会游泳場に於て同競泳大会を挙行せり。　…　猿木大家の浮身水書等ありて夕暮れ散会せり。」（3面）と触れています。

『65年誌』に「田中直治が小堀流に心酔したのは、（明治）三十八年に来崎した猿木宗那に接した時からと言われている。」（42頁、括弧内加筆）と述べられているのは、協会出身者から初めて協会第6代主任師範となった田中直治の話で、猿木宗那師範に魅了されたとしています。

そこで、猿木宗那について、簡単に触れておきたいと思います。[96]

猿木宗那は、1849年（嘉永2）熊本藩士猿木権七宗仲の長男として生まれ、弟3人（次男西村宗系、三男小堀平七、四男城義核）ともに踏水術に秀でそれぞれに活躍し名を残しています。5歳で入門、17歳で踏水術目録、20歳で踏水之巻、21歳で腰水之巻、26歳で忘水之巻を師小堀水翁から授与されています。1876年（明治9）師小堀水翁逝去の後に推されて踏水術第6代師範となりました。西南戦争で道場閉鎖、1880年（明治13）より再開、1882年（明治15）に熊本振武会講習所游泳師範に、1896年（明治29）には大日本武徳会地方委員となり、同年10月大日本武徳会演武会出席のため弟子を引きつれ京都に赴き、演武披露をしています。詳しくは省略しますが、これが、前述した翌年大日本武徳会本部游泳部に小堀流が招聘されることに繋がりました。1901年（明治34）には『小堀流踏水術　游泳教範』（以下、『游泳教範』と称す）を上梓しています。1905年（明治38）大日本武徳会「游泳術教士」、1906年（明治39年）大日本武徳会青年大演武会游泳部審査員、1909年（明治42）大日本武徳会「游泳術範士」の称号を授与しています。1912年（大正元）10月逝去、享年64でした。

猿木宗那は、名人と称されるほど泳技に優れていたのみならず、同流の普及にも尽力した優れた小堀流の伝道者であったと考えます。その優れていた人物像の魅力を、当論Ⅲ．の後述7．（2）でも触れます。

また、著述の『游泳教範』から見える一面としては、小堀流の心性（心掛け）と技術修得に臨む姿勢を重視しながら、初学者からの丁寧で安全を配慮した水泳教育における集団訓練法、を実践した人物とも読みとれます。

その猿木宗那の命を受けて、大日本武徳会本部游泳部に教師として派遣された町野晋吉は、演技にも秀でた同流の実力者であったことも推察できます。

それらのことを鑑みますと、田中直治は、町野晋吉という優秀な伝承者から小堀流に対する泳法への関心が深まり、猿木宗那個人が持つ技量や識見との出会いは学びへの確信的な意欲となり、熊本にまで出掛けて、猿木宗那と師弟関係を結ぶ状況に至ったことが理解できます。

それは、初年度の宇田川五郎が主導した、水難事故防止を意識しての対応的な水泳技術の重視とは異なった、安全重視は同じであっても、小堀流独特の心性と技術の協調を重視した集団的教育法を説き示す人物に魅了されたとも受け取れます。

加えて、上記の『東洋日の出新聞』同年9月12日付「一昨日の游泳大会」(3面)の見出し記事に「甲組芸泳、一立泳ギ、一御前泳ギ《ママ》、一水書、一浮身、一発銃」とあります。協会の指導課程に正式に組み入れられなくとも、甲組の生徒が小堀流と関わりのある泳法を演じていることは、小堀流の泳法の指導が昨年以上に深く意識され進展したと明らかに窺えます。

『65年誌』には、猿木宗那師範が鼠島に来訪して、協会会員を魅了したことを「第二代の吉田主任師範以来、小堀流との関係はあったが、協会と小堀流宗家の直結はここに始まったと言われている。」(34頁)とも述べています。

これらの状況から考えると、協会と小堀流との継続性及び深い関係性は、この年が大きな意味を持ったと言ってよいのかもしれません。同時に、小堀流の伝播・伝承過程から見れば、今日まで継続されている1891年(明治24)からの「学習院」、1897年(明治30)からの「京都踏水会」に続いて、協会創立3年目である長崎の地が、新たな伝承拠点と意識された時と考えて良いのかもしれません。

(2)3年目の協会と競泳について

協会3年目の1905年(明治38)も、協会創立に込められた水難事故防止の理念からの水泳教育を実施するとともに、初年度から継続されてきた可能性もある競泳大会が、同年8月6日と8月27日と9月10日のいずれも日曜日に3回開催されています。

また、競泳大会と同じく会員の上達状況を知らしめ市民への理解を求めることも期待しての催し、〈十哩《マイル》競泳〉とも〈深堀遠泳〉とも称された行事を実施しています。『東洋日の出新聞』の同年8月10日付記事に「游泳会員の遠泳 … 甲組五十名を選抜し、来る十二日の土曜日に、鼠島より深堀村(距離十哩)へ遠泳を試すべしと。」(3面)と競泳的な形式で、長距離泳の大会を同月12日に開催する旨の予告報道がされています。

実際に開催された大会の模様は、翌13日付と翌々日の14日付の同紙3面に報道がありました。遠泳と云っても13日付の報道見出しに「瓊浦游泳協会の十哩競泳状況　一　=鼠島より深堀へ往復す=」（傍線加筆）とあり、記事から競泳に対する注意・選手の体格及び体力を綿密に検査・「時に合図船上一片の赤旗動くのを見る」・「競泳選手一隊は…各自得意の術にて」・「遠泳の女子三名が　…　先頭に進みて寸《すこ》しも追われざりし」など実施された記事の状況から、競泳的な要素が読み取れます。ただ、前年、協会会期最終日の競泳会で行われた「長距離競泳（海上1000ヤード）」とは、距離的には極端に隔たりがあり、この延長としての発想ではなかったと推測しています。

むしろ、奇しくも行われた大阪毎日新聞社〈海上十哩競泳〉と宇田川五郎との関りが先ず気になります。同競泳の大会は、同年7月25日付（1面）に広告が出され、参加者を広く全国に求めて同8月15日予選会、そして同20日に大会本番という経過で実施されています。[*97]

なお、この大会についての『大阪毎日新聞』の記事は、本戦が行われた8月20日以降も報道され、8月21日付から同28日付まで7面に記事が掲載されています。賞金が1着「三百円」から4着「二十五円」までの高額賞金の競泳大会、賞品も多数で、その評判など話題として余程注目されていたことを推測させます。報道紙面に、競技大会の様子が写真として残されています。[*98]

この競泳の大会について、宇田川五郎は、『水泳界』第2号（前出、1931）に「日本最初の試み　大毎十哩競泳」と題した回顧文を寄稿しています。その文中に、宇田川五郎が委員に委嘱されたのみならず審判員に加わった顛末も述べています。『大阪毎日新聞』1905年（明治38）8月12日付「海上十哩競泳」の記事に「競泳委員」（7面）として名前が見られます。つまり、この競泳会の情報を準備段階で、既に得ていたことが考えられます。

本人は、1903年（明治36）のみにて、協会の主任師範を自己の志のために辞して、長崎を去っています。が、協会と何か対立することが有って辞したわけではなく、「家鴨が卵を産みっ放しにして」（『水泳界』第2号、66頁）との協会を生み出した親としての意識があったことが確かとすれば、この情報を協会関係者池田正誠などに伝えた可能性があります。
また、宇田川五郎からの情報でないとすれば、東洋日の出新聞社との関りの中で、新聞社間の情報として得た可能性も考えられます。

協会が実施した「深堀遠泳」が、実質往路5哩、復路5哩の往復10哩競泳ではありましたが、記事見出しとして「十哩競泳」と表記されているところに、その可能性を感じます。

しかも、協会が開催した期日は、大阪毎日新聞社の予選会が8月15日であったことを考えると、その前段階の8月12日の実施であったことに、〝特別な意識〟、例えば新聞記事として大げさに言えば「全国に先駆けて」の意識が働いたのではないかとも想像されます。

『65年誌』では、それに近似した意識を捉えてなのか「深堀遠泳は大きな反響を呼んだ。完泳者は三分の一強に終ったが、六十名もの団体遠泳は近来まれな行事で、その決行が称賛され、協会は一躍、全国にその名を高めた。」(34頁)と、その話題性を評価した表現がされています。

この行事に対して、地域では話題となり、多くの観衆と協力者のあったことは、上記の『東洋日の出新聞』の記事からも明らかで、翌年(1906年)の同紙7月8日付記事に「長崎瓊浦游泳協会は年々長足の進歩を示し、殊に女子の十哩遠泳の如きは、東都の諸新聞紙亦転載なして」(3面)と記述されていることなどから、地域を越えての「全国にその名を高めた。」との評価は全国紙などで紹介されたことを意味しているのかもしれません。

確かに、当時、観海流の遠泳に見られるような隊列を組んでの長距離集団遠泳が一般的で、10哩の遠泳距離を、一団体内の60人が各自の泳力を発揮して泳ぎ切る、という競泳的な形式で実施したとすれば、異例なことであったと考えられます。

この事例の延長と捉えて、大阪毎日新聞社が実施した〈海上十哩競泳〉やその後開催された1908年(明治41)の報知新聞社主催〈五哩競泳〉、同年の河北新聞主催〈松島湾大競泳会〉(鹽釜―松島間往復五浬、三里半大競泳)などが、話題性を求めた長距離競泳の大会であったと考えた場合、新聞社が主催での公募形式ではなく、民間団体の協会が単独で挙行したことは、特別なことであったとも推察されます。

一方、この第1回深堀遠泳の結果について『東洋日の出新聞』1905年(明治38)8月14日付の記事(3面)に報じられていますが、男子往復完泳者19人、女子3人、往路完泳者5人(男子)、復路完泳者10人(男子)の名前が掲載されているのみで着順が示されておらず、競泳的な形式ではあったけれども完泳することに主眼があったのかもしれません。なお、『大阪毎日新聞』でも、同年8月18日付「女子の八哩《まいる》遠泳《とおおよ》ぎ　去る十二日を以て挙行せし長崎瓊浦協会の八哩往復遠泳ぎは…優勝の月桂冠は三人の女性の手に帰したる」(7面)として紹介されています。何故か、報道が少し後日で、「十哩」を「八哩往復泳」としていることなど、どこか大阪毎日新聞社側の「十哩競泳」本戦前のことで、意識された報道記事に感じられます。

また、協会が、この年に実施した鼠島から深堀間の遠泳は、8月20日雨のため順延となり、8月21日に第2回が実施されています。その様子を伝える8月23日付「雨中の大壮観!!　=第二回の深堀遠=」(3面)の記事には、「遠泳者総数五十七名(男女共)が隊伍を整え」と隊列を組んで行われた集団遠泳を想起させる表現がされています。各自の泳力に任せた競争的な要素が見られた第1回の深堀遠泳とは、異なった形式であった可能性があります。

なお、『研究会資料・長崎』(前出)に「この深堀遠泳は協会遠泳の定番コースとなり、深堀‐香焼《こうやぎ》間の埋め立て工事が始まる昭和41年(1966年)まで実施されました。」(29頁)と述べられています。「深堀遠泳」が行事として慣例化されたことで、地域での協会への理解と存在認識が高まったことが考えられます。

『10年誌』掲載された協会会員の男女別統計(7頁)には、この年の会員数の記載がありません。が、先出の、『東洋日の出新聞』1905年(明治38)8月10日付「游泳会員の遠泳」の見出し記事に「瓊浦游泳協会は、一昨年創設以来年々非常の盛況を告げたる事は既記の如くなるが、過般文部大臣より水泳奨励の訓令をもありて、益々斯道の必要を感じ、本年は一千五百余の入会者を収容し」(3面)と1500人程の会員があったことに触れています。人数が増えたこともあったのか、この年から男子のみ丁組が設けられています。

なお、『65年誌』には、この記事文中の「文部大臣より水泳奨励の訓令」の部分を受けて「時の文部大臣が水泳奨励の訓令を協会に贈った」(36頁)と述べていますが、これは同年5月文部省から師範学校・中学校・実業学校などに「夏季休業中水泳練習を督励するよう[*99]」と訓令が発せられ、その通達が関係各所に出されたことを意味していると推察します。

3．小堀流泳法導入の進展と傾注

熊本の小堀流より主任師範を招聘してから3年目を迎えた1906年(明治39)、協会の状況を視察した新聞記者に依る「瓊浦游泳協会」と題した記事の転載が『10年誌』に掲載されています(10-12頁)。この元となったのは、1906年(明治39)8月25日付『大阪朝日新聞』掲載とされています。なお、元の紙面記事は、確認できていません。

(1)小堀流への傾注

『10年誌』に転載とするこの記事には、「瓊浦游泳協会の主幹で鼠島総督といはれる池田判事が是非とも来てみよ」(10頁)と、池田正誠の呼び掛けに応えて取材がされたようです。

この記事の中で注目したのは、講習の様子や小堀流泳法の伝承状況が詳細に描かれていることでした。長文となりますが、具体性に通じる内容として、以下に取り上げました。

「毎日千人以上という多数の会員即ち生徒に游泳を教授するのであるから勿論軍隊風で隊伍組織で師範たる隊長の

下に隊附士官たる助手というもの（上達したる生徒）があり、又下士官たる班長というものがあって、それで游泳を教えると同時に保護して行く、驚く可き美事な手際である、僕は先ず其の管理組織の整然たるを嘆賞せざるを得なかった。然るに游泳技術も中々えらい、都会の新聞記者の弱虫を驚かせよという勢いで、僕の眼前で甲乙丙丁各組の演技が始まった、立泳ぎ（小銃射撃くらいは訳はない様子）、揃い抜手泳ぎ、御前泳ぎ（女子部もやったが技がしなやかで綺麗な処はえらかった）、たぐり泳ぎ、いずれも隊伍組織で整然とやって見せる、一号一令きちんと行われる、丁の幼年組が百以上水打際で一列に半環列して手を浅い水底につき脚を揚げて水を打った（これが入門初歩の技）のは愛らしくもあったが壮観であった。」（11-12頁、傍線加筆）。

この講習において「軍隊風」で師範―助手―班長という管理体制下「隊伍組織で整然と」であったことは、『游泳教範』における集団訓練法も生かされたことが推測され、小堀流泳法の導入も、「立泳ぎ」・「揃い抜手泳ぎ」・「御前泳ぎ」・「たぐり泳ぎ（手繰游）」と採り上げられた泳法表現にも見られ、恐らく「丁組の脚を揚げて水を打った」とあるのは小堀流泳法の「足撃」を指しているであろうと考えられます。殊に、小堀流の最も基本とする泳法「手繰游」の導入を示していることは、大きな意味があると捉えられます。これは、明らかに協会の課目において、小堀流の泳法を意識して、各組に導入された状況を示していると受け止められます。

この進展は、憶測ながら前年の町野晋吉の泳技と指導、猿木宗那の教示、が如何に協会の人心を動かし、小堀流への傾注を促したかを知ることでもあると思えます。

(2) 4年目の協会について

『65年誌』には記述されていませんでしたが、この年に、第3回目の「深堀遠泳」が実際に実施されたことが『90年誌』（『九十年の歩み』長崎游泳協会九十周年記念誌実行委員会、1992）の写真「第1，2，3回の深堀遠泳完泳者　明治39年」（11頁）の解説文に「明治38年が第1回第2回の深堀遠泳、同39年8月15日、第3回遠泳を挙行する」とあります。また、『10

年誌』にタイトル「海陸の三勇少女」(口絵12頁目)の解説文に「明治三十九年、齢十二或は十三にして十五浬《マイル》の遠泳に成功し翌四十年富士山に登りて有名な野中夫人[*100]に舌を捲かしめ東京に赴きて隅田川に妙技を揮い瓊浦游泳協会の名を天下に知らしめたる三少女　…　代チヨ子(当時十三才)次は蘆柱郷女(同十四才)次は色紙トメ子(同)にして」とあります。「十五浬」としているのは気になる処ですが、1905年(明治38)の第1回・第2回の完泳者の中には名前のない女子の名前が見られます。また、「十五浬」としていることから、『10年誌』に転載された1911年(明治44)の『東洋日の出新聞』8月19日付の遠泳記事「踏破《けやぶり》海上十五浬」(3面)と題した記述も見ましたが、完泳者に上記女子の名前は見られませんでした。

なお、「蘆柱郷女」の名前は、『東洋日の出新聞』1911年(明治44)8月8日付の見出し「鼠島の大競泳」(3面)の中で、芸泳ぎとして水書を披露した人名に「蘆柱郷」が見られます。恐らく、同一人物と思われます。

この深堀遠泳での女子の活躍は、前年(1905年)既に話題となっています。女子の水泳指導は、京都踏水会が1904年(明治37)[*101]から、浜寺水練学校でも1906年(明治39)[*102]から始めていますが、女子の遠泳が実施されていないようで、また当時の女子遠泳例については未見などから、社会的注目度も高かったと推測しています。

この年、1906年(明治39)、鼠島游泳絵葉書が、発売されています。『東洋日の出新聞』8月22日付記事(3面)に依ると、宮崎写真館(船大工町)に依って協会の練習風景が撮影されて、記念スタンプを押した4枚1組絵葉書として、同町の中原商店から発売されたようです。盛況となった協会の状況を反映して、その売れ行きは良かったようです。

なお、絵葉書資料館のインターネット情報[*103]などに拠ると、この年、1906年(明治39)に日露戦争戦勝の記念絵葉書が、ブームとなったことに乗じて作成されたことが考えられます。その後も協会関係の絵葉書が作成され、記念行事の際にも絵葉書が発売されたようです。

因みに、この年、岩倉流が大日本武徳会和歌山支部水練部に参入し〈第1回水泳大会〉の開催された模様が、翌年1907年(明治40)に絵葉書として販売されています。[*104]

4．協会5年目から9年目までの協会と小堀流

『10年誌』に「協会主任師範は　…　三年より六年に至る四年間は同じく(熊本人)町野晋吉氏、七年目同じく佐々亮雄氏、八九両年の師範長は同じく加藤忠雄氏」(5頁)とあります。つまり、町野晋吉が、協会創立5年目の1907年(明治40)も6年目1908年(明治41)も引き続き招聘され、7年目の1909年(明治42)は佐々亮雄が、8年目の1910年(明治43)と9年目の1911年(明治44)の2年間は加藤忠雄が、熊本より主任師範として招聘されています。

(1)招聘した主任師範の動向

この間の協会と熊本の小堀流との動向として、主任師範として招聘された町野晋吉のこと、協会の招聘に応じて来訪された小堀流師範猿木宗那のこと、主任師範として招聘された加藤忠雄のことについて、『東洋日の出新聞』の記事から一端を取り上げておきたいと思います。ただ、7年目に主任師範として招聘された佐々亮雄については、詳細を知る情報は皆無の状態です。

先ず、1907年(明治40)7月3日付「鼠島の游泳場」には、「男子部総監督池田正誠、主任師範町野吾六《ママ》、嘱託師範　…　の諸氏を選定し」(3面、傍線加筆)と、「吾六」は誤りと思いますが、町野晋吉が赴任予定である事が述べられています。翌、1908年(明治41)8月1日付では、「武徳会柔道部夏稽古　武徳会長崎支部柔道部にては斯道奨励の為め本日より夏稽古を開始し、市内各道場の教師諸氏及び游泳協会の聘に応じ熊本より来崎中なる町野氏等も出席し熱心に教授する由にて、」(前出、傍線加筆)と町野晋吉が協会に招聘され、その中で大日本武徳会長崎支部柔道部の柔道稽古に

も参加して指導したことが記事になっています。

また、この年の8月23日付に、協会主催の第1回九州競泳大会が開催され、同日の記事に「本日の競泳大会　…　熊本の猿木師範は、態々《わざわざ》同大会に列席の為め門弟数名を同道し、　…　同師範は競泳終了後游泳を試み尚会員一同に対し一場の講話する由。」（3面）、8月24日付「昨日の競泳大会　…　昨日午前十一時、熊本より来崎せし猿木師範及び協会各師範監督の下に」（3面）と猿木宗那師範がこの大会に関わったことが述べられています。

『65年誌』では、「大会審判長に推された熊本の猿木宗那師範も門弟数名を連れて、」（41頁、傍線加筆）と、招聘され審判長として参加したとあります。

協会と猿木宗那師範の親密さや、小堀流との関係の深まりが感じられます。

次の1909年（明治42）の佐々亮雄と、1910年（明治43）の加藤忠雄の両主任師範について触れた新聞記事は、見出せていません。

1911年（明治44）は、同紙8月8日付の記事に「鼠島の大競泳　…　加藤師範の模範游泳としての御前泳ぎ及び田中師範の艶抜手泳ぎ」（3面、傍線加筆）、8月19日付「蹴破十五浬《マイル》　▽游泳協会の深堀遠泳　…　第一号船には敷島音楽隊乗組みて終始嚠喨《りゅうりょう》たる奏楽を続けて会員の勇気を鼓舞す第二号船以下は司令船にして田中、加藤両師範」（3面、傍線加筆）とあり、文中の「加藤師範」と述べられているのは、加藤忠雄主任師範を指していると推察しました。

『65年誌』では、「第五代加藤忠雄が四十二年の一ヶ年（二年説もある）」（38頁）とありますが、上述の『10年誌』に示された、1910年（明治43）－1911年（明治44）の2年間であったと考えます。

この間の熊本よりの主任師範招聘について、新聞記事で確認できたのは、右記の範囲まででした。一方、『10年誌』の記述は、詳細が不明としても姓名まで明らかで、新聞以外にも何らかの記録などが、当時には存在したと考えられます。

従って、熊本から主任師範が招聘されたのは、１９０４年(明治37)から１９１１年(明治44)の8ヵ年間であったようです。

5. 協会内で小堀流の指導者の育成

(1)協会育ちの会員から師範輩出

『65年誌』に「師範誕生　明治四十二年、協会は鼠島創設から七年目を迎えた。…　この年最大の収穫は、鼠島から小堀流の目録をもった、最初の師範が生まれたことである。その人は他でもない。今日、鼠島の父と言われる第六代主任師範田中直治である。」(42頁、傍線加筆)とあり、「田中直治が父直三郎に連れられて、猿木宗那の直弟子となったのは、(明治)三十九年の夏、まだ早稲田大学の学生のときであった。以来、三ヵ年の夏を白川の猿木庵に起居して、指導を受けていたのである。小堀流踏水術の目録を授けられたのは、この年の八月であった。」(43頁、傍線及び括弧内加筆)と述べられています。さらに、同書、１４７頁挿入写真「田中直治主任師範の踏水流《ママ》目録及び踏水・腰水の巻」が掲載されています。

協会創立年次に、初段免許を得た会員田中直治が、先に取り上げたように１９０６年(明治39)小堀流に魅了され、熊本に赴き、猿木宗那門下として修行を始め、写真にある『踏水術目録』を１９０９年(明治42)に授けられたようです。恐らくですが、この目録授与の年月日は、写真の目録からも、確認されていると推察しています。

なお、『踏水術目録』は、小堀流の基本的な泳法の修得が認められた免許で、小堀流の最初の伝位です。『踏水術目録』には、「手繰游」「早抜游」「抜游」「御前游」「揃游」「浮身」「水練(潜行)」「立游」のそれぞれの手足の動きや鍛錬すべきことについて書き示されています。[*105]

つまり、田中直治は3ヵ年の修行を経て、小堀流の泳者として認められる最初の資格を得たのでした。それは、協会の水泳指導においても、小堀流の本流の泳者としても伝え手となった事であったと推測されます。

しかも、1905年（明治38）以降の協会の教程について述べたように、小堀流の泳法が深く入り込み始めていたことから考えると、招聘した主任師範の助けにもなれる存在であったことでしょう。

従って、田中直治が、協会の指導者（師範）の立場に列せられる人物となったことは、自然の成り行きとして理解できます。

『65年誌』では、田中直治の師範就任を、1909年（明治42）からと表現されていますが、協会の師範として指導を始めたのは、何時からだったのでしょうか。確認の意味で『東洋日の出新聞』から、探ってみました。

残念ながら、1909年（明治42）及び1910年（明治43）の協会関連記事からは、名前も師範である事を示す記述も見出せませんでした。

1911年（明治44）には、2件、実質3ヵ所見られました。

①8月8日付「鼠島の大競泳」

「芸泳ぎ　…　加藤師範の模範游泳としての御前泳ぎ及び田中師範の艶抜手泳ぎ最後に、鈴木、並河、加藤、田中師範、岡師範心得五名の配膳泳ぎあり」（3面、傍線加筆）

②8月19日付「蹴破十五浬《マイル》」

「　…　第二号船以下は司令船にして田中、加藤両師範、第三号船には岡師範心得」（3面、傍線加筆）

と、明らかに田中直治が師範としての役目を果たしています。

『65年誌』には、師範となったことを示す事柄の例示とも受け取れる記述として、1910年（明治43）に〈臼島游泳場開場式〉に協会が招かれた時の回想談の「このときは、田中直治先生の引率で、私たち初段数十名が出掛けた。」（43頁、傍線加筆）があり、同誌で引用された1911年（明治44）7月の協会『庶務日誌』の事柄の中に「田中師範」の名前が記されています。（51頁）

前者の回想録は、「田中直治先生」と表現されていますが、師範の立場であったとは限らない可能性がある話で、後者の場合は師範となった「田中直治」と推察します。

また、『東洋日の出新聞』の1911年(明治44)1月17日付「寒中の游泳」に「… 当日臨場の男女子幹部は 田中直治 岡本栄次 岡貫之助 …」(3面、傍線加筆)とありますが、「師範」とはしていません。

また、右記の②の以外に、同年8月2日付「競泳大会」の記事中に「田中師範」の記述はありませんが「賞品係 … 岡師範心得」があります。

右記「寒中の游泳」は、単に協会幹部の氏名列記であったのかも知れませんが、「師範」の立場が会員幹部と同列であることに疑問が残ります。

しかしながら、既に岡貫之助も「師範心得」であったのかもしれません。或いは、田中直治も岡貫之助も、この年の夏から役目を任じられたことも推測されます。

この年からであるとすれば、後論Ⅵ.1.(1).(2)で触れますが、この時まで協会の運営を主導的に行って来た池田正誠が退いたことに伴う組織体制の変化、との関連も考えなければなりません。

同時に、推考としては、田中直治には「師範心得」の時期はなかったのでしょうか。

確認が十分できない段階ですが、いずれにしても、1911年(明治44)の状況を確かと捉えて、協会会員から育った指導者が登場したことは意味のある事実と言えるでしょう。

(2)協会会員から初の主任師範

『10年誌』に、1912年(明治45・大正元)の協会の主任師範について「今十年目は本市の田中直治氏にして田中氏は創立当年の初伝免許取なり」(5頁)と明記されています。しかし、『長崎県スポーツ史』(前出)には、『65年誌』も引用しつつ

「田中（直治）の主任師範就任は大正四年のようだ。」（157頁、括弧内加筆）と述べられています。

1912年（明治45）説なのか、1915年（大正4）説なのか、先ず、現在も保管されている協会の『四十五年　日誌』から、考えてみたいと思います。

この『四十五年　日誌』に、田中直治が、主任師範に就任するまでの過程を含めた記録が見られ、抜き出してみます。以下、論者による原文翻刻。

①6月30日「一、師範雇入並ニ配置ノ件。師範雇入ニ際シテ、西郷、田中ノ二氏熊本行キ決シ、猿木先生ト交渉サルヽ事」

②7月1日「西郷監督、田中師範、師範雇入ノ件ニテ熊本出張」

③7月3日「1．西郷監督、田中師範熊本ヨリ帰崎」

④7月12日「2．田中師範指揮ノ下ニ游泳開始」

以上ですが、この年の師範を雇い入れることについて、田中直治師範と西郷四郎監督が熊本の小堀流第6代師範猿木宗那に相談をするために出掛けたことが判ります。また、④の7月12日を見ると田中直治が、この年の開場1日目から陣頭指揮を執ったことから主任師範となったと推察できます。この年、熊本より主任師範の招聘は、見られません。そのことから想像では、熊本の猿木宗那の下に相談に行った結果、主任師範を派遣できないと告げられたことよりも単に田中直治を主任師範とすることを薦められたか、前年度の協会の組織改正などから主任師範とする旨の承諾を得たことが考えられます。

この年の『東洋日の出新聞』7月25日付に「游泳協会教師配置」が掲載された中で、「甲組及び有段者に対しては（男子部）田中師範」（3面）とあり、最上級者の指導に主任師範が当たる前例からすれば、田中直治が主任師範の任に就いたことが判ります。

この田中直治の主任師範就任以降は、協会会員から主任師範就任が慣例化されました。

つまり、協会内で、小堀流泳法の伝承を基本とした指導者の育成も始まったと言えます。

田中直治を個人的に取り上げますと、初年度からの会員であり、初段授与後も協会創立の理念も理解して指導に関わり、その上自らは、小堀流に惹かれて熊本まで出掛け、直接猿木宗那師範の薫陶を受けながら修行すること3ヵ年（『65年誌』、43頁）、小堀流泳者と認められるに至っています。それは、彼自身の主体性の中で進められたことでありながら、その熱意によって開かれたことは、協会の水泳指導の中で育成された会員によって水泳指導のみならず組織運営を担う、謂わば、協会内で言われる処の‚鼠島育ち‛による協会運営の組織へと結びつく動向でもあったと思えます。

それ故に、田中直治を称して、今日"鼠島の父"と呼んでいることは、納得のできる話です。

6. 創立当初の「指導課程」を改めた新たな設定とその後

協会創立時に、宇田川五郎の主導によって定められた指導課程の「課目」は、その後9年の間、「課目」の取り扱いや内容が変化しても、明文化されることなく進められてきたようです。

それは、ここまで述べて来た期間の協会の指導状況から、明らかな変化があったことが確認できました。大雑把な捉え方では、初年次の‚水府流太田派‛の泳法の形跡を残しながらも、‚小堀流‛を基本とする泳法に入れ替わり、協会独自の必要な泳法技術の考え方や指導の指針は変えることなく展開してきたことにも見えました。

『10年誌』に、「本年（1912年）の田中師範に依りて定められたる教範は大略左の如く」（5頁、括弧内加筆）とあります。

これは田中直治が主任師範となったことに由ると捉えられますが、同時に協会創立10年目という節目に当たってこれまでの変化を整理した上で、猿木宗那師範が著した『游泳教範』に倣って「教範」の呼称を用いた、新たな設定であったと考えられます。

なお、1912年（明治45）に田中直治が定めたことは、確かと考えられますが、『10年誌』以上の確認はできていません。恐らく、呼称を「教範」としたとも捉えられますが、同時に、後述の1919年（大正8）の改訂時に作成された冊子の様なものが存在したり、少なくとも印刷物があった可能性があると想像しています。

(1) 小堀流の伝承が中心となった新しい指導課程

『10年誌』に、その指導の課程を示した「教範（教授課程）」（5頁）が掲載されています。それには、丁・丙・乙・甲組が、各3班の段階的課程内容が示され、それぞれの進級条件も示され、更に三段までの段位が設定されています。

以下に、その「教範（教授課程）」（以下、『田中教範』と称す）の全容を、『10年誌』のまま取り上げました。

「▲丁組（最初歩）

○第一班　足撃、浮慟法

○第二班　僅かに十間を泳ぐ者

○第三班　三十間の距離を泳ぐ者

▲丙組

○第一班　足撃、手繰泳《ママ》

○第二班　同上、同上

○第三班　同上、同上、水練（潜水）

鼠島木鉢間を往復（十丁）して乙組へ編入

▲乙組
○第一班　足撃、手繰、水練、抜手の課程を了《おわ》りて鼠島高鉾間を往復(十四丁)して第二班へ昇級
○第二班　以上同様を了り鼠島の周囲を泳ぐこと二回(二十丁)にして第三班へ
○第三班　足撃一分間、早抜手一分半、水練四間半、手繰にて鼠島小ヶ倉を往復(二海里半)して甲組第一班となる
▲甲組
○第一班　足撃一分半、手繰にて鼠島四回(四十丁)早抜手三分間、水練六間、立泳二十秒、直跳、以上にて第二班へ
○第二班　足撃二分、手繰五海里、早抜手四分、水練八間、立泳四十秒、逆跳、浮身、以上を了り第三班へ
○第三班　足撃三分、手繰十海里、早抜手五分、水練十間、挺身抜十五間、立泳一分半、御前泳《ママ》一揃ひ、水書二字、水中
　発銃一発、浮身、俯身、休み泳《ママ》、以上にて初段へ昇級
▲初　段　甲組第三班の各科目総て時間及距離の逓加を了り遠泳十五海里の試験に合格し尚ほ人物の銓衡を経て
　　二段に昇級せしむ
▲二　段　同断、遠泳二十海里
▲三　段　同断、年効を以て之を了る　」(5頁)

なお、課目中で泳法名の「泳」にルビ「ママ」を付加したものは、小堀流泳法名では「游」であって文字として異なるものです。また、「課目」中で使用された距離の換算は、１間＝１８２㎝、１町(丁)＝約１０９ｍ、１海里＝１・８５２ｍです。「課目」において、小堀流の泳法が明らかに基本としながらも、協会創立時の「課目」の「浮働法」「直跳」「逆跳」の課目名称も残されていることが判ります。また、推測ながら、初年次も各技術習得の認定には距離や回数などがあり、各段階でより長い距離を泳ぐことが課されていたことには変化がないと思います。これは、水泳教育の技術習得と泳力

を計る上で、普遍的な方法論とも考えます。因みにですが、京都踏水会も同様に小堀流の泳法を伝承する団体ですが、1914年（大正3）の「講習課程」[*106]を見ますと、小堀流泳法の技術習得に距離や回数を課し、各段階修得課程では「時間泳」を課していて、長く泳ぐことを設定する方法としては同様と言えるでしょう。

協会の『田中教範』と猿木宗那の『游泳教範』に示された「游泳科教授細目」（本文末42頁目挿入図）とは異なるものですが、敢えて部分的な比較をしますと、その最上級「甲組　甲ノ上　第三期」に示された「御前游　手繰游一時間　抜游十分間　水練十二間　挺身抜游十間　休ミ游十間　立游　三十秒間」と協会の基準とでは、全体的に協会側の方が厳しく感じられます。

(2)その後の改訂と変化

『65年誌』に、「この教範課目は田中直治主任師範が定めたものであった。同師範はその後二回にわたって改訂を行なったが、協会教範の基礎はこのときに決定していたのである。」（62頁、傍線加筆）とあります。なお、段位の設定が、『65年誌』では、1934年（昭和9）に初めての「段級允許」として「五段」までの允許状を授けた記載（133頁）があります。また、1942年（昭和17）度の允許状授与としては「三段」までの記載（141頁）があります。

(1)1回目の改訂について

『田中教範』の1回目の改訂は、1919年（大正8年）に実施されました。それは、『65年誌』転載の「長崎游泳協会教範並に試験課程（大正八年刊行分）」（181-182頁、以下『1919教範』と称す）に見ることができました。また、『1919教範』には、『10年誌』掲載の『田中教範』で「大略」（5頁）と省略された可能性のある'教師の心得'とする十項目と「試験課程」があります。教師の品性と指導の教養に触れ、協会教師の姿勢を示すことで、実施される水泳教育の魅力を伝えているようにも思えます。そこで、'教師の心得'の部分を抜粋しておきます。

「一、教師は自己の修業を励み会員に対しては厳正なる態度を持し親切の心を以て鄭《てい》寧且つ周到綿密に教授すべし
一、各個教授は勿論団体教練の場合に於ては各游泳法に就て充分其要領を説明し其型を反復試み示し会員技術の進歩を図るに勉むべし
一、会員各個の体格及気質を能く識別し其に順応して最善の教育を施すべし
一、初学者には水を飲ましめず又水を恐れざる様特に指導しべし
一、教師は保護の責任を重んじ且又相互に連絡を保ち教授の統一を心掛くべし
一、教師は内外国各派流儀の長所を考査し会員全般の技術上達に資すべし、他流の方々には謙譲の礼を以て接すべし
一、水と戦い水と親《したし》み終に水を忘るるの心境に到らしむる様水の本質を了解せしむべし
一、心の主人となれ心を主人となす勿《なか》れ、心に生じて手本之に応ずるものなれば心は本なり技は末なることを体得せしむべし
一、游泳の本質は世界を包む水を相手として霊肉を鍛錬し国家奉公の誠を尽すに在り、武徳の元根是より外に出づることなし、心すべきなり
一、進まざる者は退く、各自不断の研鑽砥礪《しれい》と厥《その》向上に専念すべし
以上十目は我協会教師の必ず心得べき要諦也」（『65年誌』、181頁）

『65年誌』に述べられた、この刊行物「長崎游泳協会教範並に試験課程（大正八年刊行分）」に関する説明文（96頁）では、それが8頁の小冊子の刊行であって、その「あとがき」には「我協会も幾多の試練を経て早や十有七歳無病息災元気盛

りの齢と相成り国の内外に其名を知らるるに至り候段」とある事を示し、全国的な知名度を得るに至った事に触れています。この改定が、この年のどの時点で実施されたかは不明ですが、1917年（大正6）5月東京芝浦で開催された〈第3回極東選手権競技大会〉[107]や翌1918年（大正7）日本体育協会関西支部主催〈第4回全国大会〉及び翌1919年（大正8）の帝国水友会主催〈全国競泳大会〉では、長崎游泳協会所属の選手が活躍しています。[108]また1918年（大正7）の大阪毎日新聞主催の〈第4回全国中等学校競泳大会〉では、協会が長崎市内中学校の一任を受けて田中直治主任師範らが引率して、長崎中学校が優勝旗を手にしています。先に述べてきたように女子の遠泳や会員数の多さが話題となり、それに加えての競技水泳界での活躍は、その存在を全国に知らしめるに十分だったことでしょう。『水連四十年史』にも、1920年（大正9）当時の水泳選手輩出の拠点地の一つとして「◇長崎」（30頁）が取り上げられ協会を紹介しています。

『田中教範』改訂のこの年、協会主催で〈第1回市内小学対校競游〉を実施しています。これらの勢いの一方、右記の1918年（大正7）〈第4回全国大会〉では、〈全国中等学校競泳大会〉での優勝ほどではないものの、協会所属選手の活躍がありました。それにも拘わらず、同年9月4日付『東洋日の出新聞』に「長崎の競游法は　時代後《おく》れ　科学的研究欠く　選手の苦き経験　：　東京の選手を始め大家は孰《いず》れも長崎選手の游泳法を目して一流の型に拘泥して力を徒費する時代後《おく》てとなし「長崎の奴は無茶な泳ぎ方をするなァ」と聞こえよがしに放言せり」（3面、傍線加筆）とあり、さらに「選手の感想談　：　本田存先生が長崎の游泳法は無茶だと評せし通り」（3面）との記事が載りました。この批判については、次論Ⅳ・1・(5)で詳しく述べますが、当時（1918年）関東では、YMCAを中心に、伝承泳法からの競技技術の研究が進められていた段階で、西洋泳法（クロール）も参考とした「速泳《はやおよぎ》」の研究を伝承泳法の視点から述べられたことだったのでしょう。[109]従って、「時代後れ　科学的研究欠く」と評されたことから、未だ、クロール研究というよりは協会の泳法などを見直し、さらなる工夫と精進の必要があると感じたようです。改訂の動機には、この様なことも作用したと考えられます。

このことを示すかの様に、最初の『田中教範』と『1919教範』との違いの中に、「教授科程《ママ》」の備考で「一、甲組に於ては急速泳法を練習せしむるものとす　…　以上は教授科程《ママ》の大要に止り教師は時の状況に鑑み変更するを得るものとす」（『65年誌』、82頁、傍線加筆）が加えられています。

この「教授科程《ママ》」及び「試験課程」の課程を比較すると、先ず、丁組・丙組・乙組・甲組各3班の編成に変更はありません。一方、設定段位については、前者が三段までの記載であったのが、「試験課程」で初段までの記載となっています。

また「科（課）目設定」の印象では、丁組の初歩段階の組で基本とする手足の動き、浮き方、飛込までと内容が増え、その後は「手繰游」の足捌きの「本足」を重視したことや小堀流の泳技を効率よく修得させることを目的とした内容となったように見えます。流れ的に、この状況を見れば、少しでも多く競技水泳でも活躍できる泳者を育てたい、との思いがあったとも感じられます。

(2) 2回目の改訂について

1941年（昭和16）を創立40《ママ》周年記念事業として、田中直治主任師範は、崇拝する小堀流第6代師範猿木宗那の著『游泳教範』を復刻して記念出版することを企画し、それに協会の「教範」などを添え加えた復刻版が、同年8月刊行（以下、『記念游泳教範』と称す）されました。なお、1979年（昭和54）には、『記念游泳教範』そのままに、発行年を改めて再復刻をしています。

この添え加えられた協会の「教範」は、1919年（大正8）の『1919教範』を改訂したもので、復刻版に「長崎游泳協会教範並に課程」（61‐67頁、以下、『1941教範』と称す）の標題で掲載されています。

具体的には、「教範（教師の心得）」「会員心得」「教授課程」試験課程」「水書字句大要」が掲載されました。この中で

「会員心得」は、『１９１９教範』には掲載の無かったものだと考えられます。それは、明らかに戦時下の軍事体制的な雰囲気があります。が、心得の内容自身は、現在でもあるべき事柄が基本となっています。以下に、その全文を取り上げておきます。

「会員心得
凡そ団体ノ統一的進展ハ厳格ナル規律ノ下ニ胚胎ス
大日本帝国将来ノ運命ヲ双肩ニ担ウ我会員諸士ハ左ノ條々ヲ深ク銘肝刻心以テ大成ヲ期ス可シ
一、当会場ハ演武ノ地ナレバ総テ礼儀廉恥ヲ重ンジ苟《いやしく》モ粗暴野鄙武徳ニ反スルガ如キ言行ヲ慎ムベシ
一、会員ハ相互ニ親切熟和ヲ主トシ無礼ノ振舞アル可ラズ
一、会員ハ克ク長幼ノ序ヲ守リ殊ニ老人婦人ニ対シ謙譲ノ礼ヲ尽スベシ
一、国民ノ母タルベキ女子会員ハ須ク淑徳ヲ重ンジ溌剌《はつらつ》ル気象ノ涵養ニ力《つと》ムベシ
一、会員ハ乗船下船ノ際ハ勿論航海中ニアリテハ静粛沈着タルベシ
一、会員ハ規定ノ游泳服装ヲナシ苟モ風紀ヲ紊《みだれ》ルガ如キ行為アル可カラズ即チ女子ニアリテハ游泳男子ニアリテハ猿股又ハ六尺褌（越中褌不許可）ヲ着用スベシ
一、本協会ハ人命保護及監督ノ必要上帽子（女子ハ手拭）制度ヲ設けタルモノナレバ厳ニ是ガ規定ヲ遵守スルハ勿論一定ノ標示区域以外ニ於テハ決シテ游泳スベカラズ教師引率ノ下ニシ又ハ特ニ許可ヲ得タル者ハ此限ニ非ズ
一、本協会ハ衛生上游泳時間ヲ限定シ喇叭《らっぱ》又ハ太鼓ヲ以テ是ガ合図トナシタルモノナレバ入水上陸共ニ厳ニ之ニ遵《したが》フベシ

一、会員ハ各自重シ満腹空腹其他身体ニ異状アル時ハ決シテ游泳スベカラズ
一、会員ハ各自所持品ヲ整理シ以テ其自治心ヲ養フベシ
右ハ本協会々員ノ必ズ心得可キ事項ニシテ尚ホ細目ニ関シテハ教師ノ指揮命令ニ服従スベシ　以上」(62-64頁)

なお、「水書字句大要」は、『1919教範』に掲載されていた可能性があると考えます。この『1919教範』から『1941教範』に改めることとなった必要性は、『65年誌』に論点は違いますが、当時の社会事情から「時勢の反映」(138頁)であったことが考えられます。

1931年(昭和6)の満州事変以来戦時体制下となり、1938年(昭和13)には「国家総動員法」が制定されるなど、日本社会全体に軍事色が高まっていったことは想像に難くないところです。

「教授課程」について実質のところは、小堀流泳法に関わる展開では大きな変化がないと捉えています。が、改訂として加えられたと考えて課目表記を並べて見ると、「龍戦」「遠泳」「団体教練」「速泳」「速泳重量運搬」「平泳」「伸泳」「沈下物引揚」「重量運搬」「漕艇団体教練」「剣道型」「人命救助法」「人工呼吸法」などが見られます。

当時の時勢の反映として、水上競技の一例では、1940年(昭和15)の〈第11回明治神宮国民体育大会〉[*110]から水泳競技に軍事的「海洋競技」が加えられたことも含まれます。時の厚生大臣で大会会長であった安井英二の海洋競技式辞では、「海国日本ノ国民トシテハ海洋ニ於ケル心身ノ鍛錬ヲ益々強化スベキデアリマシテ」と競技の意義に触れています。競技部門としては「帆走競技之部」、「競漕競技之部」(その中で「府県対抗水難救助競技」「海軍鎮守府対抗潜水競技」あり)、「団体長距離競泳之部」が行われています。[*111]また、1941年(昭和16)に開催された〈第14回日本游泳大会〉[*112]の競技を見ると「水中手榴弾投競技」「男子梯子運搬50米団体競泳」「男子重荷潜行運搬50米競技」などを競技種目としています。

当時の水泳への時代的関心を、中村哲夫の論述では、日中戦争後「海洋での団体遠泳や実用的な泳ぎが求められ、泳

ぐことあるいは泳げることが国民の義務とみなされるようになってきた時期[*113]と見做《みな》しています。

一方、1938年（昭和13）には、厚生省体力局から水泳を奨励して「国民皆泳」を目指す旨の通牒[*114]が発せられています。翌1939年（昭和14）には、厚生省が関わって徴兵軍人向けに「壮丁水泳訓練」が開始されています。

1943年（昭和18）5月には、「全国壮丁皆泳必成訓練」が発足しています。この訓練内容は、それまでの「壮丁水泳訓練」の延長にあると考えられます。同年大日本体育会編・発行の『壮丁皆泳読本』（旺文社）に取り上げられている泳法では、「平泳」「横泳」「潜泳」「飛込」「速泳（クロール）」があります。「速泳」を除いた泳法の用途では、「軍隊では、平泳は、目視容易且浮力強く、動作容易であって疲労少なく、耐久性に富み、長時間の游泳に適し、又、立身になると、耐重性があって最もよい泳法であるから特に重要視して訓練している。又、横泳は、水の抵抗少なく、推進力が大であるから、速度を必要とし、或は流水、潮流を制し又は物体を牽引する場合等に用いられ、平泳ぎに次で重要である。潜水、潜泳は、敵の眼を避け、或は障害物、波浪、渦巻等を潜行し又は、簡単な水中作業、沈下物の拾取等実用的価値があるばかりでなく、水に慣れ、泳法熟達上有効である。飛込は、舟艇又は岩壁等より水中に安全軽易に飛込む実用法として順下（軍隊では扇跳と云う）を用いる。」（9-10頁）と、述べられています。同書には、泳法以外に「人命救助法」や「人工呼吸法」も述べられ（126-150頁）、この訓練が実用重視であった事が判ります。

以上の様な状況下では、明らかに時勢が改訂に影響を与えたと考えられます。同時に、協会としては、社会事情の中で必要とされる技術能力の育成を図ったこととも捉えられます。

(3)明文化されなかった指導の変化　その1

1934年（昭和9）協会の『1919教範』に加えて、西洋泳法の指導がされています。

『65年誌』には、「この年から伝統の小堀流泳法に加えて、クロール、バック、ブレストの西洋泳法を取り入れて指導することになった。」(131頁)とあります。

では、何故、指導において、この変化が起きたのでしょうか?

この時期は、"水泳ニッポン"と称されるほど、我国の競技水泳が世界的活躍を見せた時期で、1932年(昭和7)の〈第10回オリンピックロサンゼルス大会〉で男子が6種目中5種目優勝の快挙に象徴される状況でした。つまり、競技水泳が、日本社会の中で注目を集めた時代とも言えます。

協会のホームページにある「年表」から、この時代の競技水泳への関心と動きについて探ってみましょう。

1928年(昭和3)・馬渡勇喜アムステルダム五輪に出場(200m平)

・九州水上競技大会で女性活躍

1931年(昭和6)・日英親善競泳、入港中の英軍艦に自由形で完敗

1933年(昭和8)・国際親善競泳競漕大会(雲仙諏訪の池)

・フランス東洋艦隊プリモーゲ号乗組員対抗競泳(自由形、ブレスト、背泳)を行う

少ない件数ですが、国際的な競技水泳への関心、及び競技泳法(西洋泳法)への関心とも受け取ることもできます。

この時期には、日本社会における競技水泳の浸透とそれを象徴する動きとして見られることがあり、取り上げておきたいと思います。

1928年(昭和3)に、文部省著による『水泳指針』(日本体育連盟)が発行されています。

その緒言では、「一、本書は晩近《ばんきん》我が国に於ける水泳発達の趨勢に鑑み、学校並に一般社会に於ける水泳の指導及び実行の指針として教師・指導者及び一般泳者の参考に資する為、編纂したものである。」(1頁、傍線加筆)とあり、「泳の種類」(12-34頁)の中で、「胸泳」(水上に顔を上げたままの伝承泳法「平泳(蛙足)」と区分した競技泳法「ブレストストローク」)、「背泳(レー

シングバックストローク）」、「クロールストローク」が取り上げられ、「競技」（84-96頁）としての折り返し方に「自由形」「胸泳」「背泳」が述べられています。

また、1932年（昭和7年）には、日本水上競技連盟から『水泳指導要項』（目黒書店）が発刊されました。これは、前年の1931年（昭和6）に文部省が主催した「水泳指導者講習会」の延長として進められた話で、その先導役を担った日本水上競技連盟の石本巳四雄は「水上競技連盟は指導実施上の諸問題に接する機会を得、　…　実用を主とした標準となるべき泳法の選定が行われ、…　今日の最も合理的の泳法として此れを全国に普及し、水泳の向上発達を期する」（日本水上競技連盟機関紙『水泳』第13号、1932、5頁、傍線加筆）と述べています。

そして、同書では、実用を主とした標準となるべき泳法を選定した「標準泳法」として所収されています。

その泳法は、「クロール」「背泳」「平泳（ブレストストロー）」「伸《のし》泳（横泳）」「片抜手」「扇《あおり》平泳」「抜手」「立泳」「潜り」「逆飛」「立飛」「浮身」が対象とされています。ここに「クロール」「背泳」「平泳」が示されているだけでなく、「伸泳」の表記が、『1941教範』の課目名の中に見られることが気になります。

協会の「西洋泳法」の導入のみを捉えて言うのであれば、当時の文部省の動きに照らして考えられることであり、社会的認識に則しての泳法習得の機会を設けたことと考えます。同に『1919教範』の「教授科程《ママ》の大要に止り教師は時の状況に鑑み変更するを得るものとす」の範囲だったとも推測します。

(4)明文化されなかった指導の変化　その2

協会が戦前に『1941教範』を定め、そのまま戦後再開されたと考えますが、『65年誌』に「協会は、基本泳法が小堀流であるのは変わらなかったが、時代に即した泳法は除々《ママ》に採り入れていた。昭和二十五年に近代泳法の蛙足を加えたのも、その現われである。蛙足は、文部省の標準泳法で、最も普遍的な平体泳法の型である。」（149頁）と述べています。

文部省の動きが、社会的認識に則っていることは、上記で述べた通りですが、協会もその影響を受けた可能性があると推測しました。

この対応が、同じであったとは言えませんが、「蛙足は、文部省の標準泳法」と明記されているところに着目してみました。

１９４７年（昭和22）に、文部省が定めた『学校体育指導要綱』では、小学校から大学までの「運動」として「水泳」も教材として示されています。その中に、「平泳ぎ《ママ》」も示されています。同年に『学校体育指導要綱解説（7）水泳編』（竹之下久蔵著、目黒書店）が発売され、この「平泳ぎ」の足捌きについて触れていたかも知れませんが確認できていません。

ただ、１９４９年（昭和24）に、文部省から『学習指導要綱　小学校　体育編』（試案）が示されています。その「第二章　教材の解説とその指導」の「「第十節　第三・四学年の教材例」「七、水遊び」に示された「平泳ぎ」の説明には、「〇方法　からだを下向きにし、両手はそろえて軽く前方に出してから左右に開きつゝ後方にかき、足はかえる足をつかって主たる推進力を得る。（かえる足平泳ぎ）」と、明らかに「かえる足」が明示されています。

戦前の日本水上競技連盟が提示した「標準泳法」では、扇足の「平泳」も対象とされていました。

この頃の文部省の動きを見る一つとして、１９５４年（昭和29年）に発行された文部省著・発行の『水泳指導の手引』には、泳法指導としての解説に「二、平泳　この泳ぎは、身体を伸ばして水面にふし、両手をそろえて前方に出し、左右に開きつつ後方にかく。脚は蛙足を使う。」（１１６頁、傍線加筆）と述べています。扇足の「平泳」は対象となっていません。また、同書に「基本泳法（標準泳法）―泳ぎをやる者にとっては共通に必要な基本的な泳ぎであって、泳ぎを簡素化し、標準化して誰にでも実施されやすいようにしたものである。」（18頁）とあり、戦前の「標準泳法」が、実用、に焦点を置いた選定と体育の観点からでは、趣が異なっているように感じます。また、推測ながら『65年誌』で述べられた「蛙足は文部省の標準泳法、最も普遍的な平泳法の型である。」は、競技水泳から一般化された「蛙足」の「平泳ぎ」との受け止めでもあると考えました。

兎も角、協会が「手繰游」「早抜游」の基本とする「扇足系」（手繰足）を、蛙足にしての指導も採用した背景では、学校教育でも役立ち、伝承泳法が少数派となった社会状況での対応にも見えます。また、協会では、遠泳を意識した場合の有用性も含めての導入であったことが推察されます。

遠泳への意識だけで取り上げますと、『研究会資料・小堀流』の「８．小堀流踏水術の游《およ》ぎ」として「手繰游《およぎ》」の中で「海で長い距離を游ぐときは、体を平らにし、手繰游の上の足を左右同じように用いて、対称の形で水を踏む游ぎ方をすることもある。」（63頁）と説明されています。また、「⑷学習院の游泳　…　内容は小堀流の游であるが、手繰游は両踏足（ほぼ蛙足）として指導した。」（51頁）とあり、現在も「七代目師範の小堀平七が「長距離団体で游ぐことが出来るように」と、本来あおり足であったものを、疲労感の少ない両踏み足の平游ぎにすると決めて、以来現在の泳法を指導している。」（学習院アーカイブズ編・発行『学習院アーカイブズ・ニューズレター』第６号、２０１５、６頁）とのことです。また、１９６４年（昭和39）８月、小堀流肥後踏水会が作成した『有明海横断遠泳の栞[*115]』にも、「四、遠泳の泳ぎ方　遠泳むきの泳法といえば何といっても平泳（かえる足）を第一に挙げなければならない。しかし超遠泳となると更に工夫した特殊な泳ぎ方が有利である。…行儀は悪いが「あぐら」をかいたような楽な泳ぎ方が永続きする訳である。」（５頁）とあり、この一文の後に小堀流本来の基本「手繰游」について「例えば手繰游にしても　…　。」と遠泳向きの泳ぎ方について述べられています。

これらを考えると、「両踏足」＝「蛙足系」を遠泳などで用いられることが、小堀流の中で認知されてきたことを示していると考えられます。

⑸現在の「教授課程」

『研究会資料・長崎』の「２－４－１　泳力による12段階のクラス分け」（37－38頁）に、丁丙乙甲の各３組で実施されていることが、2018年(平成30)当時の指導上の「課程」として説明されています。『1941教範』から大きく変化しています。これは、明文化された規定という訳ではありませんが、現在に通じる前段階であり、目標設定が見える表現が用いられていると考えられ、「指導課程」(2018年現在)と便宜上表記して、要点のみを簡単に取り上げておきたいと思います。

「指導課程」(2018年現在)

丁組・・水慣れ、クロール、平泳中心まで

丙組・・遠泳を目標に平泳(顔上げ)中心　立游、足撃の練習

乙組・・遠泳の為の距離泳と大名行列の為の立ち泳ぎ

甲組・・御前游、浮游、水書など小堀流の泳法を応用として修練

初段=教師見習い

その後、協会内の承諾事項として2019年(令和元)よりクロールが必修化され、更に2021年(令和3)協会内で以下の「教授課程」「試験課程」の規定が承認されたと聞いています。その規定を、そのまま取り上げておきたいと思います。

「教授課程」

丁組一班　水慣れ、バタ足、面浸バタ足、クロール

同　二班　平泳

同　三班　平泳

丙組　平泳、立游、足撃、水練、浮身・伏身

乙組　丙組の内容に加え、手繰游、早抜游、競泳(4泳法)

甲組　乙組の内容に加え、水書、御前游、飛込法(順下・逆下)、沈下物引揚、休游

「試験課程」
丁組二班へ進級　２５m泳形は問わず
丁組三班へ進級　平泳で１００m、足裏で水を捉えていること
丙組一班へ進級　平泳ぎで３００m
乙組一班へ進級　足撃、浮身・伏身・水練、立游
甲組一班へ進級　足撃、手繰游、早抜游、水練、浮身・伏身、立游
初段試験　足撃、手繰游、早抜游、立游、水書、御前游、水練、浮身・伏身、近代泳法（１種目）、面接、筆記試験（日本泳法の知識等）

この内容に上げられている「教授課程」の全体像を見ると、競技水泳或いは学校水泳で、現在では一般化され、社会的馴染のある４泳法（クロール、背泳、平泳、バタフライ）の修得と小堀流の伝承を段階的に修得する設定が明らかに見えます。それは、上記の「指導課程」（２０１８年現在）と合わせて見ると、泳ぎとして取り組み易いクロールからの導入に始まり、基礎泳力の上達として長距離泳を目指しつつも、小堀流泳法の伝承を受け継ぐ人物の育成を目的としていることが分かります。つまり、修得課程の導入を社会側に合わせ、その上で、伝承泳法の魅力を伝える設定は、協会の水泳教育が地域社会からも受け入れられることに繋がっていると推察します。しかも、基礎段階では「遠泳」が目標で、基礎泳力を超える目標として「大名行列」があり、さらに伝承泳法の修得者育成を最終目標に設定していると受け取れます。そこに、協会独自の伝統として受け継いだ、励みを感じさせる手法が窺えます。

また、協会内で、小堀流泳法の伝承を受け継いだ指導者の育成を目指していることにも変化はありません。同様に、創立以来の主任師範制度は、１９１２年（明治45）に田中直治が協会育ちとして初めて主任師範の第６代に就任して以降、

協会育ちの主任師範によって引き継がれてきています。

なお、上記で述べた、『1941教範』以降の1950年(昭和25)に「扇足系」の「手繰游」に代えて、文部省の足捌き「蛙足」の「平泳」を導入したことについては、現在、「蛙足」の「平泳」から導入して、その後「扇足系」(手繰足)の「手繰游」が指導されています。それは、同じように小堀流泳法の伝承をしている京都踏水会でも、「初心者は蛙式の脚《あし》で上の方の級になってから手繰脚《あし》にする」という方式の変化が見られました。[*116]

この指導法に変化した明確な時期は分かっていません。が、『追想録』に「戦後再開された「島」で、文部省推薦の標準泳法として「蛙足」平泳ぎが広まった。傾斜して片方を蹴り足として使う事をしないまま「平体」の泳ぎが一般化した。之を修正するのに幾年かを費やしたのである。」(166頁、傍線加筆)と述べられています。

この『追想録』を著した唐津勝彦は、「蛙足」平泳ぎから、小堀流の「手繰游」を習得させる事に力を注いだ一人と思われます。唐津勝彦が、協会主任師範に就任したのは、2002年(平成14)からですが、それ以前の協会師範の時、1986年(昭和61)に『初心者指導の手引き』(全16頁、1993年改訂、1998年再改定)並びに『甲、乙組指導の手引き』(全20頁、1993年改訂、2001年再改定)という、2部構成の協会指導者向け教本を作成して、主任師範田中直一の監修を受けて公開しています。これは、指導課程の改訂という感覚よりも、協会内部での指導法の確認に近い意味合いがあったように考えます。この作成された、前者の手引きの中では「手繰り游《ママ》」についての解説と方法について述べ(14-15頁)、後者の「まえがき」には「昭和26年に文部省標準泳法として「蛙平泳」が採用されたことから、「小堀流」本来の基本泳法である「手繰り泳ぎ《ママ》」が出来ない人が多くなっている。「小堀流」では大切な「泳法」である。「教えること」も「習うこと」として十分に取り組んで頂たい。」(1頁)と述べ、「手繰り游《ママ》」の図解付説明(2-3頁)をしています。

唐津勝彦が指導教本を著したことは、小堀流本来の泳ぎの指導も意識していたと推察されます。

協会が、１９０４年（明治37）に、熊本から小堀流の指導者を招いての模索の中で始まり、１９１２年（明治45）に独自の小堀流泳法を基本とした『田中教範』を確立して以来、指導課程に示された指導内容の展開に変化も見られますが、今日まで、明らかに小堀流泳法の伝承が一貫して継承され継続されてきたと言えます。また、伝承泳法の指導を軸としたままで、その継承・継続を民間の単一団体の体制を変えず、それでいて大きな組織規模（会員数など）を保ちながらであることなどを考えると、現在では、全国唯一無二とさえ言える存在に驚きを感じます。

7．小堀流の伝承と継承

協会は、〝小堀流（踏水術）〟を伝承し継承しながら存続をしてきました。

右記で取り上げた様に、一貫して小堀流の泳法を伝承してきていますが、その経緯には伝承する意義と魅力があり、継続の中では、流派における本流である熊本の小堀流との関わりも見逃せません。

(1)小堀流の伝承と魅力

当論Ⅲ．では、小堀流の歴史については詳しく述べませんが、肥後細川（熊本）藩で小堀流としては、十八世紀初頭に流祖村岡伊太夫政文による伝承から始まったと考えられています。そして、初段師範小堀長順《ながひと》常春は、茶道の師範でもありながら、１７５６年（宝暦６）に『踏水訣』と『水馬千金篇』を書き著し、１７５８年（宝暦８）に出版しています。現在も、それを、〝小堀流踏水術〟の根本として継承されています。

同流の泳法の特徴は、「武士たちが水中や水面上で自由に活動し、戦闘や作業を行うために工夫された実用泳法に発している。流れの急な白川で作られたために他の流に比べ非常に特色ある游で手繰游を基本とし、踏み足で行う立游を特技としている。　…　一つのおよぎ《ママ》を修練することによって他のおよぎを半分修練したことになるようになっている。」（『研究会資料・小堀流』、62頁）と、現小堀流第11代師範の古閑忠夫が説明しています。

武術としての実用性は勿論の事、浅瀬から急流など川で工夫された泳法を基本としながらもその対応範囲は広い泳法と考えます。また、個人的見解ですが、小堀長順が茶道の師でもあったことを示すかに思える点として、所作のすべてに合理性があり、それは飾らず怯《ひる》まず、静と動の世界観、心技体が一体化した表現にも映ることです。茶道に造詣が深い人物の表現では、「茶道は美しいものをつくり上げ、それで皆で楽しもうとする真摯な試みの一つだ。そこで狙っているのは「整然美」であるといってもいい。[*117]」と述べています。場面は違っても、どこか「整然美」という言葉に、共感できるような響きがあると感じます。そして、単に「浮身」で休むだけでなく、「休み游」という泳ぎの発想など、心遣いの感じられる流儀とも思えます。

（2）小堀流第6代師範猿木宗那の魅力

協会創立時に、初段免許を得た田中直治は、1905年（明治38）に熊本の小堀流の本流へ出掛け、その人心に魅了された同流第6代師範猿木宗那に入門したことは前述の通りですが、入門した猿木宗那が、如何に小堀流を魅力的に感じさせたのか、その一面に触れた記述を紹介しておきます。

それは、『肥後武道史』に掲載された新聞記事よりの抜粋記述です。残念ながら、掲載新聞の情報は、不詳です。

「第七節　水泳の達人猿木宗那翁の面影　傘淵の游泳稽古場は、…　真裸のまま先生の周囲に座り込んで色々と踏水術の談話が賑う。而して先生は時としては幼年者の稽古場に下りて浮身の教授がある。水上に仰臥きして静かに下から腰の辺を支えては「水の中に居る様な気持ぢゃイカヌ。畳の上に寝て居る積りで居れ、手を延べよ、足を拡げよ、下腹に気を籠めよ」などと幾度か繰返しては丁寧なものだ。門弟に対する先生の言葉が一種違って居て如何にも懐かしく聞えたものだ。例えばあちに《ママ》行けと言う様な場合には「あっちい行こう」此方へ来いは「こつちい来う」集《あつま》れは「集《あつま》ろう」何でもこんな調子だ、時として白川の洪水が出ると三級以上とか四級以上とか出来の程度に応じて稽古が許される。こんな場合には高弟の人々を保護者とし十人なり五人なりの門弟を整列さして人員を点検した上で稽古場の下の石垣から一令の下に濁流滔々たる中に飛び込む。尤も其前に一応の訓諭がある、曰く洪水に際しては断じて恐る可らず。又決して急ぐ可らず。抜手は真逆の時より外なす可らず、常に手繰の法を用いよ、又白川の水は洪水に際して岸辺に於て一種の変調あり。开《かい》は急流岸に当たりて刎ね返るが故に岸辺に到着したるときは抜手切りて水を制し速かに岸を捕えよ。」（188-189頁、傍線加筆）と、丁寧で言葉優しく、適切な判断や方法を述べています。この文は未だ続くのですが、状況に詳しく、時に泳ぎ手に叱咤激励し、難しい状況対処も要領を提示して訓練をさせ、それでいて種々の気配りが有る教訓を伝えている事などを述べています。

また、猿木宗那を祖父に持つ、猿木恭経が述べた「猿木宗那先生について」（小堀流踏水会会誌『踏水』第7号、1985、13-17頁）に、「先生の教養の巾は広く、履歴に記したように明治三十四年示現流剣術の師範を継がれ、挿花道は遠州流指南跡を継がれた。また、和歌を嗜み禅を学ばれた。特に見性寺の松雲和尚との交流は深く、游ぎの事、剣術の事についても禅を通して深いつながりがあったようである。先生の生涯を通じての厳しい修行は深い禅の裏打ちがあったものと思われる。

：　先生の高潔な人格と卓越した技量とは自から世にあらわれ」（17頁）と、技量と人徳の高さが述べられています。この優れた人物との交流は、協会にとっても有益に働いたことだと推測します。

（3）本流'小堀流'との関わり

協会と小堀流との史的関わりについて、端折って述べてみます。

先ず、流派伝承の本拠地、熊本から指導者を招聘したことが、協会員に影響を与えて、直接熊本に出掛け、同流に入門を許可され修行した田中直治の登場は、小堀流との関係において大きな意味を持ったと思います。

その一つが、1909年（明治42）小堀流第6代師範猿木宗那より田中直治に『踏水術目録』が伝授されたことです。それは、本人は勿論のこと、協会の指導者のあり様が本流である熊本の小堀流師範から理解され、小堀流の伝位授与（「踏水術目録」「踏水之巻」「腰水之巻」「忘水之巻」）が、その後も継続されることに繋がったと考えます。現在も折り目ごとに小堀流の当世師範から伝位が授与されていますが、この仕組みを持ったことで、自他共に正しく伝承を受け継いだ小堀流の指導者集団との認識を受ける事に役立っています。

関係性の深まりで見ると、1914年（大正3）8月に、熊本の"小堀流踏水術稽古場"主催で企画された「熊本県長洲港燈台前から島原市猛島海岸までの二十浬」（『65年誌』、70頁）の、"有明海横断遠泳"への参加案内状が届いたことがありました。結果的には、熊本と別行動となり、実質的には横断遠泳は失敗でしたが、一つの刺激を受けています。その備忘録ともいえる随想録「有明海　遠游横断記」が、「X・Y・Z生」のペンネームで、同年8月23日付から同年12月24日付に34回に亘って掲載されています。協会は、その刺激を1916年（大正5）8月、協会単独で第2回を企画して、競泳とも言える遠泳で成功しています。この成功は、『東洋日の出新聞』同年8月17日付「六時間で有明湾横断」（3面）との見出しで報じられています。この"有明海横断遠泳"は、3回目もありました。1964年（昭和39）7月、第18回オリンピック東京大会開催に因んで「オリンピック東京大会記念有明海横断遠泳」の申し出が熊本の「小堀流肥後踏水会」からあって協会も参加を表明、しかし、天候の影響もあって熊本隊は中止[*118]、結局は協会単独の遠泳挙行となりましたが成功しています（『65年誌』160-164頁、指揮者及び参加者名簿は『追想録』250頁収録）。なお、小堀流では、『踏水訣』（前出）に「一　遠《とお》およぎの事」とその心得が述べられており、同書が著された1756年（宝暦6）以前より、遠泳が行われていたと考えられています。

協会は、1926年（大正15）に25周年記念行事を執り行いました。この行事には、猿木宗那師範の子息猿木真寿夫夫妻が参加し、田中直治に『踏水之巻』の伝位授与をしています。その時の伝授者署名は小堀平七であったとのことです(『65年誌』、114頁)。小堀平七は、猿木宗那の実弟で、1892年(明治25)学習院で教鞭も執り、前年の1891年(明治24)より游泳教師を長期間に亘って委嘱されるなど、1913年(大正2)に第7代小堀流師範を継承した人物です(『研究会資料・小堀流』、12頁)。これも熊本の師範家との繋がりの深さを示す事例と言えることでしょう。小堀流師範からの伝位授与は、その後も行われています。

現在の小堀流伝位は、小堀流中興の祖、藩制時代最後の師範(師範:1839年-1871年)であった、第5代師範小堀清左衛門闊芳(後に名を改め「水翁」)が整えたものに基づいています(『研究会資料・小堀流』、9-11頁)。その中で、協会の年表に従うと、最上伝位『忘水之巻』の允許相伝を受けたのは、1948年(昭和23)田中直治(追贈)、1993年(平成5)田中直一がいます。最近年では、2002年(平成14)、協会創立100年周年記念の年、浅岡泰彦、八田寛に『踏水術目録』が授けられています。

更に、『65年誌』には、「協会が学習院に教師を派遣したのは、昭和六年の藤山綱雄[*119]が最初となっている。この教師派遣は、学習院の師範をつとめる東京の小堀流本家の招聘によるものであった。」(135頁)とあり、小堀平七に依る招聘であったことと、海で実施している協会の小堀流泳法の指導者育成に対する信頼でもあったと思われます。その後期間をおいてではありますが、協会から学習院への教師派遣が暫く(1935-1939・1941年)ありました。

また、協会は戦前に教師派遣依頼を受け、鎮守府、学校、游泳場或いは団体などに出向いての協会指導者による小堀流泳法の伝承も行ってきました(『研究会資料・長崎』、31頁ほか)。『東洋日の出新聞』の記事では、1910年(明治43)7月18日付(2面)に壱岐中学分校と五島中学に協会から「岡本栄二郎」[*120]が派遣されたのが最初で、小堀流泳法の伝承をしたと考えられます。

協会と小堀流との信頼関係の現れとして、先に触れました1941年(昭和16)に、『游泳教範』を復刻して、『記念游泳教範』を発刊することへの承諾もその一つと言えます。この復刻された『記念游泳教範』の巻末には、田中直治が「小堀流踏水術　游泳教範頒布に就いて」(1941年(昭和16)識、69-71頁)と題して、手元の同書原本が行方不明で、謄写頒布したものも不鮮明の状態であったが、唯一冊のみ猿木真寿夫家にあったものを貸与の上に頒布の了承が得られたと、経過を語り述べています。

協会と小堀流との交流において、現在、熊本での先師祭へは、協会からほぼ毎年参加しています。現在、毎年行われている先師祭は、第6代師範猿木宗那『游泳諸控』(前出)に1892年(明治25)7月6日稽古場にての協議で「一 一ヶ年に度先師祭執行する事。」[*121]とあり、先師祭を毎年小堀流の行事とした初めと考えられます。協会の参加が戦前の何時から始まったのかそれとも継続ではなかったのかは不明ですが、『65年誌』に「私も年代ははっきりと覚えないが、田中先生に連れられて、先生の実弟田中仙之助や日下部貞彦、それから佐藤というのと一緒に、猿木庵を訪ねたことがある。たしか、先師祭のときであった。」(42-43頁)とあり、先師祭の時に熊本へ出向いて入門したことが佐野太郎協会師範の話として掲載されています。これも双方との関係を示す話としては、意味のある行動と思えます。同時に戦後、熊本の小堀流に入門したことは、『65年誌』に「昭和二十八年、十七歳の熊井嘉明を始め、石橋三郎、野口静雄ほか一名は、田中仙之助主任師範に引率されて熊本に赴き、小堀流宗家に入門した。宗家は第八代の城義核で、戦後初めての入門であった。」(152頁)とありますが、入門しての修練を受けることでなくとも熊本に赴いて先師祭に参加することも協会にとっては研修の機会となっていることでしょう。また、現在、同門の京都踏水会も学習院も、この行事に参加していて、門下の団体間交流にもなっています。最近年では、2021年(令和3)8月の先師祭には、協会から主任師範多比良裕之、浅岡泰彦教士、三浦結衣助教の3人が出席して、式泳による奉納でも浅岡泰彦が抜手游、三浦結衣が御前游と酒呑游を演じています。

協会では、明治期に熊本から主任師範を招聘して指導を仰いだことがありましたが、1971年（昭和46）8月に、小堀流第10第師範猿木恭経を招聘して指導を受けています（『追想録』、65頁）。1989年（平成元）12月には、現在の小堀流第11代師範古閑忠夫を招聘して研修会を開催しています（『追想録』、192頁）。その後も古閑忠夫師範に依る研修会が何度も行われてきています。小堀流の泳法を継承していく上で、本流の師範から直接指導を受けられることは、正統な泳法を知り学ぶ機会として、大切な事だと理解できます。

協会と小堀流との協力関係として見ると、戦前にもありましたが協会の記念行事に小堀流歴代師範の臨席を得たり、演技の披露があったり、記念誌に祝辞文が寄せられたりなどがありました。この関係に当たることですが、1999年（平成11）9月の〈第54回国民体育大会,くまもと未来国体,〉では、「「小堀流踏水会」の招聘により、支援参加」（『追想録』221頁）を果たし、協会側が協力しています。

両者の接点と関係は、ここに取り上げたことに留まらず、これまでに多くの接触機会を持ち、両者間に親密な意識が深まり、今日まで関係を維持継続してきたと推察します。

小堀流と協会の関係は、伝授者側と伝習者側という立場で、伝承文化の構造から見ると変えようのないことですが、伝承の継承という意味では協同的な関係性無くして継続は成り立ちません。謂わば、時に共助扶助的な意識が働いてきたことでしょう。

前述のように、小堀流の泳法に魅力を感じている論者ですが、現在の協会にとっては創立2年目に運よく小堀流との機縁が得られたことと、協会員の熱意や時勢に応じた対応力が継続を促したのではないかと思っています。その上、地域の理解も大きな後ろ盾となり、小堀流の伝承地としては、一大拠点と言えるほどの発展を遂げたのでしょう。

それは取りも直さず、小堀流の伝承に魅力を感じながら、協会創設時の理念「水難事故防止」の具現化とも一致していたからであったと考えます。勿論、どの伝承泳法の流派においても「水難事故防止」に関しては強く意識して、伝承活動を実施してきたことに違いはありません。しかし、それぞれの表現の方法や技術としての泳法などに違いがあることの中、協会にとっては、小堀流泳法の伝承を中心として、継承・継続することに意義を見出したと捉えられます。

Ⅳ．長崎游泳協会の存続における対応と継承について
―その1　競技水泳との関わりの中で―

ここまででは、創立までの経緯について、創立から水泳教育の展開の実態について、当初の'水府流太田派'中心から熊本から招聘した協会主任師範に依る'小堀流'の泳法の伝承が始まったことについて、それを契機として初年次協会の初段取得会員田中直治が同流を本流で直接修業し伝書を伝授されたことについて、当人の熱心さと技量から協会初の会員からの師範が出現したことについて、さらに田中直治が協会主任師範になったことについて述べ進めてきました。田中直治の出現は、協会が熊本より小堀流の指導者を招聘することから、協会会員から育成した人物を主任師範に選出することの契機となり、謂わば、協会が自立した指導者体制を持った団体への道を開いたことでもありました。また同時に、田中直治が創立時の指導課程を改めて、小堀流主体の『田中教範』を設定しています。それ以来、協会は、小堀流の伝承を基軸とした水泳教育を継承する団体として存続しています。

その存続には、時代や社会の変化、災害や環境問題の発生、協会外への発信、協会の継続的な取り組み、伝承泳法の継承と課題、伝承文化と地域文化への意識など、１２０年の長い期間には当然にして、様々な状況と出来事に対応しつつ伝承を継承してきたと推測します。

それは、協会創立以来の「水難事故防止」＝「市民皆泳」を第一とした理念の重心を外すことなく、同時に小堀流泳法に見出した魅力と実践力を伝承しつつ、先人への想いも大切にしての存続であったとことが考えられます。

その存続について、伝承泳法研究という論者の視点から、協会の存続の経過を顧みる中で、外部事情から並びに内部事情から起きた出来事の意味について考究したいと思います。

なお、紙面と構成の都合から、以下2つの論に分けて探る事にしました。

当論Ⅳ．「―その1―」では、競技水泳の発展が、協会の水泳教育にまで入り込み影響を与えて来た状況について特化した事象と捉えて述べ、次論Ⅴ．「―その2―」では、協会が継承して伝統と化してきた事柄と反面その都度対処が求められた事柄、継続を維持するために選んだ方策など、今日までの中から存続に関わったと考える事柄を取り上げて述べたいと思います。

1．伝承泳法を用いての競泳

協会の競技水泳に対する姿勢は、内部での競泳会を積極的に催して恒例行事化させていくことに繋がり、自ら主催する競技会の開催に、さらには選手を引率しての遠征へと発展させています。

それは、やがて全国的に競泳が盛んとなってきた時勢に、協会の名を知らしめる程の時代を築く後押しとなったと考えます。

その中で、伝承泳法を用いて速さを競うことを軸に、協会内で独自の研究と工夫をして対応した時期がありました。

（1）協会内で開始された競泳会

協会創立年の情報として、競泳会が開催されたとする資料には出会っていません。しかし、競泳会が創立年から行われていた憶測を捨てられません。前論Ⅱ．3．（3）で触れたように、宇田川五郎の置き土産の可能性があるからです。

協会創立の2年目、1904年（明治37）の『東洋日の出新聞』8月8日付では「昨日の鼠島　瓊浦游泳協会にては日々に入会者を増加し　…　競泳会の催しありて」（3面、傍線加筆）と着順による競争形式の会が催され、同紙同年9月13日付「瓊浦游泳協会閉会式　…　各組男女の競泳を手初めとし」（2面、傍線加筆）とあり、50ヤード、150ヤード、400

ヤード、８００ヤードの各１着から３着までの入賞者記録の掲載があり、さらに、閉会式後にも拘わらず熱心さから、閉会を延期して、同９月20日付に「本期最後の游泳協会」（３面）では、閉会式で余興として、指導課程の泳法などで着順を競う催しも行っています。資料上では、これが最初の競泳会の記録と考えられます。そして、この時の記事の内容から、水泳教育や伝承泳法の継承から考えると、余興的行事であったと考えられます。つまり、水泳教育と伝承泳法の習得成果を発表する場でもあった催しが、すべて新聞予告がなされ、賞品付きで競技が行われたことです。見方を変えると、競技する者の意欲を誘い、同時に地域での協会の活動に関心と理解を誘うなど、有効な活用法として実施されたと考えます。

なお、特に競泳が余興的で有効に活用されたと考えるのは、大袈裟かもしれませんが、本来人間は遊び的な要素として「競う」ことを好み、[*122]「競争心」「闘争心」に繋がる感覚は謂わば、本能的でさえあることで、競う人にも見る人にも興味を唆《そそ》ったと考えるからです。

この時代に、協会が年に数度も競泳会を催し、競泳単独であったり外国との対抗の競泳会も行っていたことは、明治後期の水泳教育にあって、先進的なことであったとも推測しています。それは、同時に学ぶ側に、競泳を意識させることで、練習意欲を促したとも考えられます。

協会内の競泳会は、恒例化された年中行事として、長く実施されてきたと考えています。なお、『東洋日の出新聞』の紙面からは、協会が関わった競泳として、紙面現存の１９２４年（大正13）まで報道がありました。

（２）伝承泳法が「速泳《はやおよぎ》」（或いは「急速泳法」）だった頃

協会が、対外活動として競泳を推進してきたことは、次の項で述べますが、その協会の動きを理解する前提として、我が国において、伝承泳法が競泳の最速泳法として用いられた時代について、振り返っておきたいと思います。なお、西洋泳法クロールが、速泳（最速泳法）として主力技法となる前の期間を、１９１９年（大正８）までと区切って述べます。

なお、以下、「伝承泳法」については、「まえがき」でも述べましたが、日本で明治以降水泳の流派として伝承されてきたすべての流派の泳法を指し、「西洋泳法」は外国で発祥発達してきた泳法で主に競泳のために変化進展してきた泳法として、「外国泳法」と同義とし、その中で競泳競技に特定して用いられた泳法を「競技泳法」と表記しました。

幕藩時代、徒士の水泳において「競《せ》り水《みず》」と称して、速さを競い合う方法が伝承泳法の修得課程で行われてきたことは前論Ⅱ．３．（３）で述べました。

この時代の伝承泳法は、確かに「水術」として水中で闘うことも含めた生存のための武術でしたが、それでいて修得の中で求められたのは、状況対応能力の養成でもあったと考えます。

それは、廃藩置県以後の水泳教育が普及される中でも、社会教育の場としての水泳場でも、学校教育の場で水難事故防止が目的とされる事になっても、前出の『日本游泳術』に示された様に変わらない修練目標であったことです。

つまり、「速さ」を目的とせず、技術修練による状況対応力を身に付ける事が重視されてきました。

この状況を示すことと考えた時、１９００年（明治33）に発刊された『日本游泳術』（前出）は、幕府講武所で「水泳世話手伝」経験を持ち１８９２年（明治25）に逝去した太田捨蔵の遺稿から編纂されたものですが、同書の中で「第三章　応用遊戯」「第二節　諸遊戯」の中で「第三　競游《せりみず》　逆潮《うはぜり》　逆流《うはぜり》」（１６５頁）が取り上げられ、泳力向上の手法であり試験方法として「競う」「流れに逆らう」が示されています。

推測ですが、明治初期に隅田川に水泳場が開設されて以来、このような方法が、各水泳場でも行われていた可能性を感じます。

その様子を見てからなのか、『読売新聞』の１８８５年（明治18）９月３日付に「海水浴流行　昔しは神仏にも流行廃りが有り今は養生法にも一時の流行が有りて　…　内田町海岸衛生会員の水泳場の傍らへ設けし荒川《ママ》氏の水泳場は日々数百人の水泳者あり皆々申し合わせて此ごろでは泳ぎの競争を始め勝と得ざる者には七寶焼の花瓶真葛焼の茶器など種々の景物を持ち寄りて」（2面）、1887年（明治20）8月16日付「水練競争会　横浜内田町の海岸なる水練場にて…　水泳の競争会を開き勝を得し者へは夫々賞品を与えるとの事」（2面）と横浜での余興としての競泳（勝負）があり、賞品の贈与が見られます。さらに同紙の1897年（明治30）7月31日付「妓楼の懸賞游泳　深川区洲崎の遊廓大八幡楼にては先年楼内に海水を引きて海水浴場を設けたるが去る二十八日は恰も創設五週《ママ》年に相当するを以って盛なる祝宴を開き余興に泳ぎ競べわなして勝者には褒美を与える事となし」（4面）と、東京で水泳場でないと思われる場所と人員に依る余興に競泳があったことが窺えます。これは、水泳場の余興が広く認知されたことの一例とも見えます。

　隅田川での水泳場の競泳を想起させる例として、前論Ⅱ．3．(3)で示した1896年（明治29）大日本武徳会游泳部で「講習生の父兄を招待して競泳大会が催され」「競泳」「渦泳」「西瓜取り」が実施されこともその一例と考えられます（『踏水会六十年史』、7-8頁）。何故ならば、この年の同游泳部の教師が、隅田川で水泳場を構えていた大竹森吉であったことから推測されます。しかし、これも余興的で、水泳教育の一環として実施されたと捉えられます。

　では、「速さ」を意識して競うことに強い関心を持ち、特化した技術の修練が始まったのは何時頃か、と考えた時、速さのみを競う競技会の出現との関りが推測されます。であれば、明治後期に入ってからのことであると捉えられます。

　具体的には、前述した1898年（明治31）に、協会最初の主任師範宇田川五郎も関与した水府流太田派の教場と横浜外人のアマチュア・ローイングクラブとの第1回目の国際対抗試合が契機であったと考えます。それは、一定距離のタイムを計って競う競技大会形式の最初で、翌年（1899年）にも同対抗試合の第2回目が開催され、更に翌々年（1900年）には、水府流太田派道場が隅田川界隈の水泳場に呼び掛けて〈各派連合水上競技会〉が開催されています。

『水連四十年史』には、「横浜外人と2回にわたる国際競技の刺激により、明治33年には、水府流太田派で、各流連合水上競技会というのを催し、50ヤードから880ヤードまでのレースを行なっている。それ以後、各流派の道場や学校水泳部が大会を開くような機会には、競泳をプログラムに加えるようになったらしい。」(11頁)と述べています。記述の論調からすると、そのような傾向にあったこと示していますが、何時頃で修練課程にどの様に反映されたのかは不明です。また、この論理の中では、競泳単独の競技会でもなく依然団体組織内が主体の実態であったと推測されます。

この当時の水府流太田派では、競泳に対する強化策が意識的に始まっていたようで、同流第4代師範本田存によると「当時の競泳の練習法だが、今と違って何でもかんでもセリ水(流れに逆らって泳ぐこと)だ、それも干潮時を特に選んでの上ゼリだから、ずい分とつらい、短距離には　…(小抜手略体)が最大の武器で、向う河岸(深川)まで皆(小抜手略体)で行ったり、または二重伸《のし》で何回で行くかなど試みたものである。」(括弧内加筆及び表現変更)と回顧しています。[*123]つまり、この当時は、伝承泳法を用いて競泳能力を強化することが主体でした。

『日本游泳術』(前出)に「(二)遠距離に急行せんとするには、静水、流水に関せず、一重伸、二重伸或は抜手伸、継手伸を良しとす。殊に一重伸、二重伸を最も良しとす。(三)近距離の所に行かんとするに、火急を要する場合には、小抜手、片抜手、大抜手を最も可とす。小抜手、片抜手は殊に激烈にして迅速なり。」(176頁)と状況と用途による泳法が示されています。

『日本水泳史』(1960)の著者石川芳雄は、上記の水府流太田派とアマチュア・ローイングクラブの第2回国際対抗試合での行われた雑誌記事[*124]から「文中外人の泳法について書いてないが、トラジオンかクロウル《ママ》に近いものであったろうと想像される。邦人の泳法中、片抜手、諸抜手とあるは太田派の片抜手、小抜手、或は早抜手・二段展、横展《のし》は二重伸、一重伸であろうと思われる。」(121頁)と分析しています。この時は、日本側の勝利であったことから、西洋人の泳ぎよりも水府流太田派の泳法が勝っていると感じたことでしょう。しかし、着順だけでなく、タイムを計って速さを競う競技水泳への芽生えとしては、十分であったと考えられます。

その動きの中で、水泳競技として実施されたのが、長距離の競技会でした。新聞社開催の競技会として前述しましたが、陸上競技においては既に1901年（明治34）長距離走の競技会が催されていました。これも先に紹介していますが、1905年（明治38）大阪毎日新聞社主催〈海上十哩《マイル》競泳〉や1908年（明治41）の報知新聞社主催〈五哩競泳〉、同年の河北新聞主催〈松島湾大競泳会〉など、長距離の競泳大会が実施されています。

この1905年（明治38）の〈海上十哩競泳〉で優勝した水府流太田派の杉村陽太郎は、「一重伸」で泳ぎ通しています。[*125]

『水連四十年史』には、徐々に競泳への関心と動向の高まりを、「明治39年には、一高、東京高師が中心になり、房州北条で関東連合大会をはじめた。」（13頁）と示し、この大会が水泳術（伝承泳法）の比較と研究を目的としていたことが述べられています。

着順とタイムを競うことの比較評価に関心が持たれた競技会が、1911年（明治44）に時事新報社主催で〈速力検定水泳大会〉と名打って開催されています。海上で波や障害物が無い設営をした静水でのタイムレース形式で、決勝レースは行わず、タイム計測のみで順位を競う方式が採用されました。その後、各地にも広がったようです。[*126]

然しながら、明治時代は、伝承泳法の範囲で競泳が行われていて、競泳のみの競技会も一般的でなく、未だ形式としては混沌としていて、競技規則や種目の設定も欧米とは異なっていたようです。

この状況から、我国での競技の形式に大きな変化を与えたのは、「大正時代に入って我が競泳界に一大警鐘が乱打され、競泳の形式に、内容に大きな革命を与えたものは、実に極東大会の誕生である。…　極東大会は北米合衆国の領土たる比律賓《フィリピン》から提議されたものであって、同地競技界がアメリカの競技制度を踏襲して競泳種目に自由形競技の他、背泳と平泳とを混《こん》じてをり、欧米諸国の競泳大会の形式を具備していたため、この極東大会によって初めて我が水泳界が現在の競泳らしい競泳の知識を植えつけられたといっても過言でない。[127]」と、日本水泳史の研究者でもある木村象《しょう》雷[128]は捉えています。

この極東大会に、日本の水泳選手が参加したのは、1915年（大正4）〈第2回東洋オリンピック〉（第3回大会から〈極東選手権競技大会〉と改称）からですが、この大会参加のための予選会として、前年の1914年（大正3）に大日本体育協会主催で、〈第1回全国水泳大会〉を開催しています。種目は、100m、200m、800m、400mリレーの「自由形」のみでした。

この「自由型」とは、現在と同様で、どのような泳法で泳いでも可能とする種目名です。因みに余談ですが「自由型」は、1896年（明治29）〈第1回オリンピックアテネ大会〉以降採用された自由な泳法で速さを競った水泳競技、種目名「自由形」のことです。当初「平泳」主体で速さを競ったことに始まり、横泳ぎも登場しましたが、種目に至らず、新しく登場した「背泳」が独立種目に（1900年）、そして「クロール」の登場によって伝統ある「平泳」が独立（1904年）種目に、その後、最速泳法として「クロール」が「自由形」の主体となっていった経緯があります。

我が国では、1916年（大正5）の〈第3回全国水泳大会〉から、「背泳」と「平泳」が、競技種目として行われる様になりました。これは、翌年の第3回〈極東選手権競技大会〉で採用される種目に対応して、国内予選会でも実施されたのでした。協会では、1917年（大正6）、8月11日から3日間主催した、長崎游泳協会創立15周年記念〈九州游泳大会〉に「背泳」「平泳」（＝胸泳）を種目として採用しています。既に、協会ではその練習も行われていたと考えます。

全国的には、「背泳」はまだ馴染の薄い泳法で、「平泳」は関西の伝承泳法に近い感覚で見られていたようです。

その「背泳」は、「大正六年頃此の泳ぎで早かった日本の選手は皆脚は蛙又《ママ》で腕は両方同時に水を掻いて居た。大正十年　…　此とき予選で極東の記録を作った入谷唯一郎君が近来用いられて居るバック、クロールで泳いだのだ[129]」との技術変化の経過があったようです。

また、全国的な競泳界の展開の一つに、１９１３年（大正２）に開かれた〈第1回東洋オリンピック〉に刺激を受けて、同年、大阪毎日新聞社が浜寺水練場に「愛知一中の選手を中心として桃山中学、北野中学、大阪商業、堺中学、明星商業、金光中学、三重県三中の選手等」の各校に呼び掛け、当時の中等学校の競泳大会が開催されています。この成果に勢いを得て、翌年（１９１４年）も〈関西中等学校競泳大会〉を開催し、さらに１９１５年（大正４）からは、第1回の〈全国中等学校競泳大会〉と改めて、「競泳の種類は百メートル、二百メートル、八百メートル及び三千メートル責任競泳とし三千メートルの優勝者出した学校に対しては本社から優勝旗を贈ることにした。」と学校対抗として優勝旗を競う大会となり、継続されました。なお、１９１８年（大正７）の第４回大会では、長崎中学校が優勝旗を手にしています。[*130]

このように、欧米のタイムを競う形式が導入されました。それは、外国との比較競争が認識されることにもなり、それでいて我が国の伝承泳法が、競技力の上で優位な技術であるとして活用され、展開された時代でもありました。

それを、１９１９年（大正８）までで言えば、１９１５年（大正４）開催〈第2回東洋オリンピック〉から１９１９年（大正８）開催〈第４回極東選手権競技大会〉までの自由形種目に見ることができます。この時、いずれの大会でも日本選手の優勝者が出ています。この優勝者が、伝承泳法の活用範囲にあったことを、『スポーツ八十年史』（前出）には、「大正八年……この頃までの代表的選手の技術は大体に於て我が古式泳法の片抜手一重伸《のし》、小抜手、（小抜手略体）を主体として部分的にクロールをあしらう程度であった。」（１７７頁、括弧内加筆及び表現変更）と述べられています。

つまり、この当時の競泳では、伝承泳法から活用した、横泳ぎ系で扇足を用いた「片抜手一重伸」、体を伏せて腕を左右交互に抜き小さな扇足やバタ足を用いた「小抜手」の類で泳がれていたようです。

（3）この期の協会と競泳による対外的活動について

伝承泳法と競泳との関わりの経過について、話が随分と長くなりました。しかし、協会の活動が、この流れの中で対応を求められ、競技水泳の形式や泳法の変化も意識してきたと考えておかなければなりません。

この時期の協会と競泳に関わる対外的活動に、その一面が見られると考えて、概要的な形で列記をしてみました。

①1908年（明治41）、8月23日、協会は、〈九州競泳大会〉を鼠島で、企画開催しています。協会各組の競泳の他、外部を交えての「二哩」の競泳が行われたようで、『東洋日の出新聞』同年8月25日付の「競泳大会受賞者」に記事（3面）が載せられています。その部分だけを見ますと、集まった地域から八代、長崎、久留米、五高（現、熊本大学）の学生が参加したようです。この大会が、内部での競泳大会の経験を踏まえてなのか、小堀流の修練が進んで泳力の充実が見られたのか、話題性を求めてなのかは分かりませんが、協会近隣の地域も交えての競技会は、九州でも画期的な事であったと考えられます。

なお、大分県臼杵の山内流では、1903年（明治36）「9月、県下で初めて水泳競技大会を開いている。[*131]」ようです。

②1909年（明治42）、8月22日、長崎に入港したドイツ艦隊から申し込みがあって、協会と隊員との間で競泳大会を行っています。詳しくは、『東洋日の出新聞』同年8月23日付「鼠島の内外人競泳」（3面）に詳しく報じられていますが、協会の圧勝でした。この年9月12日、イギリス艦隊に申し込んで競泳をしています。『65年誌』では、「協会の一方的な勝利に終わった。」（48頁）とあり、見物人が少なかったことを取り上げています。

なお、浜寺水練学校（当時、大阪毎日新聞社浜寺水練場）でも、「国際競泳　明治四十四年八月二十日浜寺海水浴場で挙行された悲壮な歴史を残したものである。当日外国側の選手は神戸居留地外人団（英、米、独連合軍）と我浜寺水練場の選手であった[*132]」と、競泳が行われています。外国人との競泳に依る交流は、他にもあった可能性がありますが、外国人との競泳による交流では、西洋泳法を目の当たりにする機会でもあったと思います。

③1913年（大正2）、8月16、17日、熊本の三角游泳協会が主催する〈九州競泳大会〉に、田中直治主任師範引率で遠征参加をしています。競技は、「短距離」「一浬《マイル》半」「長距離（三浬《マイル》）」の競泳が行われ、各競技上位を協会選手が占めました。この時、目立った活躍に「今村 豊」*133、続いて「八村寛《ママ》（貫）一」*134（括弧内加筆）がいました。この競技会では、演技披露もありました。詳しくは、『東洋日の出新聞』同年8月20日付「遠征健児の大勝　各地の選手顔色無し」（3面）で報じられています。ただ、記事の「各地」とは、長崎、熊本以外には、判明していません。

④1914年（大正3）、7月21日付『東洋日の出新聞』に「東洋オリム《ママ》ピックと長崎游泳協会」（3面）と題する記事が載っています。前論Ⅰ・4・(2)・⑷で、西郷四郎と嘉納治五郎との関係で触れましたが、同年秋に開催予定の第2回東洋オリンピックが上海で開催されるにあたって、上海より来日の同大会委員長ホワード・クロッカーが、帰路の同年7月20日に嘉納治五郎の紹介があって協会監督の西郷四郎を訪ね、協会より10人を同大会水泳競技に出場を認める旨の話がありました。大会自身は第一次世界大戦勃発のため中止となりましたが、単なる紹介による推薦話とも受け取れますが、九州での協会の競泳における活動が評価されたとも考えられます。

⑤1915年（大正4）、8月22日大阪毎日新聞社主催、浜寺海水浴開始十年記念〈第2回海上十哩競泳大会〉が開催されました。この大会は「東は東京横浜より西は山陰、山陽、四国、九州に至るまで　…　締切までに総数百七十七名に達し殆ど我国水泳界の各流、各水泳場、各武徳会支部、各学校水泳場等を網羅し」*135と全国大会でした。協会からは、田中直治主任師範を監督として、5人を派遣しています。同月15日に予選会が行われ、2着の今村豊と11着の八牧貫一は、本戦進出の20人に残りました。結果としては、今村豊が7着となり、八牧貫一は途中棄権しています。この大会が、協会からの全国大会初参加でした。なお、この大会には、1915年（大正4）5月〈第2回東洋オリンピック〉

（於、上海）で自由形４種目に優勝した鵜飼弥三郎（予選１着、本戦途中棄権）など、水泳界でその後も活躍した選手も多く参加していました。協会の今村豊が、１７７人（実質１５５人参加）中予選２着、本戦７着であったことは、選手として競技レベルの高さを示したと言えることでしょう。

⑥１９１６年（大正５）、８月17日付『東洋日の出新聞』に「七選手の出発」（３面）と題して、大阪浜寺海水浴で開催される同年８月20日の〈第３回極東選手権競技大会水上競技〉予選大会（関西予選）と同所で翌日21日（月）に催される〈第２回全国中等学校競泳大会〉に遠征のため[*136]、協会から藤野監督と７選手が出発した記事が掲載されています。同紙８月23日付「予選大会結果　今村、加納両君入選」（３面）と、予選大会では良好な成績を残し２人が候補選手となったとあります。なお、詳しい個々の記録は、『濱寺海水浴二十周年史』（前出、１７５-１７９頁）に見ることができました。また、〈全国中等学校競泳大会〉に出場しましたが、協会の選手は３位内に食い込めなかったようです。

⑦１９１６年（大正５）、９月８日に開催された〈極東体育協会選手予選大会游泳会〉[*137]（於、東京赤羽）に協会から出場した選手の結果が『東洋日の出新聞』９月12日付「長崎選手の成績」（３面）に掲載され、協会から岡部經《つね》夫[*138]と山本三二[*139]の２人が参加したことを記載しています。『65年誌』には、「九月十二日、東京の赤羽製麻会社[*140]貯水池で開かれた極東オリンピック游《ママ》泳予選大会に八牧貫一、岡部経夫（共に長中）が参加」（85頁）とあります。

なお、最終的に代表32人の中に、協会から今村豊（４４０ヤード、１哩《マイル》）、八村寛一（８８０ヤード）が選出されています。

⑧１９１７年（大正６）、５月〈第３回極東選手権競技大会水上競技〉（於、東京芝浦）が開催され、全種目を日本が制覇した中で、協会から出場した今村豊は１哩で優勝、八牧貫一は８８０ヤードで２位の成績を残しています。協会が、極東の国際大会で活躍できる選手を輩出したことは、協会にとっても地域にとっても誉であり快挙と評されたことは推測できます。

記念絵葉書「九州游泳大会女子競游」

⑨１９１７年（大正６）、８月３日、日本海海戦記念会主催〈競泳大会〉（於、福岡市外箱崎）に協会から、田中直治主任師範と宇田川五郎名誉師範が監督となって、協会の小学生から今村豊や八村貫一らの大学生まで、合計31人を送り込んでいます。その結果は、『東洋日の出新聞』８月４日付「大勝せる長崎選手」（３面）の記事に詳しく、見出し標題の如くで、ほとんどの競泳種目で上位を占めたことが報告されています。

⑩１９１７年（大正６）、８月11日から同13日の３日間、長崎游泳協会創立15周年記念の協会主催〈九州游泳大会〉が開催されました。この時、女子部大会もありました。『65年誌』に「参加は、郁文、平戸、島原、佐賀の各中学、市内諸中学、長崎師範、矢上支部、大村協会、長崎高商など」（89頁）、『東洋日の出新聞』同年８月８日付「九州大会　其後申込六名　…　其後平戸猶興館より四名天草より一名大分県臼杵より一名の申込ありしと尚福岡県よりも数名の参加者ある筈なり」（３面）、さらに、同紙８月11日付では、「本日予選　鼠島九州大会　…　外国選手参加」（３面）とあり、停泊中のイタリア、アメリカの停泊軍艦、フランス水兵にも参加を呼び掛けています。大会に関連した同紙での記事は、８月７日から８月16日まで、毎日掲載されました。この大会でも、協会が圧倒的で、その当時の日本のトップレコードに迫る記録や「百碼《ヤード》游《およ》ぎに於ては持永義崇君（長中）は一分十九秒にて見事に東洋のレコードを破り」[*141]（８月13日付３面）とあり、盛況で、競技レベルの高い大会であったことが窺えます。

⑪１９１８年（大正７）、８月４日、大阪毎日新聞社主催〈第４回全国中等学校競泳大会〉に参加しています。ただ、こ

の大会では、協会所属ではなく、各中等学校名を以っての参加であったけれども、『東洋日の出新聞』同年8月2日付「全国競泳大会　長崎選手参加　…　各中等学校は游泳部の選手を選抜し続々浜寺に向いつつあるが長崎各校の生徒は何れも游泳協会に入会し居るを以て万事協会に一任しあれば協会は一昨夜左記六名を選び田中主任師範田中（兼）教士引率して」（3面）とあります。当時、長崎の中等学校には、水泳部が創部されていなかったよう[*142]で、協会が長崎中学校、東山中学校、長崎商業学校の各校に校名使用の了解を得て、指導者を随伴させて派遣したと推察します。結果は、同紙8月6日付「連勝せる長崎選手　＝浜寺全国中等学校競泳大会＝　名誉の優勝旗長崎中学」（3面）と報じられました。この時、長崎商業の西村太郎[*143]、同じく浦川力[*144]、長崎中学校の今村榮三[*145]、同じく持永義崇で、それぞれ出場した種目で優勝し、長崎中学校の2人は3，000m責任リレーで1着となり栄誉と優勝旗を持ち帰っています。

⑫1918年（大正7）、8月31日、大阪の鳴尾運動場内水溜りで開催の〈第4回全国水泳競技大会〉に協会から8選手が出場しています。『65年誌』には、「八月三十一日、大阪鳴尾グランド水泳場で開かれる、大日本体育会西部支部主催の全国水泳競技大会である。この大会は、翌年のオリンピック大会選手権にあたるものと見られていた。協会は役員会で、とりあえず選手の選考だけを決めた。参加はしたし金はなしだったのである。」（94頁）とあり、当初今村豊教士が監督を兼ね選手のみの参加でしたが、『東洋日の出新聞』同年8月29日付に「遠征八選手　…　種々の不便あるを以て水谷教士[*146]付添い行く事となり」（3面）と協会の配慮が見えます。大会の結果は、同紙9月3日付に「気を吐いた長崎選手　…　本大会に依って游泳は東西の両端なる房総（…）と我長崎に於て覇を握りたるの感ありし」（3面）とあるように、優勝したのは100m背泳で日本記録を出した持永義崇だけでしたが、各種目で、上位を競う活躍を見せています。従って、優勝は、関東の選手が大半を占めました。その状況の中、翌日の同紙に「長崎の競游法は　時代後れ」（3面）との見出し記事が出て、協会選手の泳法に対する関東勢の批評の声が記載されました。詳細は、後述します

が、それは奮起に値する声として受け止められたと考えています。

⑬1919年（大正8）、7月30日大阪毎日新聞社主催〈第5回全国中等学校競泳大会〉に、長崎中学校、東山中学校、長崎商業学校の学校代表選手各2人に加えて、個人の参加選手として長崎中学、東山中学、海星中学、三菱工業学校の各1人の協会会員を、田中直治主任師範と助教1人が引率者として遠征しています。この遠征は、『東洋日の出新聞』同年6月19日付「設備成れる　鼠島游泳　本年度行事」（3面）に、行事予定として取り上げられていました。結果としては、おおよそ長崎と和歌山の中学校の対決状態で、800mは長崎が3着まで独占、優勝旗を競った3000m責任リレーは、和歌山が勝利して、前年と連続しての優勝旗獲得にはなりませんでした。[147]

⑭1919年（大正8）、8月10日協会主催で〈第1回小学校対校《ママ》競游〉が、鼠島で開催されました。基本は、協会内会員による競技会なのですが、学校対抗に意識を向けさせた、協会の競泳への積極的姿勢の延長として取り上げておきます。行事予定としては、前月の20日開催の筈が、コレラの予防などの諸事情で延期されました。同大会では、市内各新聞社より寄贈の優勝旗など支援を受けて、尋常小学校1校20人で、100mと200mに各10人、高等科は4人で400mリレー、の参加選手で、競技が行われました。結果は、『東洋日の出新聞』同年8月12日付「鼠島の小学対校競游　優勝額は勝山＝優勝旗は新町」（3面）に詳しく報じられています。なお、記事内では、「選手の抜手に泡立ちて」（傍線加筆）と、用いられた泳法を表現しています。

⑮1919年（大正8）、8月23日大阪西ノ宮の帝国水友会主催〈第5回全国水泳競技大会〉に、田中兼則[148]教士の付き添いで4選手が遠征しています。この大会は、全国大会とありますが、「大正八年はアントワープオリンピックの前年であるにかかわらず、極東大会脱退に伴う体協に対する不満が後をひいて全国水泳大会も催されず」[149]とあるように、関東からの参加者の無い、関西圏中心の催しでした。この大会では、1種目1団体1人の参加規則などもありましたが、協

会選手参加は、全員3位内入賞、4種目で優勝を果たしています。詳しくは、『東洋日の出新聞』同年8月26日付「長崎大勝」(3面)で報じられました。

このように、協会の選手、協会から育った選手らが、地域で、全国で、国際的競技会で活躍しています。社会的に競技スポーツと同様に、競泳への関心も高まってきた時期でもあり、その活躍と結果は、協会の地域での存在としての、注目度も高めたことが推測されます。

この協会の水泳教育からの発展と展開は、競泳を催しに採り入れて恒常化させ、内的競泳会から対外的な競泳会の主催を行い、全国大会や国際大会が開催され始めると、競泳への社会的関心の高まりに合わせて、団体も個人も、競技会での活躍を目指す方向に動いていったことが読み取れます。

この動向は、協会に限らず、京都踏水会でも、浜寺水練学校でも、他の水泳教育の団体でも、そのことは同様であった時代です。それは、伝承泳法の修得者が、河川や海、池など自然環境の水面において、まだ競泳も指導していたことでもありました。

また、競技水泳の大会が、全国的に展開され始めたことで、学校関係などの遠泳を恒例としていた水泳部も含めて、競泳を目的とした水泳部の活動が増えることに繋がったことは明らかです。

(4)協会の競技泳法

この頃は、未だ競技水泳が、伝承泳法の存在を意識しつつ、活用していた時代でもありました。

それは、例えば、「大正七年の全国中学競泳で長崎游泳協会勢が圧勝したのは、まだ中学までは近代泳法が浸透していなかったから。[*150]」との論評がありますが、それは次の回顧録からも窺えます。

1916年(大正5)から1919年(大正8)年、和歌山中学校の水泳部に所属し、最終学年だった〈第5回全国中等学校競泳大会〉では、優勝も経験した西島猛が、回顧録『泳ぎと私』（非売品）を著しています。そして、その当時の全国中等学校競泳大会の状況を「当時はクロールなんか未だ見た事もない時代で、自由型の泳法は全国各古流競演の観で実に壮快なものだった。即ち、関東地方からの選手は水府流、向井流　名古屋地方では小池流　京都では小堀流　三重県津の観海流　和歌山は岩倉、野島流《ママ》　兵庫芦屋の小池流　津山、倉敷、三次地方の神伝流　四国高松の水任流　九州臼杵の山内流　熊本長崎の小堀流　鹿児島の神伝流《ママ》　と全国各地から集まる選手によるお家芸の争覇戦で、「用意ドン」の号報《ママ》と共に各流派花盛りの壮観を呈したものであった。選手はそれぞれの流儀を基に競泳に適した泳ぎ方を研究使用したものである。」（36-37頁）と述べています。実際に、この競泳大会に参加した出場中等学校の分布を考えると、全国の流派と言うには、学校での水泳部創設事情もあって、もう少し限定されていたと考えます。が、種目の総てが所謂自由型であったことから、当時の競技泳法の一端は、窺い知ることができます。そして、競泳で速く泳ぐために用いられた泳法は、「抜手」の類であったとも考えられます。

　では、協会の選手たちは、どの様な泳法を用いて、競技会で活躍したのでしょうか？

　当時の協会の基本とする泳法が、小堀流であったことから考えると、同流の「早抜游」或いは手を前方に突き出すとき頭部も水に突っ込む「挺身抜游」を変形させたことが考えられます。『東洋日の出新聞』の1918年（大正7）8月8日付に、〈第4回全国中等学校競泳大会〉に参加した「選手感想」（3面）が掲載されていますが、「抜手」や「足の踏方」といった表現が、それを推測させます。

　京都踏水会も協会と同様に、小堀流の泳法を伝承する団体として、同流泳法を競泳に用いていた可能性があります。「当時の競泳はクロール泳法なるものが未だ一般化して居らず、当游泳部に於ても、早抜手、片抜手を以て競泳を行って居った。しかしながら京都に於ての競泳は右に出る者がなかった。」[*151]と、「片抜手」は不明として、推測として「早抜手」＝

「早抜游」であったと考えます。

因みに、この中等学校の大会に参加もして、翌年の1919年(大正8)に優勝旗を手にした西島猛の回顧談『泳ぎと私』(前出)では、「和中水泳部は片抜手をやっていたが、僕が五年になった時連敗を断つ為に、今迄百にだけ使った両抜手を全種目に使う事にして練習した。幸に優勝をなし遂げた。翌年も小野田、池田の両選手両抜手で再び優勝したのである。」(38頁)とあります。これは、同大会の「三千メートル責任リレー」での話です。

前年、この優勝旗を手にした、長崎の影響を受けての変化だったのでしょうか?

憶測としては、全国大会に参加する中で、記録が速く、優れている選手の泳ぎ方や工夫された技術には、刺激を受けたと思われます。それは協会の選手も例外ではなく、自流派の泳ぎと個人において、直接的に意識しない状況であっても、何らかの影響を受けたことは、十分に想像できることでしょう。

(5)協会の競技泳法に向けられた批評

明治末期から競技水泳が盛んとなる中、競泳に夢中となり旧制第一高等学校(現、東京大学、略称「一高」)や東京高等師範学校(現、筑波大学)らの水泳部が中心として競泳の研究が始まったことは、前述しました。それは、大正期に入って、外国泳法も研究対象としていましたが、一高では伝承泳法の蓄積されてきた歴史と優れた泳法を重視して、その工夫や改良によって、速さを競う泳法としての価値がある、と信じて研鑽を重ねています。

1917年(大正6)に、東京神田に完成した室内プールでは、その一高をはじめ関東の大学生たちも集まって、競技水泳に関しての研究を積み重ねてきていました。[*152] 1918年(大正7)にアメリカ留学中の末弘厳《いず》太郎[*153]が、一高水泳部に寄せた手紙で「当地の名手のクロール(小抜手)は、日本のものと変わりがありません。」と表現していることは、伝承泳法の視点から見ていたと考えられます。時期的には、1919年(大正8)までは、伝承泳法からの研究に比重があったため、クロール研究が急激に進む前とも言えます。[154]しかし、当時、クロールを用いた者が、全くなかったわけではありません。ただ、「30-40mを首をつっこんで泳ぐものと思われていた。[155]」と、短距離を泳ぐことはあったようです。

この関東勢が、1918年（大正7）、8月31日、〈第4回全国水泳競技大会〉に出場した協会8選手の泳法に対して、批評を述べたことは、本論Ⅳ.1.(3).⑫で予告しました。

それは、『東洋日の出新聞』1918年（大正7）9月4日付で「長崎の游泳法は　時代後れ」と「選手の感想談」と、協会選手が帰郷しての報告記事（3面）から、じっくりと読み直しながら考えたいと思います。

先ず、時代後れとされた理由ですが、「優勝せざりし協会選手の敗因は先ず関東方の傲然たる態度と其大言壮語に気後れ大分アガッた気味にて十分に伸びざりし嫌《きらい》もあれど最も大なるものは科学的研究の至らざる点なり、関東方即ち東京高等師範の選手連は神田青年会館水泳場に於て総《あら》うる科学的研究を為したる後最上の游泳法を定めたる型を猛烈に練習したるものの如く　…　東京の選手を始め大家は孰《いず》れも長崎選手の游泳法を目して一流の型に拘泥して力を徒費する時代後れとなし『長崎の奴は無茶な泳ぎ方をするなァ』と聞こえよがしに放言せり、彼等は此言を放つだけに実に研究を重ね居り殊に齋藤兼吉[156]選手の如きはクロールに大なる進境を示しスタートの巧妙なる三嘆すべきものありき」（傍線加筆）と、協会選手の泳ぎが、小堀流の型の泳法のままとする批評がありました。それは、水府流太田派や神伝流の手足の動きと比べて、仮に小堀流の動きから競泳としての工夫があったとしても、その印象は、独特のリズムと力の入れ方などを感じての指摘に思えます。

同記事を続けて見てみると、「一般の新傾向としては足は煽る事少なく皆踏足となれり最後に本大会に於て全国に名を挙げたる則末芳三選手は其游泳法体躯余裕其他殆んど游泳の為に生を受けし人の如く」（傍線加筆）とあり、煽り足から踏足への変化と則末芳三[157]について触れています。おそらく、踏足への変化とは「バタ足」と思われます。その上で、この則末芳三選手の泳法について他の資料では、「則末芳三氏が大正七年頃扇足《あおり》の片抜手一重伸《のし》で、作った四百や八百や千五百米の記録は其れ以前に作られた此の距離のレコードの何れよりも勝れて良いもので、其の後日本の競泳界にクロールが入って後も、大正十二年までは此れを破る事が出来なかったものだ。日本の扇足のレコードは此の則末氏を以って最後のものとして」[*158]（傍線加筆）と、伝承泳法であったことが述べられています。

では、この批評を協会の選手たちは、どのように受け止めたのでしょうか。「選手の感想談」を見てみましょう。参加した8人とも、感想を述べています。発言者名を除いて要所のみ並べて見ます。

「此大会にて得たる処は頗る大なれば明年は大いに研究すべし」

「諸君に謝す、科学的研究の如何に必要なるかを深く刻み付けられた」

「常に他の糟粕を嘗め居る感ありよろしく研究の歩を進めざるべからず」

「本田存先生が長崎の游泳法は無茶だと評せし通り我々は勢力を徒費し居るを感ぜり」

「我々は能率を増す研究が足りない殊に抜手に於て……」

「齋藤兼吉選手のスタートの巧妙に驚けるも胸泳に於ては益々自信を得たり」

「他選手の特長を見て得たる所あれば必ず捲土重来すべし」

「我等は関東方に比し一度タッチして復《ま》た返る時に多くの時間を費す欠点あり」

と、気付きを述べています。

しかし、関東勢も、この段階では協会同様、伝承泳法での競泳に否定的ではなかったと受け取れます。問題は、小堀流の抜手での手足の動きについて、競泳により適した変化の研究をする必要性が意識させられた事、その一つとして無駄な動きの工夫などを自覚した事が、大きな反省点であったと思われます。

ただ、当時の関東勢とのタイム上の差には、協会選手が旧制中等学生であったことに比べて、相手が大学生であって、競技水泳の熟練差や筋力差などにも留意して、この話を捉えておく必要があると考えます。

『65年誌』では、この批評と反省の記事から「事実、協会選手がこの大会で泳法について反省したことは、帰郷後の新聞にもその感想を洩らしている。後年のいわゆる脱退事件の因をなした競技か一般化かの問題は、この頃から芽生えていたかと思われる。」(95頁)と述べ、『長崎県スポーツ史』ではこの一文を受けて「後年のいわゆる水研事件の因をなした。"競技か伝統か"の問題はそのころから芽生えていたといえる。」(162頁)と論評しています。"競技か一般化か"と"競技か伝統か"、この2つのフレーズの中で、「一般化」とは初心者からの水泳教育や海水浴の普及を指して、"伝統か"は協会の創立理念の水難事故防止の観点から水泳指導の重視を意味とするのか、或いは"伝統か"が小堀流の伝統を意味しているのか、その意味の解釈によって変わってくることでしょう。

では、翌年の1919年(大正8)、7月30日大阪毎日新聞社主催〈第5回全国中等学校競泳大会〉で、800mを長崎勢が独占するも、他種目での活躍に1位はなく、優勝旗も逃す結果となったことから考えてみます。

『65年誌』には、協会の『事務所日誌』から、「遠征失敗の原因にふれ　…　これは遠征する者の常に感ずる所だが、協会選手として財政豊かならざる会の事も思わば忍ばざるべからず。去年の勝利は馬力のため、今年は業也。この業を都合よく利用したらんには、今少しよき成績を得しこと疑わず」と記している。」(95-96頁)とあります。

協会の経済的事情を理解せざる得ないことで、日程に余裕をもって大会参加が出来なかったことは仕方がないが、今年は自分たちの「業」＝「業前」・「技術」が上手く発揮できていたら、もう少しは良い成績が残せたとの自戒の言葉にも聞こえます。

協会が保管している資料の中に、「長崎游泳協会の事業を市営に移したいと言う議が持ち上った」の見出し標題のある新聞切り抜きがあり、そこに「大正九年九月　崎陽日日新聞」とメモ書きがあります。記事には「游泳協会が毎夏多大の費用と精神的苦痛とを忍んで」とあります。推定ながら、記事の報道は、メモの通りとして、1920年（大正9）当時の協会の運営状況を示しているように解釈できます。なお、現在『崎陽日日新聞』（1918年（大正7）に発刊）は、見当たっていません。

新聞記事の通りとすれば、この段階での不満は、"競泳"・"一般化"・"伝統"と言うところを、強いて言えば、何を主体に考えるかで、同じ解釈もあり得ると思いますが、協会内の問題として具体的に捉えるならば、協会から派遣された選手として運営の窮状は理解しつつも、競技会参加への配慮を期待したい、と希望的に感じていたことにも思えます。

また、競泳に対する積極度は、ここまで述べて来た協会の動向だけでなく、後述する後年の協会が示した競技水泳への姿勢からも、その一端を窺うことができると考えます。

(6)伝承泳法を用いての競泳と戸惑い

競技泳法の研究が進行する中で、協会の競技泳法について、批評は受けましたが、それも奮起の良い機会となったことでしょう。

伝承泳法の世界に、記録時間と国際比較の競泳が入り込んだことで、社会的注目度が高まりつつも、その対処は、多様な方向を持ったように思えます。

その状況として、多くの水泳教育の場や水泳関係の団体では、競技水泳と無縁ではいられなかったことでしょう。

当然、競泳に深い関心を持った競技者も指導者も、その成果を求めて泳法に関しての情報を集め、技術研究や練習法に工夫を凝らしたことが考えられます。その中では、競技水泳の成果のみを意識して目指すグループが、必然的に出現してきたことでしょう。

その場合、特別な練習の機会が設けられ、特別な指導体制が生まれるなど、新たな状況が生まれたことでしょう。その一方、伝承泳法の継承と競技水泳への傾注との間で、指導者たちにおいて、考え方の違いが生じて来ていた一面もありました。

例えば、この時代に活躍した京都踏水会（当時、大日本武徳会本部游泳部）では、「小堀流の家元にもなった師範《ママ》、城義核は、競泳をやることに気が進まない様子だったが、教師大沢保三郎は積極的に選手育成に力を入れた。」（『水連四十年史』、30頁）との話があります。伝承泳法が持つ技術と精神の真髄を伝え導きたい指導者と、時勢に乗って団体内の要望にも応えようとした指導者の想いに違いのあったことが窺えます。

また、伝承泳法本来の目的からすれば、速さのみを目的とすることではないとの論理があったこと、そして、武道的な心身が一体化した業の修得を目標としていたことが考えられます。それでいながら、協会の場合もそうですが、競技水泳を経験することで派生的な楽しみ方として受け入れられていったことも考えられます。本論Ⅳ．1．（1）で述べましたが、競泳は、競う楽しさとはっきりとした達成成果のある事が、魅力であるとも言えます。その上、社会が変わり、競争力の比較対象範囲が拡大されていったことで、社会的評価も伴う自己達成の世界観に繋がっていったと考えます。

その進展は、水泳能力の習得目的に変化を与え、伝承泳法を継承する団体の中でも、学校などの組織においても、競技水泳で活躍することを目的として練習することが一般化し、競泳の大会範囲を広げることに繋がったと推測されます。

このように、競泳の世界が盛況となると、社会的注目は、伝承泳法よりも競泳の成果に焦点が置かれるようになってきます。

その中では、必然的に、最も速い泳力の発揮できる泳法の探求に目が向けられ、競技力が伝承泳法よりも西洋泳法（クロール）にあると意識された時点で、一気にその導入と研究が進み始めたようです。

2. 水泳競技のグローバル化による変化と西洋泳法の流入

日本の競技水泳の世界は、国際的な競技会への参入によって、競技水泳に対する注目と競技会及び競技者の増加、同時に競技泳法への研究と工夫が繰り返され、全国大会から国際大会へと参入していったことは、前述しました。が、自由型に日本が用いて来た伝承泳法に対して、競争力の視点からの見直しが起きてきました。

１９２０年（大正9）にアントワープ（ベルギー）で開催された、〈第7回オリンピック〉では、１００ｍと４００ｍ自由形に日本選手内田正練《まさよし》[＊159]、齋藤兼吉の２人が出場しています。初めてのオリンピックへの参加でした。結果は、短距離も長距離もクロールで泳ぐ外国人を前に、歯が立ちませんでした。「この両選手の帰国は日本泳法をすててクロールの採用を決定的とした。[＊160]」という最速泳法の採択に方向転換があったとされています。

時期としては、アントワープ大会の８月22日と同26日の水上競技に出場して、同年11月６日に帰国していますので、その後と言うことになります。

クロールへの着目は、そのことだけでなく、この年の８月、全国的な大会において、既に大阪の茨木中学校の選手がクロールで泳いだことを「戸田の東大水泳大会に参加して、入谷唯一郎が日本人としてはじめてクロールのみで中長距離を泳ぎ通して水泳界をおどろかせた。」（『スポーツ八十年史』、１７８頁）と、その活躍を評価しています。

(1) クロール泳法の流入から研究と実践まで

日本では、何時ごろから「クロール」という泳ぎ方が伝えられ、研究され、実際に競技で用いられるようになってきたのでしょうか?

我が国で、「クロール」という泳ぎ方を見たと考えられる初期の出来事では、前述した１９１１年（明治44）に浜寺水練学校（当時、浜寺海水浴場併設浜寺水練場）が、神戸居留地外人団と交流した国際競泳も含まれる可能性があります。詳しくは、『泳ぎ　毎日新聞社浜寺水練学校60年史』（前出）に「英人からクロール泳法導入」（68-69頁）で述べられています。

なお、浜寺水練学校では、1912年（大正元）クロールが伝えられたことを年表に記しています。

では、クロールが日本に輸入されてから実用として展開された経緯について、異なった立ち位置から述べられた3例の見解を、以下に取り上げてみたいと思います。

①木村象雷（前出）は、日本にクロールが何時頃移入されたかは「正確な文献は見当らない」（『水連四十年史』、14頁）とする一方で、その時期を「大正二、三年頃と見られ、初めてこれを試みた人に鵜飼弥三郎氏が挙げられよう。しかしながら精確な意味のクロールが多くの人々によって研究され始めたのはそれより五、六年後の大正七、八年頃で、より全般的に見るなら内田、齋藤両選手の国際オリムピック参加をもってクロールの何物であるかが日本人に理解された最初であると言える。それまではクロールという新泳法があるそうだが、足をバタバタやる泳ぎだそうだぐらいの程度の理解しかなかった」[*161]（傍線加筆）と、「クロール」泳法に対する認識について述べています。

②1915年（大正4）第一高等学校（帝国大学予科）水泳部では、C.M.DANIELSが著した『SPEED SWIMMING』（1907）の研究をしつつも、同書に所収されていた「クロール」を重要視していませんでした。この書を、1924年（大正13）に帝国大学水泳部が翻訳した『競泳法（スピード・スイミング）』（コズモス書院）の「訳者序」にその経過について述べています。「競泳用としてクロールストローク及びその他の洋風の泳法が我国に輸入せられたのは十数年前の事で廿年と昔ではあるまい。当時岡村治人氏鵜飼彌三郎氏齋藤兼吉氏その他二三の人々によってクロールがスタート附《ママ》二〇から五〇の短距離に用いられ、快速力を以て世人を驚かしたものであったけれども、亦非常に苦しい泳法とされて居た。これが長距離にも適用し得る事を世間に知らせたのは大阪府下の茨木中学の出現である。……　当時に於ては斯界に存在を認められて居なかった、而も中学生のティ《ママ》ームが天下の猛者を集め前年の優勝組なる一高水泳部を、帝大主催の

全国競泳大会に於て破った時、戸田に集まった全国の河童共はその従来と変わった、ぬらりくらりとして疲れ知らずの奇妙な泳法に、等しく驚きの眼を見刮《ママみは》った。之が現在行わるるクロールであったのだ。」（3頁、傍線加筆）と、クロールの競泳での用い方の変化を捉えています。

③長距離に初めてクロールを用いた大阪の茨木中学校の監督杉本伝は、自著『水泳競技』（前出）の中で、「第七回万国オリムピック《ママ》大会が一九二〇（大正九年）に白耳義《ベルギー》のアントワープで開催されたとき、日本からは初めて此の世界の檜舞台に打って出た。此れは丁度斥候戦の様なものであったのだ。此の年であった大阪の茨木中学ではプールで仕立てられた競泳の選手を出して日本の競泳界に乗り出した。而して入谷唯一郎氏がクロールで中、長、距離をもやってのけたので非常に注目をされた。此の年の暮れに欧州から帰って来た内田、齋藤両選手の話では外国の方は短、中、長、距離とも自由形の泳ぎは皆クロールを用いて居るとの事であった、此れまで扇足の泳ぎであったものが此の冬から急にクロールが東京神田のプールで練習され、明けて大正十年の四月上海の第五回極東大会に出場する為の予選大会を神奈川の生麦でやったときの泳ぎが、殆んど皆クロールになってしまって居た。」（3頁、傍線加筆）と、用いられ方の変化と背景を述べています。なお、杉本伝もC.M.DANIELSが著した『SPEED SWIMMING』の原著を読んで、クロールの研究を進めて入谷唯一郎に指導をしたのでした。[*162]

少し長い引用と同種の様に見える内容ですが、すべて記憶も含めた回顧的な記述ながら、順列的にも捉えられると考えて、列記しました。

これらから、明治後半から大正初期には、クロールの情報が外国から入ってきていて、その存在は、ある程度知られて研究もされたようですが、競技水泳では伝承泳法が未だ重要視され、中にはクロールを用いた者もいたけれども伝承泳法を補う短距離の泳法として考えられていたことが判ります。それが、欧米の状況や日本でもクロールの泳法の研究と実践から、競技泳法としての適性が認識されると同時に、一気にクロール泳法に切り替わったと見ることができます。
つまり、伝承泳法の活用からクロールへと急激に切り替わった契機が１９２０年（大正９）であったと捉えられます。

（２）クロールの研究と普及について

『65年誌』に、「競泳班、またはクロール班と言われる任意の研究グループが出来たのは、いつ頃か分からない。事務所日誌には、大正十年尾上の浜に移った時に「クロール班の練習をなす」とあるのを初めて見る。一部の中学生や帰省中の大学生などで作ったものであった。」（１１０頁）と、協会にも競技泳法「クロール」の波が押し寄せ、競泳に関わる人間にとっては、重大な関心事であり研究の対象となったことが窺えます。

では、このようにクロールが、水泳教育及び競技水泳の場において、伝承泳法からクロール研究と普及が始まったのか、その様子を手元の資料から見てみたいと思います。

①茨木中学校の場合‥１９１３年（大正２）、茨木中学校は、校庭に学校関係で初めてプールを創設しています。この時は、観海流の指導者を招聘していて、１９１７年（大正６）東京芝浦での極東選手権競技大会を見て杉本伝は「我が校の様なプールで観海流は其の方法を過ったものだ、競泳、飛込、そう云った様な水泳競技を多分に此れから入れよう。而して又一方日本古来の游ぎも行おうと考えた。[*163]」と、感想と考えを述べています。プールと競泳の普及の中、競泳の練習法として伝承泳法の方法では、要を得ないと感じたようです。その後、１９１９年（大正８）自校のプールを競泳のレコードが計測できてターンが容易にできる設備に改良して、帝国水友会から中田留吉をコーチとして招聘するとともに、自らはC.M.DANIELS著『SPEED SWIMMING』の原著を読み、中田留吉[*164]とともにクロールの指導を始め、クロールのみで泳ぐ選手の育成をしています。[*165]

②和歌山中学校の場合‥西島猛の回顧録『泳ぎと私』（前出）から、１９１０年（大正９）以降の事と推測して、同校の水泳

部有志が、外国人のクロールの話を聞いたことを契機に、C.M.DANIELS著『SPEED SWIMMING』など2,3冊の原書[*166]を手に入れて研究をし、内田正練などの指導も受けて、伝承泳法からクロールへの転換を計っています。[*167]

③京都踏水会（大日本武徳会京都支部游泳部）の場合・・「大阪府茨木中学校にプールが出来て以来、クロール泳法が採用され其れに刺戟され当会游泳部もクロール泳法なるものがピックアップされ当時の若い先生、生徒は懸命に研究し大正、昭和に於て、オリンピック選手を出す事の出来得た華やかな競泳部の基盤を作ったのである。[*168]」と、推測で1921年（大正10）以降と考えますが、茨木中学校の影響としてクロール研究が始まり、やがて「競泳部」もできて、活躍したことが窺えます。

これらは、競泳において、自由型ではクロールが最速泳法に適していると認識を持ったと言えることで、外国でのクロールの自由形記録と茨木中学の出現という国内の状況を捕まえて、その真価をクロールに見出したとも言える事だったのでしょう。

しかし、その逆として、伝統泳法の活用では、対処できない限界があると理解したことでもあったのでしょう。それは、俄然な動向でしたが、これまで伝承泳法の継承で水泳教育を進めてきた場であっても、競泳を志す者にとっても、クロールを研究し修得する事は、直近に取り組むべき課題となったことが窺えます。

その現われが、協会も認知して、場の提供などの支援もした「クロール班」だったのでしょう。

因みにですが、協会の隣接県で小堀流の本拠地でもある熊本県では、同県出身の競泳泳者が大正後期にクロールで活躍した影響を受けて、1925年（大正14）に熊本商業に県内初のプール設置、翌年には第五高等学校に50mプールができ、1927年（昭和2）には、明治神宮大会で活躍する選手が登場したことを『熊本県体育史』（前出）の「古流泳法から競泳法への転換」（69頁）で述べられています。このようなことは、福岡県でも、1923年（大正12）朝倉中学にプールが完成し、その後、県営プール（1927年）、修猷館プール（1928年）に設置された頃からクロールが福岡でも実施されるようになったと、『福岡県体育協会史』（福岡県体育協会、1976）の「福岡県水泳連盟　一、戦前のあゆみ」で「大正十年、日本水泳界は、これまでの〈日本泳法〉をすてて、〈クロール泳法〉を採用した。」（482-483頁）から始まる文章で述べています。

（3）競技泳法と伝承泳法の分離から普及へ

前論Ⅲ.6.（2）.⑶で、協会が、1934年（昭和9）『1919教範』に、小堀流泳法に加えて、西洋泳法（クロール、バック、ブレスト）を採り入れて指導したことを取り上げました。

競泳が盛んとなると、「クロール」だけでなく「背泳」「胸泳（平泳）」も速さを競う泳法技術が工夫され、進化していきます。同時に、社会にも競技としての泳法が、広く一般に知られる様になっていきました。

それが昭和初期には、学校水泳の指標にも示され、競技団体（日本水上競技連盟）が習得すべき泳法（「標準泳法」）としても採り上げるなど、社会の中に浸透していく事にまでなりました。

その経過の中で、伝承泳法を継承する団体において、競技水泳の研究や会の創設、指導課程への導入など、その浸透ぶりが見える例を取り上げておきたいと思います。

①1920年（大正9）からの話として『山内流臼杵游泳沿革概要』に「大正九年ニハ他流諸泳法及外国泳法等ヲ研究シ大正十年ニハ諸泳法等ヲ加味セル教授要目ヲ、大正十一年ニハ其教授細目ヲ制定シ大ニ革新セリ。」とあり、その具体的内容として「平成7年1月の読売新聞に「ルーツは山内流泳法」という見出しで「水泳ニッポンをささえた臼杵」として次のように記されています。「なぜこの地域が水泳王国になったか、臼杵には古くから、山内流という古式泳法があり、1921年、クロール、バック、ブレスト、跳び込みの近代泳法を取り入れ、県下に普及した。[*169]　…　」と、具体的

な取り組みが示されています。

②1923年（大正12）頃、浜寺水練学校では、「大正十二年五月大阪市立運動場プールで第六回極東オリンピック《ママ》大会が開かれ、クロールや背泳、平泳ぎなどの競技型が新時代の泳法として広く登場してきたので、浜寺水練学校もそれらをとりいれることになった。[*170]」と、一般化に乗じたことが述べられています。

③1925年（大正14）「観海流でも、競泳法の研究や練習をすることが目的で、〈観海流水友会〉が結成されたとのことでした。[*171]」と、時流の影響を受けての動きがありました。

④1927年（昭和2）「水府流水術が外国泳法を正式に指導プログラムに採用したのは、昭和2年（1927）のことであった。水府流水術協会の会則にそれが認められる。[*172]」と、競泳種目の泳法が指導されました。

⑤1930年（昭和5）大日本武徳会和歌山支部水練部に「競泳部新設を賀す」と、競泳の部門が設けられ、「ターニング台」の設置も行われています。[*173]これは、伝承泳法に依る大日本武徳会〈青年大演武会〉などの活躍に比べて、競泳大会での劣勢を意識して、クロールへの研究と体得を中心に活動を始めたものでした。

このように、指導課程への導入や伝承泳法の指導とは切り離して、有志による活動を容認する進展もありました。同時に、競泳への社会的注目が急激に増大され、水泳教育のイメージや習得希望へと波及した可能性があります。

その波及を受けて、伝承泳法を用いて水泳教育を実施してきた団体が、右記の例の様に指導課程に西洋泳法を導入させたり、競泳研究を認めています。しかし、右記の例の団体では、伝承泳法の継承に終止符を打った例はありませんでした。それは、伝承泳法を継承する団体での西洋泳法の導入は、むしろ、その泳法の持つ目的の違いがより鮮明となったことでしょう。見方を変えると、伝承泳法には、競技泳法では補えない技術や知識がある、と再認識されたとも推測されます。

敢えて述べるのであれば、社会では競技泳法が一般化される動向に、その習得を伝承泳法の場にも求める声があるなど、運営上の対策としての導入もあったと考えられます。

伝承泳法による水泳教育の立場から考えるならば、学ぶ者の可能性を考慮して、広い視野からの教養として受け入れた、と考えることはできないでしょうか。

(4) 1920年(大正9)以降の協会と競技水泳に関する動向

自由型泳法として「クロール」が主流となったことで、伝承泳法の世界にも、大きな影響が及んだことが考えられます。同時に、競技水泳が盛況となるにつれて、右記でも触れたように、水泳教育の在り方や組織の運営にまで、変化を及ぼしたことは明らかです。

協会においても、競技水泳には理解を示し、その成果に貢献もしてきました。しかし、競泳競技のみを目指す団体ではなく、伝承泳法の継承を重視して存続してきた団体として、この双方を同じ比重で進める事には、内部事情として苦慮すべき状況も生じたようです。

競泳界で、「クロール」が自由形泳法の主流となる契機を1920年(大正9)として、それ以降の協会が、どの様に協会外との競技水泳と関わってきたのかを見てみたいと思います。協会内部の競泳会は、恒例行事と考えて除きました。以下は、『65年誌』の記述を基本として、他資料から得られた情報も含めて年次順に列記してみました。なお、『65年誌』以外の資料から示した情報は、略号にて表記しました。新聞記事の掲載月日は省略。括弧内で示した(○年・初段)は協会初段取得年。略号:『東洋日の出新聞』→東、『水連四十年史』→水、『長崎県スポーツ史』→長、『浜寺海水浴二十周年史』→浜、『スポーツ八十年史』→ス

①1920年(大正9)

・4月22・23日　日本体育協会主催〈第7回オリンピック・アントワープ大会〉予選会に、西村太郎、持永義崇を協会か

ら派遣。持永義崇、１００m背泳優勝。但し、代表選手からは外れました（↓水23頁）。

・9月5日協会主催〈第2回長崎市内小学対校《ママ》競泳〉開催。この大会は、前年から協会主催で挙行され、１９４３年（昭和18）迄、主催者及び大会名称が変化したが継続されました。

『65年誌』から、同一大会として記述を拾うと１９３０年（昭和5）長崎新聞社主催〈県下小学校競技大会〉、１９３２年（昭和7）〈県下少年水泳大会〉（従来の小学校大会）、１９４２年（昭和17）〈国民学校競泳大会〉、１９４３年（昭和18）行事〈学童大会〉が、該当すると推測しました。以下の各年次では、表記を省略します。

②１９２１年（大正10）

・5月31日〈第5回極東選手権競技大会〉（於、上海）水上競技で、持永義崇１００m背泳2位、今村栄三４４０ヤード・1マイル自由形3位の活躍。（↓東・水44頁）

・8月14・15日大阪毎日新聞社主催〈第7回全国中等学校競泳大会〉に協会が田中直治副会長（主任師範）と田中兼則師範が引率、選手15人派遣。新聞記事の14日中等学校「競游」では、３０００mリレー5位、８００m1位－3位独占、他も悉く上位の結果。15日の一般「競游」で予選「孰れも一着　…　五哩五等今村△九着岡田　…」（↓東）。主催者側資料では、協会選手の優勝者は無く「五十メートル　…　第二着　岡部經夫　…」（↓浜１６２頁）の結果でした。

『65年誌』には「この年を最後として協会はこの種の大会には参加しなくなった。」（１０１頁）とあり、協会の方針として取られた処置を意味しているのでしょう。

③１９２２年（大正11）

・9月14日、日本体育協会主催〈第7回全日本水上選手権大会〉に長崎游泳協会選手として三栗谷猛（１９２２年初段）が出場し１５００m3位（↓水46頁）。推測ながら、協会から派遣されたと考えます。

④1923年(大正12)

・8月12・13日、万朝新聞社主催〈第2回全国女子競泳大会〉に、女子部が初めて遠征。吉野フイ監督として田原セツ(1920年初段)、吉田四季代(1922年初段)、山中松代(1922年初段)が出場。結果、田原セツが100m平泳で2位でした(↓東)。なお、『水連四十年史』の記録には「〔第二回女子大会〕(大12)　…　100平　①布施苑子(京武)②日原《ママ》せつ」(49頁)とありますが、名前の「日」は誤植と思われます。また、協会が「十二年以降、全国大会に派遣しなくなった。」(↓長163頁)とあり、これが派遣の最後であったようです。

⑤1924年(大正13)

・期日不明、協会主催、〈青年団競泳大会〉挙行、翌年は8月上旬に開催しています。

・期日不明、「協会は(大正)十三、十四年と全九州大会を開催(長中が連覇)」(↓長163頁、括弧内加筆)

・8月16日、協会と佐世保海軍鎮守府との対抗競泳開催、200m平泳以外上位独占の圧勝しました。

・10月31日、大日本水上競技連盟創立会合に、九州地方地区協会代表として持永義崇と兄の中津海知方(1909年初段)が出席しています(↓水51頁、長164頁)。

⑥1925年(大正14)

・4月末頃、協会出身の今村栄三が〈第7回極東選手権競技大会〉水上競技の選考委員7人に選出されて、この年明治神宮競技準備員にもなっています(↓水52-53頁)。

・8月上旬、〈青年団競泳大会〉開催しています。

・9月4日、少壮幹部27人が脱会して「長崎水泳研究会」を結成しました。

⑦1926年(大正15)

・8月13・14日、鼠島で大阪毎日新聞主催、協会後援の〈全九州水泳大会〉を開催「昨年に続いて地元の長中倶楽部が連続優勝を飾った」とあり、前年の開催を示唆しています。

・8月17日、協会とドイツ艦隊ハンブルグ号乗組員と対抗競泳開催しています。

⑧1927年(昭和2)

・7月30日、〈全日本選手権〉で、協会出身の馬渡勇喜(1923年初段、当時明治大学生)200m平泳2位でした(↓水71頁)。

・8月7日、協会主催〈第4回青年団競泳大会〉が挙行されています。

・8月20日、協会主催〈十哩競泳大会〉及び〈五哩競泳大会〉を開催しています。この十哩には、佐世保保海兵団や軍艦青葉乗組員、一般人も参加して総勢40人、五哩は女子競泳で協会外からの参加者はなしでした。なお、『65年誌』に、この時、後の五輪金メダリストの「鶴田茂行《ママ》(海兵団)は十一位であった。」(118頁)は、人物誤認の可能性があります。これが、最初で最後の協会主催長距離競泳大会の開催でした。

・8月27-30日、〈第8回極東選手権競技大会〉(於、上海)に馬渡勇喜が派遣選手。並びに10月1・2日、〈汎太平洋水上大会〉(於、玉川)に出場し、200m平泳2位でした(↓水59-60頁)。

⑨1928年(昭和3)

・8月6日、〈第9回オリンピック・アムステルダム〉(於、オランダ)の200m平泳予選に馬渡勇喜が出場。2組4位でしたが、同種目で3分を切ると世界で一流と言われた時、2分58秒2で惜しくもの予選敗退でした。(↓水62頁、長166頁、ス541頁)本人に依る遠征報告が、日本水上競技連盟編『オリンピックより帰りて第九回オリンピック水泳報告』(三省堂、1929、83-86頁)に所収されています。また、9月22-23日の〈日本学生選手権〉では、200m平泳で優勝し、翌年にも連続優勝しています。その後も、活躍が続き、1930年（昭和5）5月〈第9回極東選手権競技大会〉水上競技予選会では、200m平泳2位となり、日本代表に選出されています（→長166頁、ス597頁）。

・8月11・12日、大阪毎日新聞関門支局主催〈九州水上競技大会〉（全九州水泳競技大会が改称）男女とも各種目で優勝しています。

⑩1929年（昭和4）

・7月24日、協会の記念館起工式で日米対抗競泳大会開催されました。

・8月1日、脱会した「長崎水泳研究会」は、解散して協会に復帰しました。

⑫1930年（昭和5）

・8月15日〈県下中等学校水泳部競技会〉、8月18日〈九州小学児童水泳大会〉、8月25日〈県下女子水泳大会〉で鼠島育ちが活躍。中でも女子部出身者が活躍しました。

⑬1931年（昭和6）

・7月16日、〈九州水上競技大会〉が開催されました。

・8月5日、協会と英艦隊乗組員と日英親善競泳を開催し、協会側が完敗しました。

⑭1932年（昭和7）

・8月7日、〈九州水泳大会〉が開催されました。

⑮1933年（昭和8）

・7月31日、雲仙国立公園協会主催〈国際親善競泳競漕大会〉（於、雲仙諏訪の池）に招聘を受けて参加し、競泳で協会班長が優勝しています。

・8月19日、協会とフランス東洋艦隊プリモーゲ号乗組員と自由形、ブレスト、背泳、リレーの10種目の競泳大会開催。上位独占の圧勝しました。

⑯1934年（昭和9）

・7月29日、〈全九州水泳大会〉が開催されました。

⑰1937年（昭和12）

・5月30日、日本水上競技連盟発行『水泳年鑑　昭和十二年』に加盟団体として「長崎県水泳協会」（19頁）があり、代議員として「持永義崇」（長崎市住）、「小林（旧制今村）榮三」（東京住）「馬渡勇喜」（東京住）の鼠島育ちの3人で登録しています。前年の年鑑には、加盟団体に長崎県なし。なお、戦後、1946年（昭和21）秋から1947年（昭和22）の春、馬渡勇喜が会長となり長崎県水泳連盟を発足させたようです（↓長167・180頁）。

⑱1938年（昭和13）

・8月28日、鼠島が〈国民皆泳全国学童水泳大会〉（俗称，ラジオ水泳会）の会場となっています。

⑲1949年（昭和24）

・6月、協会を競技研究団体に切り替える動議が起こったが、創立の精神に基づく水泳普及に賛同多数を得て否決されました。この決定を承服できず、少数が脱会して「長崎水泳協会」を結成したが、数年で自然復帰をしています。

⑳1952年（昭和27）

・8月9日、協会と民友新聞社の共催で〈職場対抗競泳大会〉を開催して、地域の多彩な職場からティームが参加。鼠島育ちも多くいました。

ここまでの時代における協会と競技水泳との関わりですが、創立当初より一貫して競泳に対して親しみを持って、

1952年（昭和27）まで接してきたことが窺えます。同時に、その時代に応じながら、運営のためを含めて活用してきた歴史であったことも感じさせます。

その競泳との経過を、総括的に見るのであれば、競技水泳が社会現象として盛んとなる前の段階から地域に競泳への関心を高めたこと、協会内では伝承泳法を用いての競技力のある選手を育成したこと、その競技力は競技水泳が盛んとなると生かされて全国的な競技会でも競えるものでした。しかし、我国の競泳界で「クロール」が最も速く泳ぐことに適した泳法としての認識が広まり、同時に競技泳法そのものが伝承泳法とは異なった技術の必要性が認知される様になりました。その影響は、伝承泳法を協会の理念達成の為に用いていることへの理解にさえ、困惑と選択が強いられ、協会内での考え方の違いも生むことにまで進行しています。

この戸惑いと考えの違いについては、次に述べることとして、協会が競技水泳の世界で果たした役割だけを考えると、地域の水泳教育のみならず、競技水泳の推進役も果たしてきた時期があったと推察できます。つまり、時代や社会の動向に由って、生活様式さえも変わる中、多くの人に水難事故防止と水泳教育で実績を残し、伝統を守りつつも、直接間接を通じて、競技水泳での活躍及び世界レベル達した人材を育て、地域の競技水泳を支える人物まで輩出したことも事実です。それは、協会が地域における存在を示してきた一面でもあり、地域からすれば、協会の存在を通じて認識してきた、競技水泳との関わりであったのかもしれません。

この様な競技水泳との想いの中、協会創立時よりの，水難事故防止，（＝市民皆泳）を目的とする水泳教育の理念を、「伝承泳法，小堀流，を主体として推し進める事にある」と大局を再認識して、変わらない姿勢であり続けたことが、今日に繋げたのではないかと考えます。

（5）協会内の伝承泳法と西洋泳法の狭間での選択

右記で触れたように、協会内で起きた困惑からの選択と考えの違いは、明らかに競技泳法としての西洋泳法と水難事故防止及び水泳教育の手法としての伝承泳法という、見えてきた二極化と関わった現象としても捉えられます。

協会の苦汁と選択を、推測から捕えて取り上げると、『65年誌』に「八月中旬、浜寺の全国中学校競泳大会には、……しかし、この年を最後として協会はこの種の大会には参加しなくなった。」（101頁）と、1921年（大正10）の大会での活躍に付け加えて述べています。この不参加の意味するところが、中等学校の大会として所属学校名の単位での参加であったこと、関西圏の中等学校でのクロール研究が進んでいて活躍が偏っていたこと、協会名での出場でない上に複数の学校の協会選手の引率は運営上経費が掛かり過ぎること、などであったと推測します。

また、『長崎県スポーツ史』（前出）に、「十二年以降、全国大会に派遣しなくなった。」（163頁）と、述べられています。これは1923年（大正12）の〈第2回全国女子競泳大会〉後の話ですが、この大会では、すべて京都武徳会（京都踏水会、当時大日本武徳会京都支部游泳部）が優勝を独占して[*174]、協会選手は100m平泳2位が唯一の上位入賞でした。憶測ですが、競技水泳を進める環境からの差を感じたこと、協会運営経費からの遠方への派遣を差し控えたいことなど、諸事情があったように思われます。敢えて、その理由に付け足すと、協会内において、競技泳法の指導者を招くことや協会師範によってその研究と指導が実施されたといった様子が見られなかったことからも考えられます。

つまり、協会として、競技水泳の急激な発展は、協会の威信と自信をも生み出し、種々の大会参加も促されたけれども、反面、運営上の問題や試行錯誤的で変化する競技会及び競技泳法などが対処すべき課題となるなど、複雑な想いを伴った協会の困惑を生成したと感じられます。

ここまでを前提として、その困惑と選択への不満が協会内で蓄積されて起きたのが1925年（大正14）の「水研事件」

で、明らかに考え方の違いから生じた事象と捉えました。

『65年誌』に、その事件の内容が、詳しく取り上げられています（108-111頁）。

事の起こりは、協会理事長による公金の横領事件が引き金となったことから始まったと捉えています。先ず、その始末として理事長の除名と師範資格失格としています。この事件が表面化したことで、血気盛んな幹部で競技水泳に熱心であった者達は、不正と不条理を糺《ただ》すべく「進言書」を作成したとのことでした。そして、実質的に協会の指導の陣頭指揮を執っていた主任師範にも矛先を向けたようです。しかし、「進言書」は受け入れに至りませんでした。その結果、助教・班長・助手を任命していた幹部27人が9月4日に辞任し、退会したのでした。この幹部の退会への感情を推論で述べると、協会経費の不健全な状態から生じた競技水泳を志す会員への経済的支援状況に蓄積された不満があったこと、競技水泳が世間の注目を集め期待も持たれる時勢に、協会の人事体制や指導方針などに納得がいかず刷新を求めたことなどが、事を大きくしたのではないかと思われます。その考えの中では、協会が伝統として伝承泳法を継承してきたことで、序列的な論理と固定的な伝承維持が働いているとの抵抗感があり、近い年次のところでは1921年（大正10）に理事制にするなど組織体制に改正があったとしても変わらない組織の体質と捉えていたのかもしれません。それ故に、「長崎水泳研究会」とする会組織を結成して、自分たちが描く体制で活動したいと考えたのでしょう。その全体を『65年誌』では、「公金事件に端を発した進言書から脱退に続く、いわゆる水研事件は、協会の本命である泳法に関することであったと言われる。」（110頁）として、「進言書」には見えなかった問題提起の本質を指摘しています。

『長崎県スポーツ史』（前出）には、その後の「長崎水泳研究会」の競技水泳での活躍について触れています（164頁）。

ただ、この新たな組織の発会式が、退会から一週間後に行われた際に、「各種の泳技を競演した」と新聞報道における記述に見えます。この「各種の泳技」には、小堀流の泳法が含まれていたのではないかと、元の記事は見ていませんが、感じます。つまり、退会はしても、協会の小堀流泳法を全面否定していなかったことが推測されます。

この退会騒動と和解復帰も、『65年誌』に詳しく述べられています（120-122頁）。和解復帰は、1929年（昭和4）にありました。その復帰表現では、「水研側が自発的に解散し円満に協会へ復帰することになった」と新聞での報道記事を取り上げています。『長崎県スポーツ史』では、「プールがないのが悩み。思ったほどには事が運ばず。」（164頁）と論じていますが、退会と小堀流泳法の全面否定でなかったことも解決につながったのではないかと憶測しています。また、1930年（昭和5）協会の「役員部署割」には、退会して復帰したメンバーも迎え入れられ、その一人であった上述の馬渡勇喜も男子部「乙組二班」の指導担当として名前が見られます。また、馬渡勇喜は、翌年の英国艦隊乗組員との親善競泳にも、自由型で出場したようです。

関連的な情報としては、協会保存資料に1933年（昭和8）の9月5日の気付、〝踏水会有志〟の差出名で、主に協会運営の是正などについて「建議」を綴った『建議書』が資料として残されています。全文は省略しますが、その文面の初めに「第一　競泳部ヲ全廃シ、踏水術ノミノ伝統ニ還リ　武士道精神ノ鼓吹ニ勉ムルコト、従ッテ競泳ニ関スル一切ノ設備催物ヲ廃スルコト」（傍線加筆）とあります。正に競技水泳と伝承泳法の相剋とも言える問題提起のあったことが窺えます。同時に、退会から復帰したメンバーが、「競泳部」として、協会内で活動の場を得たことも窺えます。しかし、協会内で競泳部が、その後どのような活動をしていたのか、〝踏水会有志〟が誰であったのか、この『建議書』がどの様にして協会に提出され扱われたのか、或いは控えに過ぎないものであったのかなど、詳細については不明です。ただ、この『建議書』に用いられた専用用箋が「弁護士法学士　山中伊佐男法律事務所」[*175]とあることは、手掛かりとなる可能性があると推察しています。

なお、前論Ⅲ.6.（2）.(1)で、協会が、1934年（昭和9）『1919教範』に、小堀流泳法に加えて、西洋泳法を採り入れて指導したことを取り上げました。が、前論Ⅲ.6.（2）.(3)で述べた通り、競泳部の要求ということよりも、当時の文部省や日本水上競技連盟の動きに見られる社会的認識に則して、泳法習得の機会を設けたのではないかと考えられます。

また、この流れを『建議書』との関わりと考えるには、今のところ情報不足です。

協会内の考え方の違いは、戦後にも起きています。『65年誌』に「長水会事件」として、経緯が述べられています（149頁）。それは、1949年（昭和24）6月、協会の定例総会で、「会則改正の動議に端を発した。それは協会を競技研究団体に切り替えて、同時に従来の幹部の退陣をはかったものであった。　…　前の事件は学生ばかりであったのに比べ、今回は社会人であることだった。」と、その発議理由と対象者を取り上げています。折しも、同年6月には、日本水泳連盟が、国際水泳連盟への復帰が認められた時で、この頃、古橋広之進が自由形で世界的な記録を出して活躍[*176]し、後に"フジヤマのトビウオ"と言わしめ、敗戦直後の暗い日本に明るい話題を提供した時期でもありました。その社会状況に、惑わされたのでしょうか？

やはり結果は、「水研事件」と同じで、動議は否決され、認められなかった少数派は脱会して「長崎水泳協会」を結成しています。しかし、結成後の活動は見えず、自然解散、上記『建議書』にも関わった可能性のある、山中伊佐男師範による融和策もあったようで、円満復帰しています。

以上の様に、これまでに協会内では、困惑からの選択と、競泳に関わっての2度の退会事件がありました。退会事件の最終結果としては、和やかな復帰と『65年誌』に述べられています。それは、協会の変わらない基本理念への姿勢によって、揺るがない組織維持が出来ていたことから、解決に導けたと考えてよいのかもしれません。それに加えて、幸いであったのは、競技水泳に熱くなった者達が、対学校や対組織外団体と言った組織と関わった抗争ではなく、協会内の個々人が集って繰り広げた行動であって、最終的には揺るがない組織が大らかに包み込んだとでも言ってよいのではないでしょうか。或いは、伝承文化が人との想いを継承することや先師祭に見られる、人との繋がりと尊厳を大切にしてきたことの、功徳があったのではないかと見ています。

(6)競技泳法の研究が及ぼしたうねりへの対応と新たな見解

協会内部で起きたような、競技水泳優先か伝承泳法の継承固守か、といった考え方の相違が表面化して、抗争的となった例は、この当時、他の団体の中にも、大なり小なり見られた現象と推測します。

一つの例として、1923年(大正12)8月24日『紀伊毎日新聞』(夕刊、3面)の記事に、大日本武徳会和歌山支部水練部の開設20周年記念競泳大会に端を発して、競泳を研究し推し進めたい和歌山中学の関係者が分離脱退したことが掲載されました。記事の見出しは、「和歌山武徳会の暗闘　新旧思想接突の結果　和中水泳部の脱退」とされ、その理由として、「武徳会水練部における和中系統は東京水泳大会極東オリンピック《ママ》大会、又は茨木中学対抗仕合等に刺戟され新泳法クロール《ママ》、ストロークの有利なるを知りこれが研究に余念なく、支部水泳の幹部に対してもこれが採用方を数度献策するが、常に一笑に付せられ居りしが、所謂武徳会が採用し居れる岩倉流なる泳法は能率のあがらざること甚だしく、現今の競泳には用をなさざるものがある」と、競技泳法としてのクロールの台頭と伝承泳法の不適合を認識して、和歌山中学校水泳部が大日本武徳会和歌山支部水練部から、脱会した旨が述べられています。そして、その後の脱会組の動向については、佐野潔著の「紀州水泳史」に「脱退《ママ》組は野島流を名乗り、貴志重雄会長の下に和歌山游泳協会として競泳と野島流を研究することになった。これが後の野島流保存会(西島猛会長)和歌山市水泳協会につながる。[*177]」と、袂を分かったままの展開となったことを述べています。一方、前述しましたが、大日本武徳会和歌山支部水練部もその後に、時流を考えて、1930年(昭和5)に内部から要望があった「競泳部」の新設を受け入れて対応したことが判っています。

恐らく、このように伝承泳法の継承を進めてきた団体において、競技水泳との対応は、現実として避けられないことであったと思われます。謂わば、大きな時代のうねりの中にあったと言えると思います。協会内で起きた、この期のうねりは、不満や諍いを生みだし、幾重もの対応が実質的には求められたことと捉えました。

そのうねりとも言える時期について、少し視点を変えて、この時代での競技水泳と伝承泳法のそれぞれの立場や経験から、どの様な見解が示されたのか、例を探してみました。

①1923年(大正12)に、伝承泳法と競技水泳と深く接し、登山家でもあった梅澤親光《ちかみつ》が著した『水泳』(改造社)で、言い得て妙と評判のある表現があります。「ただ泳ぐと云う事が歩く事に当たるなら、競泳泳法は走ると云う事に相当し、游泳術は踊《おどり》とか舞《まう》とかに当るであろう。」(220頁、傍線加筆)と違いを述べています。どちらかと言えば、競技泳法推進派と見ています。その論理では、すべてに面白味があり、感じるのは自分として、「歩く」ことと「走る」ことに適しているのが「クロールストローク」と述べています。

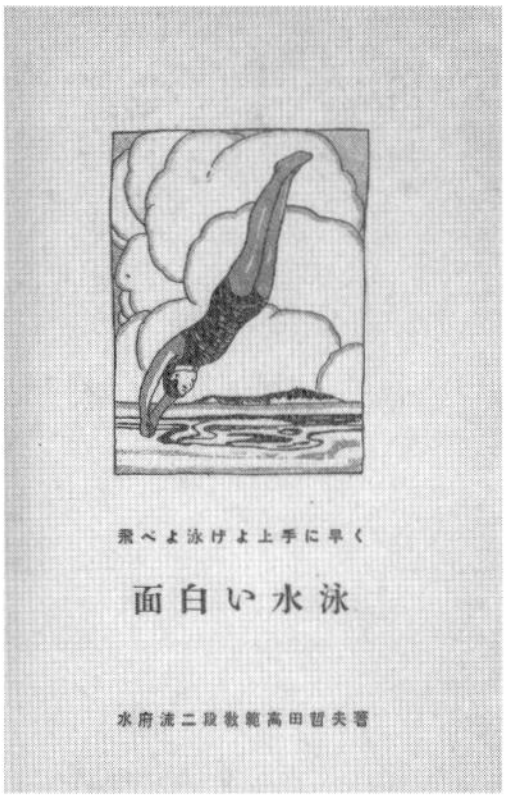

『飛べよ泳げよ上手に早く　面白い水泳』表紙と著者

②1924年(大正13)に、個人で上梓した高田哲夫(水府流二段)著『飛べよ泳げよ上手に早く　面白い水泳』の表現から触れてみたいと思います。著者は、伝承泳法を修得していて、広島の袋町尋常高等小学校で教鞭を執りながら、児童に競技水泳を指導した人物と推察しています。その中で、当時耳慣れない「日本泳法」の呼称表現が使われています。論者がそれまでに見た初出は、1926年(大正15)9月6日付『東京朝日新聞』の記事「日本泳法競技」(3面)でした。ここで表現された「日本泳法」の呼称は、「外国泳法」と対峙して使われたものでした。では、この両呼称を著者は、どの様に捉えていたのでしょうか。同書、2頁に泳ぎの種類の大別を、2分と捉えて次の紹介をしています。

「日本泳法　日本泳法は色々の流派がある。」・「外国泳法　外国泳法はあまり多くないので日本の泳法の方が実用的に考えられて進んでいるが唯競泳丈は日本より進んでいる」と、伝承泳法のことを「日本泳法」と呼称し、その流派が多いことと実用性を評価しています。それに対して、競技泳法を「外国泳法」と呼称して、競泳については外国の方が進歩していると解釈を述べています。同書の内容は、飛込を含む競技水泳で大半が占められ、競技水泳を指導しようとする人への教本的な意図が感じられ、同時に、競泳即ち外国泳法という感覚が浸透してきたことも示していると捉えられました。

③大正末から昭和初期に日本を代表する泳者として活躍した高石勝男[*178]を例に、この当時の伝承泳法とクロールの修得について、木村象雷は「クロールという点から見れば、それまでの選手は抜手泳ぎの洗礼を受けてからクロールを研究したのであるから、何となくクロールの上にも抜手の名残が認められたのであった。高石選手などは同じく抜手の洗礼によって競泳を始めた言わば過渡期の選手であったが、最もその名残が少なかった。その後だんだんと抜手を経ないで最初からクロールを習った[*179]」と、伝承泳法の抜手がクロール習得に及ぼす影響が少ない方が競技力には有効と述べています。クロールの修得に、指導者も泳者もこのような感覚を持っていたことが推測されます。

④1929年(昭和4)、第5回極東選手権競技大会(1921年)に出場して学生水泳でも活躍した和久山修二が著した『競泳』(三省堂)は、競技泳法に特化した著書ですが、平泳について「此の泳法は観海流の泳ぎを知って居る人には、極めて入り易い。ただ観海流の泳ぎと此の泳法とは目的が異なって居るから、其の点に注意しないと、かえって観海流の泳ぎを知って居るが為に、ブレスト・ストロウ《ママ》クに失敗することがある。」(30頁)と、伝承泳法との接点と競技水泳に用いる注意が述べられています。また、伝承泳法に対しての言葉と推察しますが、「競泳の要素たるスピードと耐久力とは、美しい巧みだと言われる泳ぎからは得られぬ。…　其等のものは、自己に克つ苦しい練習によって、はじめて得らるるの

である。」（6頁）とも述べています。

⑤1930年（昭和5）、長年に亘り伝承泳法の指導に携わってきた齋藤六衛が著した『日本体育会游泳術』（日本体育会遊泳学校）には、「二、クロールストローク　現在のクロールは所謂アメリカンクロールである相《ママ》だが、我国に我《ママ》て一般に行われて居るクロールは寧ろ日本クロールとも称すべく、古来から研究され来った呼吸が不知不識の裡に応用されて居る事は否まれぬ事実で有ろう、　…　一口に云えば面被りの小抜手を軟かく使うものと云えよう　…　クロールは唯早くさえあればよいので、見た目の形などは奇麗でも醜くてもどちらでも宜いのである。」（65-66頁、傍線加筆）と、我国の呼吸法に着目した表現があり、伝承泳法への拘《こだわ》りもある感覚的な論理が示され、競技泳法を時流のものとして見聞を述べるに留まっているように感じます。

これらは、一例に過ぎません。並べて見ると、競技泳法と深く関わった人物からは、「伝承泳法」と「競技泳法」とは目的が違うこととして、双方の関連性を切り離した考え方の必要が強調されていると受け取れます。一方、伝承泳法の指導に長く関わった人物からは、この期に至っても、伝承の泳法の範囲を前提とした捉え方を脱しきれないまま、その枠内で紐解こうとしているように見受けられます。恐らく、同様の伝承泳法関係者は、まだ、どこにでも見かけられた時代かもしれません。

協会の場合、西洋泳法の指導を導入するまでは、それを競技水泳に特化した泳法との見解として持っていたと考えます。従って、協会が伝承する泳法の水泳教育には、直接の必要性を感じない範囲の見解と見ていたように考えます。ただ、うねりの後、西洋泳法指導を導入したことは、先に述べたように競技泳法が一般化され、競技泳法の詳しい知識も認知されたことを前提として、水泳教育への導入を許容したようでした。

(7)全国的な競技組織結成と伝承泳法への認識

競技水泳の世界と伝承泳法の世界は、時流の中でお互いを競技団体としても主張しています。

競技水泳が展開される中、競技水泳を統括する全国的組織が登場してきます。競泳では、主勢力となった学生が1922年(大正11)、全国学生水上競技連盟を先ず結成しています。その連盟が、グローバル化した競技会への参加と統括してきた日本体育協会の改組から、これを母体として1924年(大正13)、大日本水上競技連盟(1929年、日本水上競技連盟に改称)を創立しました。翌1925年(大正14)3月には、同連盟が、我国の水泳競技統括団体となっています。

また、競技水泳の発展の一方で、伝承泳法の存在が、社会の関心から薄れていく状況にありました。その中、競技水泳の動きに、危機感を覚えた東京界隈の伝承泳法関係者は、1925年(大正14)、日本游泳連盟を創立しています。

ここに、異なった泳法への意識を持つ連盟が設立されたのですが、この時に当然ながら、組織間には対抗の意識が既にあったようです。

しかし、両者が同一の競技会の中で、部門別の形で運営分担したことがあります。それは、1929年(昭和4)に開催された〈第5回明治神宮体育大会水上競技〉でのことでした。「第1部日本游法」は日本游泳連盟が、「第2部競泳・跳込・水球」を日本水上競技連盟が担当するという形で行われました。

本来は、日本水上競技連盟が単一で運営担当として認められていたのですが、対抗意識とは別に、我が国で継承されてきた伝承泳法の存在を肯定的に捉えての配慮だったようです。

話の時が少し戻りますが、1920年(大正9)以降、日本の競泳界は、右記のように伝承泳法から切り離した論理を持って展開したことで、参入から短期間にして国際舞台でも活躍が注目されるようになりました。この期間の水泳界の事情や活躍は、『月刊水泳』[*180](公益財団法人日本水泳連盟発行の月刊機関誌)連載記事「水泳ニッポンのルーツを訪ねて」[*181](日本泳法委員会今村昌明執筆）が、現在最も詳しく、確かな資料から述べられた論説です。

その中で、１９２６年（大正15）当時、競泳界のトップにあったアメリカ、その主力でもあったハワイ選手と日本選手との対抗戦がハワイで実現し、この時の結果では日本が優勢な状況で対戦を終えました。そのハワイ選手が日本にやってきての〈日米対抗戦〉が同年９月に実現して、その際に「古い日本の水泳法を研究したいと熱望している」（同年８月22日付『報知新聞』夕刊、第１面）とのことから、同９月５日開催の日本游泳連盟主催〈第１回純日本游泳競技大会〉を見学した旨が[182]、論説されています。つまり、国内の競技泳法関係者の考えは他所に、ハワイの競技泳法関係者は、日本の急激な活躍を、文化として醸成された水泳技術が背景にあるのでは、と興味の対象と考えたことが推測されます。観戦した〈第１回日本游法競技〉では、競泳として扇足（５０ｍ・１００ｍ）並びに蛙足（２００ｍ）を用いた平体の泳法、横体の泳法（２００ｍ・４００ｍ）、70ｍの潜水、得点を競う八種泳法得点競技、重り支持時間の競技、飛込採点競技が行われました。伝承泳法で行われてきた泳法や飛込法を用いた新しい競技形式の大会でした。中でも得点を競う八種泳法得点競技は、国際競技としての飛込競技をヒントとしたことが考えられます。なお、この大会は、１９４２年（昭和17）の〈第15回全日本游泳大会〉まで継続されたようです。

このハワイの競技泳法関係者が興味を示したことの例もあり、１９３０年（昭和５）の〈第９回極東選手権競技大会〉水上競技が東京、神宮外苑水泳競技場で開催されるにあたり、日本水上競技連盟が伝承泳法流派紹介を公開演技で実現したいとの依頼をしています。結果、伝承泳法８流派[183]が参集しています。

この大会後の同年８月創刊された日本水上競技連盟機関紙『水泳』に、伝承泳法の公開演技参加を勧めた日本水上競技連盟の石本巳四雄[184]は「日本游法の競技化について」（６-７頁）と題する論述をしています。

公開演技を求めた側の論理として、「吾々は日本游法を見る場合において、其の流儀として発達したる美点を飽く迄賛美する」と述べ、それでいて「日本游法はそのまま競技すべき性質のものでなく、寧ろ鑑賞すべき」としながら、伝承泳法の本質を「人々が水に溺れない事を心掛ける事から始まるのであって、游泳法を習得する事により危機から免れる事を主眼として居るのである。各流游法は本質的に此の点から発して居る事を吾々は知って居る。」とも述べ「游泳は地方的色彩の下に発達したものであり、自ら異った主張の下に構成されて居る事」と日本水上競技連盟側の伝承泳法への認識を示しています。

この論述から、伝承泳法の存在と継続に意義を認めつつも、伝承泳法の競技会には「実際吾々は何処に標準を求むべきであろうか。」と問題提起をしています。この論述は、現在でも承認できる本質であり、伝承泳法を用いて得点評価で競うことに伴う問題視すべき課題であるとも考えられます。

話が複雑となりますが、1930年（昭和5）、この時、日本水上競技連盟は、地域的な日本游泳連盟を全国的な組織とする提案を示し、傘下加盟の約束を交わして、同年11月に組織の改変を実現させています。しかし、改変された組織の日本游泳連盟は、傘下加盟を拒否することとなり、組織としての両者間は、抗争にまで発展しています。[*185] この抗争中の、1933年（昭和8）5月に、日本游泳連盟は『賛助会員募集に付《つい》て』の要項を公示し、「第十回国際オリンピック競技大会ニ於テ我游泳選手ガ非常ナル好成績ヲ挙ゲロスアンゼルスノ空高ク我日章旗ヲ輝カシタノハ日本国民ノ欣快トスル処デ之ヲ前回前々回等ノ大会ノ成績ニ比スルトキハ誠ニ隔世ノ感ガアリマス、短時日ノ間ニ斯クノ如キ長足ノ進歩ヲ為シタ事ハ世界ノ驚異トナッテ居リマスガ吾人ノ眼カラ見レバ別ニ不思議ハナイノデアリマシテ我等ニハ古来ヨリ伝ワル固有ノ游泳法ガアリ之ヲ競技ニ工夫応用シタ結果デアリマス」（2-3頁）と、同連盟の意識では、競泳界における日本の活躍も、すべて伝承泳法における泳法の応用による活躍に過ぎないと捉え、自己優位の主張をしていたことが判ります。抗争の主因は、ここにあったと考えます。

前述したように、競技水泳と西洋泳法の導入に見られた現場での混乱と、そこから競技泳法が伝承泳法から別離した論理に行き着いた日本水上競技連盟側との意識とは、乖離していたことも、現在なら理解できます。ただ、手元にある日本游泳連盟主催の〈日本游泳大会〉のプログラムの第9回（1935年）以降を見ると、加盟していた関東以外の伝承泳法の団体は競技会において公開演技をしても、競技種目には参加していません。伝承泳法の流派団体において、目的外である競技をすることに惑いがあったのかも知れません。[*186]

(8) 戦前の競技泳法全盛期と協会の動き

国際化も進む中、全国的な組織結成への動きは、大正末期に、競技水泳の組織が生まれてきたことで、伝承泳法も組織化と結集が図られました。その後の昭和初期は、日本が競技水泳で頭角を現し、世界で覇権を握るに至った事は知られる処です。

なお、この時期にオリンピック選手として、協会の関係者では馬渡勇喜が出場し、京都踏水会では新井信男や木村象雷らが、浜寺水練学校では齋藤巍洋が出場しています。

その間に、伝承泳法を主体とする団体、競技泳法を主体とする団体、その双方を混合させた団体が色分けできる状況が生じてきたとも捉えられます。

基本的に学校での水泳部は、学校単位での対抗競技会の開催が増えたこともあって競技泳法が主体となったことが、推測されます。

また、1929年（昭和4）文部省が発行した『水泳指針』（前出）に、競泳について取り上げられ、競技泳法も競技方法も示されたことで、競技水泳が意識されて学校の水泳教育にも導入され、多様性のある指導が行われた可能性が考えられます。

その影響を観海流に見ると、同流が距離を泳ぐことで習得評価を行い、集団で遠泳を達成することを伝統的な目標としてきました。そのことから、遠泳による教育効果を期待して学校単位で学ぶ時期がありました。実数として学んだ人間の数は把握できていませんが、年次ごとの学校数は、段位授与者記録の所属先名から判明しています[*187]。それに拠ると、１９００年(明治33)より継続して１９４４年(昭和19)まで見られ、１９０７年(明治40年)が34校と最大で、競技水泳が盛況となった昭和初期以降は、二桁以下と明らかな減少が見られます。それは、伝承泳法のみしか指導されず、プールが学校でも設置され始め、水泳教育の内容と目的に競技泳法も意識され、遠泳を目標とした水泳教育からの変化と関係があると考えられます。

協会も、「教授課程」への明文化はしていませんが、１９３４年(昭和9)より西洋泳法の導入をしています。それは、同様に伝承泳法を継承する団体でも、伝承泳法を主体としながらも、時勢として競技泳法(西洋泳法)の一般化を受けて、導入の必要を感じたことから指導を開始したと推測されます。

競泳の競技会が、所属学校単位での対抗活動として盛んとなって、各学校の水泳部の活動が主流となって行ったようです。その意味では、過去、協会内で競泳を支援して協会が全国大会に派遣するということもありましたが、状況は変化したと思われます。

この状況から、協会の西洋泳法の導入は、競技水泳の選手育成という点からではなく、一般化された競技泳法も知って泳ぐことが出来る人、集約的な表現として〝水泳人〟の育成に意識をおいた対処であったとも考えられます。何故なら、協会創立理念の水難事故防止を目的とした水泳教育の重視には、変化はありませんでした。

従って、協会自身は、競技選手の育成を目指した訳でもなく、伝承泳法流派の本拠地でもなく、全国的な水泳組織との繋がりを、この期に敢えて求める必要がなかったと考えます。

では、協会において、競技水泳が盛況となったこの時期、どれ程の会員がいたのでしょうか。明らかとなる統計的な資料は、今のところ見られていません。

参考となる資料では、大日本武徳会和歌山支部水練部の記録資料[*188]があります。その記録は、１９０４年（明治37）から１９３９年（昭和14）まで各年「練習生徒数」の統計として一覧表で示されています。それに依ると、１９２１年（大正10）年の３，２０４人が最大で、その後徐々に人数が減少し増減幅もありますが、２，０００人程を維持しています。当時としても、大きな組織（会員数等）で、この期でもそのまま維持されています。

恐らく、この期の協会も京都踏水会も浜寺水練学校も、同様に大人数の組織を維持していたと、過去の記録などから推測しています。

協会の組織維持が、推測通りであったとして、理由を考えると、児童からを対象とした水泳教育が、水難事故防止に役立つものであること、心身に有益であること、地域の夏の風物詩であったことなど、理解と認知が深まったことを意味していると受け取れます。同時に、自然の場での水泳教育には、水難事故の危険が伴う中、事故なく安全な水泳教育が実施されてきたことで、協会への社会的信頼関係が築けていたことを、この会員（生徒）数維持が物語っていると思えます。

何度も採り上げますが、協会は「速さ」に着目が集まる時代の中でも、水難事故防止の理念の下で水泳教育を進めてきました。それは、変わらない軸としておいて、全国的な競技水泳が盛んとなり始めた時期には、育てた人の想いに寄り添える範囲で支援も惜しまず推進したこともありました。また、競泳及び競技水泳に対して拒否的であったわけではなく、修得した泳力の発揮として活用してきた歴史を持っています。それでいて、協会が水泳教育の基本姿勢を崩すことなく、時流を捉えてきたことは、結果として、時代を通じて長崎市民に親しみと期待などを提供してきたとも見えます。

近年の競技水泳との関りでは、後述する次論Ｖ．８．（３）．⑴の〈日本泳法大会〉の競技種目への参加があります。

Ⅴ．長崎游泳協会の存続における対応と継承について
―その2　継承と伝統との関わりの中で―

前論Ⅳ．では、「―その1―」として、伝承泳法と競技水泳を巡って、競技泳法の進展が協会に、どのような影響をもたらしたのか、そこに焦点を当てて詳しく述べました。その詳述の中で、論者の研究としての興味が働き過ぎて、少々深く長い話になってしまいました。

しかし、今日の協会の水泳教育の姿が、この時期に決定されたと考えています。それは、伝統という観点から見ると、時流の受け入れと、基本姿勢の固守と言う難しい取り組みの時期でもあったと思います。つまり、結果的に、「泳げて溺れない人即ち，水泳人，を育てる事」、そして「，小堀流，の伝承の魅力を伝え継承できる人材育成をする事」という2つの柱を継承しつつ、「水難事故防止」という協会創立理念を、現在も忘れずに推進している姿へと繋がったと考えます。

当論Ⅴ．「―その2―」では、協会が継承して伝統と化してきた事柄や、反面その都度対処が求められた事柄、継続を維持するために選んだ方策など、今日までに存続に関わったと考えられる事柄を取り上げて述べたいと思います。なお、当論Ⅴ．の構成では、前論Ⅳ．の競技水泳に関わって述べたことは除いて、おおよそ年次を遡りながら述べ進めます。

1．現在も継承される年中行事

伝承や伝統という言葉から、年中行事が想像されることがあります。

伝承泳法を継承している団体においては、多くがお決まりの様に催される年中行事があります。それを、地域の風物詩と受け止められている例も少なくありません。

協会が、現在も年中行事として、継承と継続している事柄を取り上げますと、(1)夏季水泳教室、(2)寒中水泳、(3)遠泳、(4)大名行列の4つが考えられます。

この4つの行事について、個々の経過の要略と、伝承泳法にあっての史的な側面や現在的意義について、論者の考えも含めて述べます。

(1)夏季(期)水泳教室

伝承泳法による水泳教育の教室は、プールの普及や室内プールで実施されるようになるまでは、原則、自然環境の場で、しかも夏の季節のみ限定されて実施されてきたものでした。

協会は、1903年(明治36)に創立され、鼠島の海で開始されました。それは、夏期のみ開講の教室でした。当初から、学童・生徒を主対象と考えて、学業の夏期休暇期間を意識して始まったと考えられます。時には、その前後にも開講されたものでした。途中、疫病や自然災害による休講があったとしても、戦前では、1943年(昭和18)まで継続されています。戦後、1947年(昭和22)に復活を果たし、1972年(昭和47)までは協会主催として開講しています。その後、1973年(昭和48)よりは、市営'長崎市民総合プール'での教室開講となり、同時に市教育委員会が主催する教室となり、指導は協会が委託される形式で、2019年(令和元)まで継続されていました。残念ながら、コロナ禍の為、2020年(令和2)・2021年(令和3)は、主催者側の判断で安全を第一に、教室の中止が決定となりました。なお、鼠島の海からプールへと移行したことで、秋から春も、長崎市教育委員会主催の教室が開講されています。が、夏の教室は、生徒(会員)数の多さもあって、協会にとっての特別な年中行事として継承されています。因みに2019年(令和元)時点の、「夏季水泳教室」の生徒数は、協会の努力と工夫もあって2,000人以上が維持されています。全国的に見ても大規模な教室と言えます。

今日では、伝承泳法を継承する団体の大半が、プールで教室を開いています。中には、夏期のみ自然の場を教場としている団体もあります。伝承泳法団体でも、学業の夏休み期間を対象とした教室が開かれています。日本では、夏の季節は気温が高く、学校では長い夏休み期間が設定されてきました。夏期の水泳教室は、その児童・生徒の夏休み期間を利用して、指導する側も学ぶ側も、集中して短期間で、泳法の修得が期待できる事でもありました。また、夏の季節という気温・水温から考えて、水に親しみやすく、水辺に出掛けることや水中に入る機会があることなども想定される時期で、泳げることが水難事故防止につながる可能性も予測されます。

伝承泳法の本領から考えるならば、自然の場での実施体験の経験が積める時期とも言えるでしょう。言葉をかえれば、伝承泳法の修行者も、今は年間を通じて、室内プールで泳ぎ続けることが可能です。が、夏の季節は、プールと異なって、「見える自然環境」の中で、本領としての泳法技術を修行することが可能な時期でもあります。

自然環境は、場所によってそれぞれの違いがあり、危険や変化への対処、多様な楽しみ方などを体験できます。この期間に、遊泳が認められる場所で、経験を深め広げておくことは、知見を蓄積できる良い機会でもあると考えます。

その意味では、協会には、鼠島育ちの指導者の存在があります。それは、自然の中で伝承してきた知見の継承にも繋がってきたことでしょう。

(2)寒中水泳

寒い時期に泳ぐことは、普通の暮らしでは敢えて求める事ではなく、特別な事情なくしてあり得ない話です。それが故に、寒中水泳が報道に取り上げられたり、観客が集まったり、注目の対象となります。伝承泳法の団体では、現在も実施している例が見られます。その多くは、恒例行事としています。実行する日時や形式には、違いがある事や実施理由にも違いが見られます。

協会では、前論Ⅲ・1・(1)で触れた1905年（明治38）1月5日破天荒の中、軍事的祝事に際しての意気込みから、会員有志が寒中水泳を挙行した新聞報道を、協会初めての確認記録と見ています。協会の行事として実施されたことが確認できた記録は、1911年（明治44）1月17日付の記事が示す同年1月15日が最初です。が、『10年誌』には、この年以前を示す「既往九年の間之を行えること二三回に止どまらざるが」（16頁）とあり、この記録以前に実施された可能性を述べています。つまり、既に創立以来、数回の寒中水泳の催しがあったことを示す記述で、第1回の実施は、更に年次が遡れそうです。ただ、創立発案者で初代主任師範であった宇田川五郎は、自著『水泳日本』（前出）の中で、『附録の二　寒中水泳体験漫談』」（259-267頁）の標題において、自らの寒中水泳について詳しく語っています。前論Ⅰ・4・(3)でも触れました。が、「仮にも売名的観物《みせ》式にやたら行《や》る可き性質のものではない。　…　実際数える程しか無い。」と積極的でなかったことが述べられ、自らの体験として合計5回を述懐しています。それには、協会時代の寒中水泳は含まれていません。宇田川五郎は、協会創立年及び翌年の年明けまで長崎に逗留していたことも推測されますが、その間に寒中水泳を実施した可能性は低いと思われます。

1911年（明治44）の『東洋日の出新聞』記事には、「寒中の游泳　…　皇后島《ねずみじま》にて心身鍛錬の為厳寒の游泳稽古を為す」（1月17日付、3面）とその目的が報じられています。この目的で寒中水泳を、創立年次近くから今日まで、途中記録が見られない年次や中止もありましたが、協会が鼠島で開催する恒例行事として継承してきたと考えます。協会では、これまでに2月を最も寒い気候でふさわしいと考えた期間が長くありましたが、現在は1月3日に実施されています。

協会と同様に、小堀流を伝承する京都踏水会の場合は、同会の年表に1918年（大正7）「○初めて寒中水泳会を行う」[*189]とあり、この年は有志により実施されています。翌年より游泳部主催となり、この時一週間実施され、皆勤者の証書授与もありました。[*190]その後も、寒中水泳の行事は、継続されてきています。

その他、伝承泳法の流派団体の行事として、岩倉流（１９１６年からの記録）、観海流（１９２３年からの記録）など、長く継続してきた歴史を持っています。

伝承泳法の継承団体の寒中水泳では、安全祈願の儀式や式泳、願いを認める水書などが行われます。そこでは、年初の意気込みと抱負が示される場でもあります。

協会の寒中水泳でも、演目最初に「水書」を認める事が、10数年前より慣例化されてきているようです。

武道などでは、寒稽古として期間を設けて行なうことで、心身の鍛錬と捉えていることもあります。寒さに「耐える」という意味では、気力も必要です。ただ、論者の体験[*191]として、中国の北京の冬でも毎日泳ぐ人々と一緒に泳ぐ機会がありました。その人達は、西洋医学の「冷水浴」の観点から、或る種、治療法であり健康法として実施されていました。その実施の実際は、自らの身体のためとして、水辺にやってきて着替えるや否や、身構えもなく飛び込んで泳ぎ出し、数分間泳いだら着衣して自転車で即帰るという感じで、一年中変わらない日課として実施されているとのことでした。その目的と感覚の違いには、驚きました。

伝承泳法の意識から捉えた寒中水泳に関する事では、佐伯安著『游泳術』（博文館、１８９４）に「寒中水に入る時心得の事　必要に由って寒中水に入らざる可らざる事あり、四時常に水に入るを業とする者は習い性となりて寒気甚しき時にも凍えずと雖《いえど》も平常水に入らざる者が不時に寒き時水に入れば忽ち凍えて手足の働きも失し凍死すべし、故に若し寒中入水すれなれば其前に体温を失せざる用意を為すべし」（81-82頁）として、腹を温め、凍えない対処法が述べられています。

少し古い話では、１８２７年（文政10）の水府流の島村丹治昌邦が書き記した『水術伝習書』に「水に凍えざるの薬の事」と、塗り薬や食す物などの対処法を見ることができます。[*192]余談ですが、このような寒さ対策への考えを実施した話として、１９０４年（明治37）に日本体育会水泳講習会教師村田析が著わした『水泳術指南』では「第十、寒堪法　水寒冷なるときはからし粉を飯に丸めて呑み、或は腹に胡椒を壁《は》り、醤油を五勺程飲みて泳ぐと云うものあれども、寒中の河流にはとても游泳することは能わず、予は実検《ママ》して三四間を泳ぎたるに気息切迫して幻目するを見たり。」（193-194頁）と、要は、できる事ならするものではないと伝えているかに受け取れます。同時に、経験の必要性も示していると感じます。

現在的な意味からすれば、年初の「意気込み」も含めて「安全」や「健康」祈願、「心身の鍛錬」などであることに異論はありません。また、団体の存在を知らしめる手段である事も異論はありません。さらに、行事の終了後に、温かいものが振舞われ、焚火で暖を採る、お風呂に浸かるなど、楽しさ満載も、論者の経験から良い思い出と思っています。

紀州藩水芸指南を役目とする家に生まれた能島流第17代宗家多田一郎が、『游泳雑誌』（第5号、浪花游泳同志会、1910）に語った話の中に「游泳術は武芸である、家職であるという事が深く頭へ沁み込んで居るから出来た事で、それだから事があった時には、冬でも寒いから水へは入れませぬ、波が高いから今日は游げませぬとは言われない。如何なる時、如何なる場所でも、完全に游ぎ得べき法を講じ、其練習と用意とを怠るゝ事は出来なかった。」（27頁、傍線加筆）と、心掛けを語っています。水術家としての心得が感じられます。

伝承泳法としての捉え方の一面として、健康に留意した上で、京都踏水会の様な数日間の寒稽古とするなど、心身の実質的鍛錬と冷水の中での身体の動きへの確かめとして、所謂、心掛けの一つと捉えての行事にも思えます。

(3) 遠泳

単純に「遠泳とは?」と問われれば、自然の海、河川、湖、池などで個人や集団が、長距離を泳ぎ切ることと答えますが、自然環境の場所、出発から目標へ辿り着く道筋、参加人数、実際の距離、時間、往復や途中上陸の有無、泳ぐ泳法、隊列を組むとか組まない、競う形式があるかないか、参加資格など条件もいろいろと考える事ができます。それは、時として、行う側の自覚として、捉えることもあると考えます。

協会と遠泳を見直しますと、創立初年度の初伝免許状に、「遠泳」として鼠島と小ヶ倉間往復を明記していることが最初と考えます。主催者側も泳ぐ側も「遠泳」との自覚で行われたと受け止められます。従って、協会の行事としての「遠泳」は、ここに始まった伝統としても間違いではなさそうです。その後、１９０５年（明治38）年の深堀遠泳が挙行されて以降は、明らかに恒例行事となり、プール移行となる前年の１９７２年（昭和47）まで、中止や記録不明、目標の変更もありましたが、基本継続されてきています。教場が鼠島からプールに移っても、伝統は息づき１９７６年（昭和51）から再び行事として開始され、２００２年（平成14）の〝１００周年記念〟の年からは、大村湾の長与港から時津町赤崎間約７㎞の遠泳を継続中です。但し、コロナ禍の２０２０年（令和２）、２０２１年（令和３）の２年間は、影響を受けて実施されていません。

なお、有明海横断遠泳は、１９１４年（大正３）、１９１６年（大正５）、１９６４年（昭和39）の３回実施され、前論Ⅲ．７．（３）に示した通りの結果でした。

因みに、京都踏水会では、１９００年（明治33）琵琶湖での遠泳を挙行し、翌１９０１年（明治34）には、伏見観月橋から大阪二軒茶屋まで、約10里の淀川の遠泳を実施しています。詳細は、『東京朝日新聞』同年８月24日付「淀川の長距離水泳（十余里）」（３面）でも報道されています。また、同会で遠泳が恒例行事化したのは、１９１２年（大正元）からのようです。

ここで、もう少し踏み込んで、「遠泳」について考えてみたいと思います。

一般的には、泳力の上達を推し量る方法を基に、心身の鍛錬や、集団行動の育成、集団での達成感など、教育的で道徳的な一面や行事としての活用としても考えられます。

現在、伝承泳法の継承団体や学校、自衛隊などで行われる遠泳に対して、集団で隊列を組んで実施されるイメージが強いと思われます。

何時頃から、何故、集団で隊列を組んで行われる遠泳の方法が広まったのでしょうか。

戦術としての、「水術」（廃藩置県以前の武術として称す）の必要性から考えてみます。
戦国時代の陸戦では、河川での戦も想定にありましたが、日本の河川の巾《はば》から考えて、流れや深浅の変化などもあり、場所によって橋もあり、集団で隊列を組んでの長距離移動や向う岸に渡る必要性を強く感じられません。同時に、当時の海での戦は、船での移動を想定とした水軍の訓練として、操船や航海術に焦点があり、戦術として泳法の修得や長距離を泳ぐことを実用的とは考えていなかったと推測されます。確かに、遠距離を泳ぐことの必要が生じる事は、幅広く深さがある河川や海でも個人的には無かったとは言えません。が、戦術としてまでの発想に至っていなかったと考えます。

では、戦術、戦闘力として泳力の必要性を考えたのは、何時頃からなのでしょうか。

徳川幕府となって、1647年（正保4）第3代将軍徳川家光が水泳上覧を始めるなど、水術（「水稽古」）の奨励が見られます。その後、将軍による水術奨励に衰退期があり、第8代将軍徳川吉宗によって享保年間（1716年～1736年）に、水術の再興と幕府船手組の水術が開始されています。このような中で行われた水術は、武士の心掛けとしての意識が高く、長距離泳よりも、泳技に長けることに焦点があったと見ています。それは、徳川吉宗の国元、紀州藩に発祥した水術の三流派（岩倉流、能島流、小池流）において、長距離泳に関する藩政時代の明確な記録や伝承が見られないことも、論拠になるのではないかと考えています。

一つの仮説として、海で長距離を泳ぐ能力の必要が意識されたのは、外国船がやって来て海防への意識が芽生えた頃で、それは1787年（天明7）に林子平が海防論『海国兵談』[*193]を著し、海防の水戦で必要な能力として、水術の指導を取り上げた後年のことと推測されます。隊列を組んで遠泳をすることで著名であったのが、伝承泳法流派の〝観海流〟です。同流は、海防論が高まり始め、1851年（嘉永4）に『海国兵談』が復刻された翌年の1852年（嘉永5）に、流祖宮発太郎信徳が津藩を訪れて泳技を披露しています。翌年からは、同藩武術の一科として採用されたことを創始としています。観海流の教えとして、長距離を泳いで上陸して、直ちに行動に移れることを前提とすることが伝えられています。同流初代山田省《せい》助[*194]より伝えられた初段目録の伝書[*195]では、「長渡助力看護心得の事」として「五十町長渡[*196]」の試験時の隊列様式や船の配備が伝えら、「群雀、群燕の事」では、「群燕は大勢一処に泳ぎ居て左右前後に渡り廻して渡り行く業也其の群游ぎ居て各定格あり本船よりの合図太鼓を聞き左右なりとも前後なりとも其の組の御馬へなりとも御船なりとも堅く衛護する是を群燕の業と云う也」（傍線加筆）とあり、隊列を組む事が示され、その目的が馬や船の警護にある事を示しています。一見、隊列を組む必要性も状況についても、この表現から海防としての実際の実用性も、論者の想定の域を超えています。しかし、伝書に教示された隊列と警護を、戦術的と見るだけならば、その範疇からの発想と考えられます。

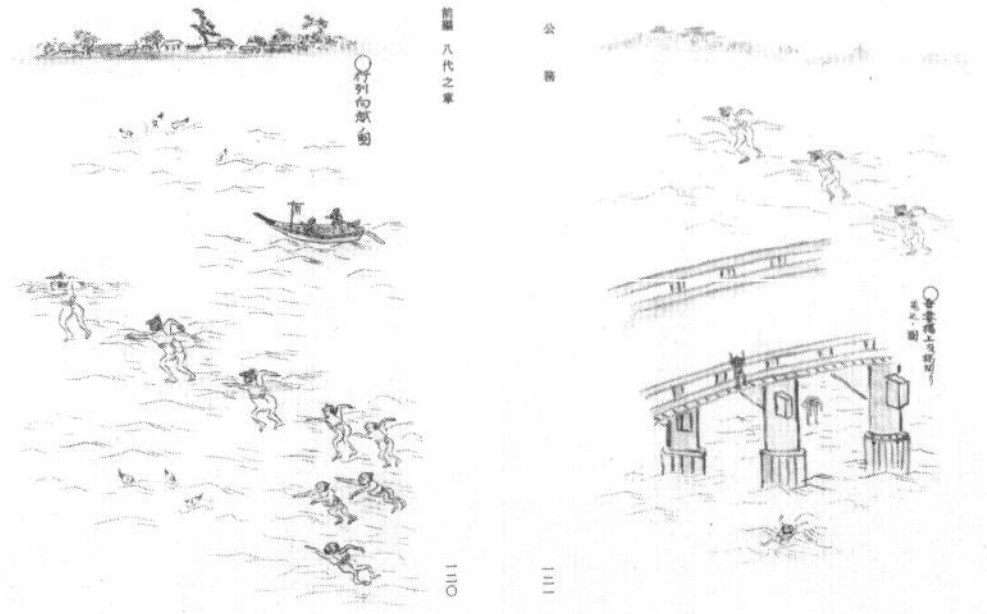

「遠町泳　行列向越ノ図」（『幕末下級武士の記録』120-121頁より）

手許資料で前出の山本政恒著『幕末下級武士の記録』（吉田常吉校訂、時事通信社、1985）に、徒士《かち》組で「遠町《とおまち》泳　吾妻橋より小屋迄行列にて戻りたり。又隅田川迄船にて漕上《こぎあ》げ、両国まで遠町泳ぎをなせしが、向超しよりは行列をなすに易し。」（122頁）とあり、その長距離を泳ぐ図（120-121頁）があります。著者本人が徒士組に任じられた1856年（安政3）以降の事ですが、それを見ますと縦一列を組んで泳いでいます。川の流れの中と言うこともありますが、列をなして泳いだことが示されています。元来、揃って同じ技術を泳ぐことが行われて来たことはあったとしても、長距離を泳ぐことと、列を作ることに意識を置いて泳いでいることに興味を感じます。

伝位試験の総てが、長距離泳（「沖渡」試験）である観海流は、距離を泳ぎ切る泳力や方法など、経験的な知見を個人が身に付ける手法において、集団による隊列での泳ぎが有効と認識していたように受け取れます。言葉を換えれば、長距離泳法習得の訓練手法とも考えられます。

これも推測ですが、水軍が船軍の配置を組んだことや兵法としての兵士の動きとして隊列を用いたこと、また大名行列なども視野にはありますが、この様な隊列を組む発想は、洋式調練など外国の軍隊の方式が採り入れられたことも関わっているように連想します。

隊列のイメージから、余分な憶測ですが、大名行列での川越でも、泳ぐよりは歩くを基本として済ませる事が、賢明な判断であったと考えます。

この隊列を組む方式の効用は、集団の行動や安全管理の上でも有効な働きをしてきたと考えられます。それ故に、明治に入って軍隊や学校でも、この方式の遠泳が採り入れられ、現在まで団体での遠泳に活用されていると考えています。

なお、明治後期から、長距離競泳大会が開かれてきたことは既に述べましたが、１９１５年（大正４）頃の大日本武徳会和歌山支部水練部の年中行事「塩津和歌浦間八哩の遠泳」について述べられた遠泳の様子には、出場に競泳による予選があって、上位15人と組長のみ参加資格が認められて、「泳者一人に船一叟が付き、船頭二人と職員二人が付き添った。……此の遠泳は競泳で無く、完泳を目的としたのであったが一着二着と呼ばれた。[*197]」と、長距離競泳大会の影響を受けたのではないかと推測されます。

また、余談ですが、観海流では、「沖渡」試験の方法として、潮の流れや海の状態などが変化することを配慮して、達成距離を時間換算とすることが記述として残っています。試験としての平等化を図ったとも考えられます。[*198]また、観海流では、恐らく藩制時代から「遠泳」と言う呼称が用いられていたと考えています。具体的には、『家元口伝観海流の話』（家元家蔵）に「五十町長渡《ながわたり》」「三里半大渡《おおわたり》」「五町長泳《ながおよぎ》」「七里遠泳《とおおよぎ》」と呼称が伝えられています。

『日本水泳史』には、「遠泳は「遠《とお》およぎ」という言葉が古くからあった。」とし、「遠泳」と言う呼称が普及したのは明

治中期以降と述べています。（25頁）

１８８９年（明治22）講武永田流創始者、永田義章著が著した『水泳獨習誌』（生々館）に「第十一章　遠泳《えんえい》の術　浮流《うきながし》泳《およぎ》とも称す　遠泳の術は大略水泳を習練して後流れに順《したが》うて数里の遠方まで泳達することを実検するに用うるなり遠泳は第一に息の呼吸を保つことと身体の労れざることとを注意し迅速に泳達せんと欲するなく心を静にし流に順うて徐々《しづしづ》と泳《およ》べし」（26頁）と、疲労しないことを重視して「手足を動さずして体にて浮流るるを為す」（27頁）とその泳ぎ方の極意を述べています。観海流の泳法（泗水術）でも、長距離を泳ぐことを前提に、無駄な労力を使わない泳ぎを流儀としています。長距離を泳ぐことだけを取り上げて小堀流を見ますと、『踏水訣』（前出）に、「遠およぎの事」として、遠泳では移動の初めから力まないことが述べられ、「海游の事」では、潮の流れに注意することが述べられています。一般的には、この要領に加えて、泳者人数が多い中では、泳力の低い人への配慮として、泳力別の隊列の設定や隊列中の配置調整などを行い、隊列全体を統制する方式が採られています。また、小堀流では、「遠山の目付け」「遠近の目付け」と目標を定めることや「残心」という余力に着目した考え方が伝えられています。遠泳でも必要なことであることが理解できます。

協会の遠泳には、考え方として、独自性が見られます。『研究会資料・長崎』に遠泳時の泳ぎ方の説明があり「体格・体力の異なる生徒が一定のペースで泳ぐために、隊列の前後の間隔はできるだけ短くして水の抵抗が少なくなるようにします。前の泳者の腰の上を掻くイメージです。先頭の泳者の負担は大きくなりますが、強い者が弱い者をサポートして泳ぐことで全員の完泳を目指します。」（39頁）とあり、泳者間を狭くして前者の背部に出来る後流（＝低圧領域）に後者を引き込むかの様な作用を利用して、後者の負担を軽減するという考えと思われますが、これは協会独特であると推察します。また、協会にとって遠泳は、準備や諸手配、参加泳者の状態や環境状況への判断など、無事に達成するまで最も神経を使う行事と言えるでしょう。その反面、無事に達成した喜びは一入《ひとしお》大きく、継続の力に繋がっていると思います。

遠泳には、達成の喜びだけでは語れない経験が生まれます。例えば、泳ぎはじめの不安、水温の変化に驚く、知らずのうちに潮に流される、気が付けば逆潮《さかしお》で前進せず同じ地点に居る、風で目が開け辛く波の谷間で列や人が見えない、上陸地点が見えてから長いこと、知らずに周囲を励ましている、上陸後の虚脱感など、人それぞれですが、様々な経験が伴うことです。

遠泳ならではの特別な話として、日本で最初のノーベル物理学賞を受賞した湯川秀樹は、旧制中学校時代に観海流の訓練を経験し、同流奥伝（5里、1916年8月、第1059号）を授与して、助教にもなっています。自伝『旅人』（角川文庫、角川書店、1960）に、その時の遠泳経験から、「水泳の思い出は多い。しかし今でもはっきりと思い出すのは、遠泳でずっと沖へ出て、ふと気づくと、黒雲が厚く頭の上におおいかぶさっていた時の不思議な気持ちである。一種の恐怖感に違いないが、同時にそれは、底知れぬ孤独感でもあった。」（98頁）と意味深い感想を綴っています。なお、1954年（昭和29）に、同流「師範」の称号を允許されています。

「オリンピック東京大会記念有明海横断遠泳」の協会挙行時の様子

協会の遠泳の中で、田中直英現理事長の記憶として、特別であったのは、前論Ⅲ．7．（3）で取り上げた1964年（昭和39）7月の「オリンピック東京大会記念有明海横断遠泳」で、忘れられないと語っています。何故ならば、台風14号の影響で海はうねり時化《しけ》の状態の中、先頭を泳いでの苦闘、指揮団も上陸後には感極まる状況となり、厳しい試練の伴った遠泳の様相が伝わってきます。それは、『65年誌』の「三たび有明海へ」（160-163頁）で詳しく取り上げられていますが、協会史上においても、特別と言える遠泳であったと考えます。

遠泳は、経験した人の中で、人生に残る、どこか特別な味わいにも感じます。

(4) 大名行列

「まえがき」で触れましたが、論者は、協会の大名行列を初めて見た際に、強く惹かれました。それは、今振り返っても、あの和やかさと賑わいとも言える雰囲気は、庶民的で地域のお祭りと対比できる様な印象でした。

協会の大名行列が、初めて披露されたのは、1911年（明治44）8月27日開催された〈第2回游泳大会〉で「当日の呼物たる余興泳に移りしが就中《なかんずく》男子部の障害物競走、源平土器割《かわらけわり》は実に勇ましく女子部の花笠行列、　…　最後に於ける大名行列の水中を練り行く様は恰《あた》かも陸上を行くのに異ならず。非常の喝采を博せし」と『東洋日の出新聞』同年8月30日付（3面、傍線加筆）に報道されています。『65年誌』には、協会の『庶務日誌』から、この時が「提灯行列、大名行列等」を嚆矢《こうし》として取り上げています（57頁）。また、この趣向を凝らした余興が、「行事化して来たのは大正二年頃からで、その後　…　姫も加わって、鼠島には欠くことの出来ない行事となってきた。」（164頁）と、その後、行事として演出や道具などが工夫され、評判も上がり、継続されてきたと捉えられています。継続は、戦前では1943年（昭和18）までで、戦後1948年（昭和23）に復活して1972年（昭和47）最後の鼠島挙行となり、プールへ移転後では一時休止、1983年（昭和58）に、再復活しました。現在まで継続中ですが、プールの建替工事（1995年-1996年）、高校総体会場（2003年・2013年）、直近のコロナ禍の2年間（2020年-2021年）は、止む得ない事情として中止を受け入れています。現在の状況は、原則8月の最終土曜日に、〝大名行列〟の名称が付いた、独立した催しとして実施されています。

何故、協会の大名行列が、実施されるようになったのでしょうか。その経緯ははっきりしていないようです。強いて関連的な事柄として考えるならば、創立以来の運営に主導的であった人物が退き、会長も軍人に入れ替わり、監督に西郷四郎が就任したこと、協会の『庶務日誌』に初めて田中直治師範の記述が見られたことなどの年でした。さらに、協会として、新しい呼び物を考える動きがあった中から思い浮かんだ、などが推理されます。

ただ、協会の大名行列は、小堀流の本拠地、熊本（細川）藩の大名行列が、大井川の川留めでも川越をしたとする話を、出所とすることが伝えられています。これは、熊本で修行を積んだ田中直治や招聘に応じた小堀流第６代師範猿木宗那からの情報なのか、その可能性はあっても、これも定かではありません。

その熊本藩の伝聞を示すこととして、１９１３年（大正２）８月30日付『東洋日の出新聞』に「海上の大名行列　▽明日の最終游泳大会　長崎游泳協会にては明卅一日天長節を卜《ぼく》し　…　当日は協会独特の大名行列（大井川渡り）を演ずべく」（３面、傍線加筆）との報道記事があり、大名行列を「大井川渡り」であると記述していることが見られます。

では、熊本藩が大井川の川留めでも川越をした話は、現実的な話だったのでしょうか。

『肥後武道史』（前出）から関連する事柄を、拾ってみました。先ず、洪水の大井川を泳いで渡り、褒美を受けた藩士がいました。それは、「隠れた水泳家の一人に桃井天幻という僧侶は、…　天幻は昔細川藩中にて水泳の達人として太守の寵遇を蒙った加来衛門七の様である。衛門七は太守参勤交替の節東海道大井川洪水を泳ぎ切って太守から賞され九曜定紋付羽織の下賜を受けた」（１６７頁、傍線加筆）とあります。では、熊本藩の藩士が、洪水の川でも泳ぐ能力があったのでしょうか。その例として、「ト．技術の練磨及び気力の鍛錬　技術練磨の方法として門弟の普通初歩の游泳を修得したる上諸種の芸游を修行せしむ。…　達者游を修練するには、…　白川の洪水に下の川下りと称して小剔淵まで遠距離激浪奔湍の中に出没して游ぎ行く事もあり、　…　。或は渦中に投じて川底深く巻込まれ、数十間の下流に浮かび出づるを修行せり。」（１７２頁）と実際に洪水の中を泳いだり流水の変化に対応する修行が行われていたようです。また、藩士が積極的に修行した背景として、「旧肥後藩の制規に凡そ士たるものは皆游泳の心得無かるべからず故に士族にして河川に溺死するものあれば士族を剥奪され知行を没収さる。…　（泳師範記録に依る）」（１７４頁）と、溺死への藩の厳しい処罰があったようです。

このような熊本藩の状況と、川越に関わる実際について、『日本泳法流派史話』（前出）には、「軽輩（下士）といわれるのは徒《かち》、行列供方の先導する　先徒《さきかち》や歩《かち》小姓などで[*199]、川游ぎ、法螺貝吹き、金瘡などを職務とするもので、また川方とも称せられました。」とあり、軽輩と上士との稽古場は別れていて、軽輩の側では時々見分けがあって上達度で格上げ格下げがあり、必死の修行であったそうです。厳しい修行をした藩士たちであったので「参勤交代の際、大井川や天龍川の川留めのときでも、熊本藩では、そのための逗留を恥として、立游で槍をたて、藩主の駕《ママ》をかついで堂々と、川をわたったのであります。」（110頁）と述べられています。熱心に泳ぎに精進した川方の存在があり、川越の実際も小堀流の立游の修練からと思い浮かびます。また、小堀流第5代師範となった小堀清左衛門闊芳（後、水翁）も大川を渡る意識があったようで、「苟《いやしく》も游泳にその精妙を得なければ、たとえ、溝渠《こうきょ》の浅きにも溺れるだろう。ましてや大川を済《わた》るに於ては、なおさらのことである。」（130頁、傍線加筆）と、述べられています。熊本藩で小堀流即ち「踏水術」と、水を足裏で踏む「立游」を重視する意識と、それが生かされての実際が窺えるように思います。

また、1901年（明治34）発行の『游泳教範』に寄せられた第五高等学校長中川元の序文に、「又余幼少ヨリ之ヲ聞ケリ熊本藩士皆善ク泅《およ》グ故ニ藩侯荏都《えど》ニ参覲《きん》ノ途次所謂ル天龍大堰《おおい》富士三大河ト雖ドモ渡人ノ手ヲ借ラズ家人ヲシテ皆之ヲ渡渉セシメ或ハ河水漲溢《ちょういつ》シ渡頭ノ営業者モ其渉ヲ難ンズル時ニ於テ尚能ク激流奔湍《ぽんたん》ヲ冒渉シ敢テ行旅ヲ遅滞セシコトナク游泳術ハ武人ノ最モ心得ザルベカラズザルモノナルヲ説ケルヲ然リ」（2頁、序文気付は1899年（明治32）5月、傍線加筆）とあり、熊本藩の参勤交代時の大井川と川越に繋がる話が、後世まで伝聞となっていることが窺えます。

熊本藩の実際の参勤交代では、瀬戸内は船で移動して、その後は東海道の陸路を行列が移動したようです。従って、世に云う旧東海道の難所「箱根八里は馬でも越すが、越すに越されぬ大井川」を通行する必要がありました。この時代、川の形状や架橋技術では、大井川に橋を作ることが難しく、また一説に幕府が渡し船を認めないことで川人足の既得権を守ったなどがあり、止む無く定められた場所から川越をするしかなかったようです。熊本藩の行列には、洪水に対応できる泳力を身に付けた藩士が居ただけでなく、右記で登場した先徒や歩小姓も随伴していたと思われます。

川留めがどの程度の状況を意味するのか、島田市観光協会のホームページ[*200]に大井川の「川越賃銭と越し方」について詳しく述べられていました。それに拠ると、通常の水深は「二尺五寸（約76センチ）」で、川留めの基準とされたのが脇上の「四尺五寸（約136センチ）」とのことです。その中で、川越人足の運び料が、股下から脇下までの設定となっていたとあります。増水していても、脇下までであれば、担いだ重量と熟練で、歩いて渡れる流れであったと推察できます。つまり、川留めの増水で、その水嵩と流れに対して「越すに越されぬ大井川」であっても、立游や流れに対応できる泳力と川越経験を持った武士集団を以ってすれば、川越が現実味を帯びた話に受け止められます。当然、増水や流れの状況などで、限界があり、それを判断できることも能力の裁量としてあった筈です。これらから考えると、熊本藩の大名行列が、大井川の川留めに臆することなく、川越をしたことは、確かな事実として受け止められます。

協会の「大名行列」は、上記の様な伝聞を背景とする余興と考えますが、多人数が一体となって演じる、見栄えのする出し物と受け止めています。演出として、優れた要素が満載に見えます。極端な話、参勤交代の大名行列が、多勢である事を威信と考えられた時代に、人出を雇って嵩増しを計った噂話ではないですが、人数が増えると華やかさも増すことは想像されます。当然、見る人も増えれば盛り上がります。限られたプール環境では限界がありますが、行列はプールから始まるとは限らない発想も加われば、より発展が望めるかもしれません。

この行事は、協会と小堀流との関連を示すことであり、伝承の気付きを広める場でもあると思われます。また、小堀流の踏水術による業前披露として、評価されることでもあると考えます。

そこには、一人で成し得ないことを、集団の力で成し得る感動と賑わいを持っています。

しかも、この催しでは、協会の行事に留まらず、戦後において行列の主役（殿様）を官（副知事、市長、副市長、市教育長、港湾課長など）が受け持ち、それを民（協会）が支える様式、或いは相互扶助的な関係が見え、官民一体行事にさえ思えます。

これも、協会の水泳教育を通じて醸成してきた官との信頼関係が、大いに関わっていると考えます。しかも、それを長崎市民が盛り立てるとなれば、正に、一大風物詩であり、雰囲気から「地域祭り」「名物行事」と感じます。

このように、伝承泳法の継承団体が、行事として集団で演じるということを行っている例は、他にも見られます。が、恒例行事としての歴史の長さや演出の方法、官民一体の参加など独特の雰囲気は、協会が時間を掛けて醸し出してきた特有のものと捉えられます。同時に、協会の大名行列は、伝承泳法の技術を用いた多人数が一体となって演じる公開行事として、伝承泳法の範囲で代表される、特別な事例と言っても過言ではないでしょう。

2. 自然災害や疫病の影響と対応

協会が、自然の中で水泳教育を行って来た期間、プールに移動して継続してきた期間がありますが、突然にして、自力のみでは解決が難しいことが起きた事柄があります。

それは、自然災害、疫病、自然環境の持つ変化と危険などから、止む無く対応が求められてきたことでした。

『65年誌』、『随想録』、協会の「年表」（ホームページにも掲載）から拾った情報を基に、以下に項目化して並べ、少しコメントを加えてみました。

(1) コレラ菌

'はやり病'とも呼ばれ、伝染性を持つ疫病との闘いが、歴史上繰り返されてきたことは、周知のことかと思われます。コレラ菌による感染は、古くはインド辺りの風土病でしたが、感染者が移動することで、伝染分布が拡大されてきた歴史を持っています。日本でも、感染した外国人から或いは帰国者から、経口感染で拡がりました。長崎は、航路上での寄港地であったことから、明治・大正期には何度も流行し、大流行で多数の死者を出したこともありました。[*201]

その感染からの関係で、協会の水泳教育にも影響が波及されています。

協会のこれまでの歴史では、直接の関連する影響とは言えませんが、１９０２年（明治35）に創始の予定が「コレラも禍いしたのであろう。」（『65年誌』、24頁）と、実現しなかった一因として取り上げられています。

協会が、実質的に影響を受けた最初は、１９０７年（明治40）でした。『65年誌』には、「八月十二日に博多丸が乗客から患者を出し、十九日にはロシア汽船モンゴメリ号が上海コレラをだして、鼠島は連続二週間の使用禁止となった。」（41頁）とあり、この年予定の〈第1回九州競泳大会〉が中止となり、翌年開催となったとも述べています。また、『東洋日の出新聞』同年8月28日付「游泳協会休会に決す　瓊浦游泳協会は本港と密接関係を有する門司市に悪疫流行せる為め当分休会することに決し」（2面、傍線加筆）と、「悪疫流行」が「コレラ流行」かは、未確認ですが、コレラ関連と推測して、その影響を受けた例とします。

その後、資料からは、１９０８年（明治41）・１９０９年（明治42）・１９１０年（明治43）・１９１２年（明治45）１９１６年（大正5）・１９２０年（大正9）・１９２１年（大正10）・１９２２年（大正11）・１９２３年（大正12）・１９２５（大正14）・１９４６年（昭和21）に、その影響が見られました。

影響を受けた多くは、教場を近隣の海水浴場などに移動をすることで対処しています。

なお、１９２１年（大正10）は、上海でのコレラ流行から長崎港での検疫のために、『東洋日の出新聞』同年8月17日付「上海虎疫《コレラ》で鼠島閉鎖せん　多分十八九日頃」（3面）同8月19日付「鼠島会場変更　香焼尾上の浜　大波止出帆二回」（3面）との見出しで報じられています。また、戦後の１９４６年（昭和21）は、『65年誌』に「協会は二十一年に再開を期したが、コレラの流行によって実現を見なかったのである。」（１４５頁）とその影響を述べています。恐らくですが、この時の流行は、戦地からの兵士帰還船との関わりがあったのではないかと推測しています。

いずれにしても、これは長崎に限らず、伝承泳法の継承を海で実施していた場所、殊に外国船が寄港停泊するような場所では、当然、コレラ菌流行の影響を受けたと推測しています。

（2）台風・水害・荒天

自然災害の中で、島国日本は、その影響から大きな被害を伴う気象事象として、'台風'があります。また、近年は特にですが、集中豪雨などによる水害、時には突風が吹くなどの被害が起きています。気象情報などを参考に、長崎市と被害を探してみますと、殆んど出てきません。協会においても、長い歴史を刻んできた中での実害と考えますと、それほど多くないことが、資料や年表からも知ることができます。鼠島時代は、台風の影響も起きる夏に水泳教育が行われていたことを考えると、これまでは台風の進路に当たることが少なかったようです。

協会が、台風で影響を受けたとされる年次は、１９０５年（明治38）・１９３０年（昭和5）・１９７０年（昭和45）・２０１１年（平成23）・２０１４年（平成26）・２０１７年（平成29）・２０１８年（平成30）にありましたが、気候変動の関係なのか、近年に影響が多くなっています。

実際に施設が、大きな被害を受けたのは、2回、いずれも開場直前に起きています。1回目は、１９０５年（明治38）7月18日で脱衣場が潰れ同月23日に復旧処置をして開会式挙行、2回目は、１９３０年（昭和5）7月17日で『65年誌』に「明治以来四番目といわれる大型台風（瞬間風速三五メートル）で、鼠島では施設をつぶし、大波止では送迎用の団平船を毀《こわ》して水船にしてしまった。　…　協会は全力をあげて復旧工事を急いだ。　…　とりあえず二十八日から制限乗船という異例の方法で島開きをした。」（１２４頁）と、大きな被害を受けながら開場を果たしています。１９７０年（昭和

45)は、大名行列の中止(台風9号)と初段試験場所の変更(台風11号)の2回、2011年(平成23)・2014年(平成26)・2017年(平成29)は台風接近で遠泳中止、2018年(平成30)は、教室が台風の影響で2度の中止、と台風による協会行事への影響がありました。

水害の影響があったのは、1982年(昭和57)で、『追想録』には、「(7月23日)この日夕方から、狂った様な、おそろしい勢いで雨が降り出した。"長崎大水害"は夜半から始まっていた。山をくずし、家と人とを流し、人をのんだ状況は恐ろしい。原爆以来の悲惨な状況が見られた。勿論すべてが流された。「八十年記念行事」も、中止せざるを得なかった。8月1日、中止の緊急連絡をとる。ストップしていた機能も少しずつ動き出したのが、このころであった。―長崎市内死者345人―　…　8月12日再開された」(172-173頁、括弧内加筆)と水害の凄まじさと、被害の甚大さを受け止めて、協会の創立80年記念行事中止の決断を述べています。

悪天候(降雨)による中止もあったようで、2003年(平成15)に「寒中水泳(泳ぎ初め式)」の中止がありました。おそらく、海水に浸かった行事後の体温維持の処置などを考えての事だったのでしょう。この他にも実際には、未だ事例があったと思われます。

建物などの被害は、経済的な問題で済みますが、命は補い得ません。

伝承泳法の伝承には、命の危険を回避する発想があります。その原点は、自然が持つ危険への意識から起きていると考えます。それであるが故に、伝書に波や流れなどの対応が示されたりしています。逆に安全な対処が必要ですが、自然の暴威の前後において、風の影響を受けた海、増水から変化した川、水の変異で起きる水温変化、水面に浮かぶ浮遊物など、自然を観察し泳ぐことも体験として大切な事と考えられます。

(3) 水質汚染

『追想録』に、1968年(昭和43)「この春から実施されたねずみ島周辺を含めた水質調査数字は、まだ海水浴としては、支障のないものであったが、年々数値の上昇が見られる心配はあった。…長崎港湾100年の大計画の名のもとに、…昭和40年埋立着工、45年度で深堀と香焼は陸続きになり、海水の汚染は極度に増すばかりになった。」(16-17頁)と、湾岸工事・埋立てや工場建設などと関わって、水質検査のみではなく実感としての海水汚染への意識が述べられています。協会の教場である鼠島の大腸菌と透明度検査では、その後1971年(昭和46)まで、問題は無いとしても、周辺の汚染が進めば支障が出てくる可能性を懸念していたと思われます。

『追想録』には、1972年(昭和47)8月17日付『長崎新聞』(16日夕刊、4面)「声」の欄、大橋智子投書「ねずみ島を守って 自然は子供たちの天国」から「"海はあえいでいる"郷土に豊かな自然を!と題し、公害による自然の汚れを警告した一文 … 長崎市を例にとると、市街地開発、拡大、工場地区造成の中で、親しまれた海水浴場は姿を消しつつある。… 長崎港も急速に汚染の道をたどるのではないかとの心配が広がっている。」(83頁)と記載しています。鼠島を埋め立て、陸続きとなり、鼠島の使用が不可能となり、近隣の海の教場を求めたとしても、汚染の可能性があり、後述(本論V.9.)の海からプールへの教場変更を決断した意識の中にあったと考えています。

海も河川も、流れと波や水質(温度、水素イオン濃度、大腸菌など)に影響を受け、変化が生じると、生態系に変化が生じたり、水が濁ったり、水底の形状に変化が起きたりします。

海では、タンカーの座礁でオイルが海面に漂ったり生物に付着したり、河川では大水で流木や雑多なゴミが浮遊したり、それが河岸を埋めたりもします。

その上、汚物や化学物質の混入など、水質に与える影響では、時に生物を死滅させたり臭いを発したり、泳ぐことが不可となる環境を生み出します。

自然と接していればいる程、その変化に気付き、原因を知るなどの経験も得られます。

協会も、自然と接することの継続で、その気付きの中にあるべきだと考えます。

(4)海洋生物

海には、危険な生物も棲息し、回遊もしてきます。また、意識できずに毒のある生き物に触れることや刺されることもあります。危険回避と知識が必要です。

協会が、海で実施する遠泳に関して、その影響を受けたことがあります。

それは、クラゲとサメの影響でした。

海で泳ぐ時には、クラゲは厄介な存在です。特に触手の長い、アカクラゲ[*202]や透明に近い、アンドンクラゲは、毒があり痛みが伴います。比較的水深の浅いところに生息していて、論者も経験してきた危険な存在です。ただ、カツオノエボシの ほどの毒性はありません。

『追想録』には、1994年(平成6)に、「○8月7日(日)橘湾遠泳第8回　…　完泳直前に毒イラ事故4名(入院騒ぎ)」(203頁)と、毒イラ(アンドンクラゲ)に刺されたことが記述されています。毒針を持つクラゲは、針に触れると棘を飛ばして皮膚に突き刺します。

因みにですが、処置を誤ると症状がひどくなります。論者が知る手順では、「海から上がる→棘を抜く(素手は避ける)→海水で洗い流す(優しく、真水は厳禁)→温めるか冷やすか(痛みが和らぐ)→ステロイド系の薬を塗る→皮膚科での受診」が、応急処置の対処法として適切と考えています。なお、人によってはアナフィラキシーショックを起こす可能性があります。

ここには、医療からの新しい知見があります。また、経験から述べると、刺された当事者が、遠泳などで騒いで動き回ると、泳者全体にも動揺が働いて、その影響から触手が広がることもあります。事前の知識と落ち着いた対応が必要です。

遠泳でサメの出現する危惧は、日本近海にも生息していることから、あり得る話です。

協会の年表では、2000年(平成12)「橘湾南串山沖にサメが出現、11年間続けた橘湾での遠泳を伊王島に変更」とサメの出現と遠泳場所の変更を余儀なくされました。

『追想録』では、翌2001年(平成13)「昨年度のサメ騒動に加えて、　…　8月5日予定の遠泳(橘湾)は今年も中止せざるを得なかった。」(223頁)と、引きずった影響からの中止があったようです。

自然の場では、危険を避ける事は一番ですが、知らないことで危険に遭遇することや対処法を理解しての準備が無かったことで、惨事になる事がありえます。

例えば、海では、砂地に静止しているエイ、藻のある処にはオコゼ、石や岩のある処に付着した貝或いは雲丹などに刺されることや怪我をすることは、経験から知り得ることです。

伝承泳法の観海流では、長い褌(6尺)が、サメなどの脅しになると伝えられています。そのように、先人の経験や新たな知見が継承されることで、伝承が生きてくると考えています。

(5) 新型コロナウィルス

新型コロナウィルスの感染の猛威は、パンデミックを起こし、その影響は長く、日本社会全体に大きな影響を及ぼしています。

協会でも、2020年(令和2)1月3日の寒中水泳は、まだ国内感染者の出る前で実施できましたが、「夏季水泳教室」、「遠泳」、「大名行列」は、中止となりました。翌2021年(令和3)は、「寒中水泳」、「夏季水泳教室」、「遠泳」、「大名行列」が中止となりました。

中止となったことは残念ですが、「夏季水泳教室」は、主催側の長崎市教育委員会と協議の上で判断したと聞いています。見えないウィルス、変化するウィルスの存在の中、確実な完全防御が困難な状況下では、感染拡大させない人命優先の対処が必要で、この杞憂を怖れない長崎市の判断が、地域社会を維持する最善策であったと思います。

疫病との闘いは、尽きない人類の歴史とも言われています。新型コロナウィルスとの闘いは、現在に至っても未だ解明と解決策の必要がある社会問題で、完全に解決するには時間を要しそうです。その上、疫病は、今後も予測しておかなければない問題です。

対策の適正な判断は、人命優先は当然としても、ついつい自分達都合も含めて、選択が難しいことが生じます。その時、情報の選択能力と経験として生かせる知恵が重要と考えます。

安易な希望的予測よりも、杞憂が僅かでもあれば強行しない姿勢で、安全策とするのが人を大切にすることだと感じさせられます。協会の創立理念、水難事故防止も人命第一、一人の悲劇も出さない発想は、同じ意識と思います。コロナ禍の中で、学ぶ側の気持ちも考えて、安全策を講じての最小人数で実施された、協会主催の「育成教室」や「海洋訓練」の開催も良い経験であったと思います。この経験も今後に生かす知恵として伝承されることでしょう。

3. 記念行事

人は、継続の過程において、経て来たことを区切ることで、これまでを振り返り、これまでの受けた恩恵と課題などを再認識し、新たな意欲を生み出してきたと考えます。

協会は、120年という存続の中で、数多く記念行事を挙行しています。

『65年誌』・『追想録』・協会の「年表」（ホームページにも掲載）から拾った情報を基に、特別な記念行事や事業などについて、簡略にして並べてみました。

なお、記念となる年が、‘何周年’を意味するのか、‘何年目’を意味することなのかは、表記や該当年次に不統一もあることから、不整合のまま基本、創立年（１９０３年）から‘何年目’として扱いました。また、記載事項や実施月の付帯などは、出典から判断した論者都合としました。

［記念年］　［記念行事、事業等］

5年　不詳

10年　１９１２年（大正１）、小学生の木戸銭値下げ、新教範課目設定、協会内記念競泳大会（２度予定したが中止）、『瓊浦游泳協会拾年記念』（９月）刊行、水上飛行機を制作しての飛行会予定が不許可となり日野少佐講演会（10月）開催、陸上運動会及び模型飛行機競技（11月）開催、演芸会（11月）開催

15年　１９１７年（大正６）、記念〈九州競泳大会〉開催、　協会々歌依頼（作詞：石橋忍月、作曲：島村吉門、翌１９１８年、完成）、記念水書「深謝拾五星霜間御同情」

20年　１９２２年（大正11）、記念式後、‘崎陽の華’を、‘瓊浦の華’と改めて披露

25年　１９２６年（大正15）、「黒ん坊大会」開催、協会内記念大会を挙行

30年　１９３１年（昭和６）、鉄筋コンクリート三階建て記念館建設（記念事業、１９２９年起工式、１９３２年完成）

35年　不詳

40年　１９４１年（昭和16）、『小堀流踏水術游泳教範』（復刊、刊行）、田中直治主任師範に謝恩の胸像（20㎝）贈呈

45年　不詳

50年　１９５２年（昭和27）、葭簀《よしず》張り無料休憩所増設など設備整備の記念事業、記念水書「祝創立五十周年記念式

典」・「祈来賓各位之健康」
55年　不詳
60年　1962年（昭和37）、記念新会歌「長崎游泳協会の歌」（作詞：島内八郎、作曲：木野晋見雄）作成、「先師之碑」建立（台座に碑文）・胸像「田中直治先生之像」建立（40年記念の小胸像を原型）、記念品として鼠島育ち漫画家清水崑の絵皿（河童の絵）贈呈
65年　1967年（昭和42）、記念誌『長崎游泳協会六十五年誌』刊行（田栗奎作著、翌1968年、3月あとがき識、8月発行）
70年　1972年（昭和47）、記念式典のみ
75年　1977年（昭和52）、「昭和52年　75周年記念寒中水泳」（『九拾年の歩み』、p．38）
80年　1982年（昭和57）、水害で翌1983年（昭和58）に延期、記念誌『長崎游泳協会　八十年の歩み』刊行
85年　1987年（昭和62）、1月4日鼠島で「85周年記念慰霊祭」、記念事業に第1回橘湾遠泳実施（1983年7月）、プールで大名行列復活披露
90年　1992年（平成4）、日本泳法4流派を招き市民に披露、記念誌『九拾年の歩み』（協会記念誌編集員会）刊行（8月）
95年　不詳
100年　2002年（平成14）、1月3日記念泳ぎ初め式水書「祝100周年稽古初式」、記念歌「泳ぎ継がれて」（作詞・作曲：吉田孝穂）作成、記念誌『百年の歩み』（100周年記念実行委員会）刊行（10月）、第1回大村湾記念遠泳挙行、記念写真展、記念碑「市民皆泳」建立、式典で九州3流派（小堀流・山内流・神統流）とシンクロナイズド（現、アーティスティック）スイミングの招待と演技披露
105年　2007年（平成19）、記念寒中水泳、記念誌『NPO法人長崎游泳協会　105周年記念誌』（105周年記

念誌編集員会、以下で『105年誌』と称す)刊行(8月)、記念事業「なつかしのねずみ島展」を開催、長崎歴史民俗資料館と共催

110年　2012年(平成24)、記念DVD2枚組制作(65・90・100年記念誌と昭和40年代の8㎜フィルムなど収録)、110周年記念大名行列を映像化

115年　2017年(平成29)、鼠島先師の碑の周りの地面をコンクリート張りにするなど整備

以上の様に、記念行事及び事業が、おおよそ、原則5年刻みで実施されてきています。

本年、2022年(令和4)は、協会創立120年を記念する年として、記念事業が予定されました。当論述は、その事業の途中段階(2022年1月現在)ですが、既に、本年1月3日、鼠島に建立した記念碑「泳ぎ継がれて　そして未来へ」の除幕式が執り行われ、協会の恒例「泳ぎ初め」を記念寒中水泳として、1947年(昭和22)以来75年振りの，大水書，も披露されています。伝えられている事業の範囲では、この後、記念誌の刊行、記念祝賀会などが予定されています。恐らく、この様な間隔で長期に亘り、記念事業を実行できている団体は、伝承泳法に限らず、数少ないと推測します。

協会の記念行事を、5年間隔として見た場合、過去120年間24回に対して5回が、論者確認では、不詳でした。その中で、協会の創立から5年目も不詳ですが、『65年誌』に〈第1回九州競泳大会〉を予定していて、翌年に延期開催と述べられている(41頁)ことから、5年目の記念行事の可能性が少しはあるように思われます。

記念としての10年目の記念行事を、現時点では、最初として考えた場合、当然区切りの年ではありますが、論者の一方的な感想として、殊更特別な意味に捉えても良いのかもしれない点があります。それは、この年、鼠島育ちの創立時会員が、主任師範となり、その人物が創立年の「教範課程」を改訂した年です。つまり、協会の水泳教育の指導の中心に協会会員が就いて、地元色が濃くなった、或いは、明確な協会による水泳教育の根付きが見えた年とも捉えられます。それは、

摸索から確定した方針の下に、現在の協会の継承の有り様に繋がることが、この時から始まったとも感じています。

記念行事の式典では、必ず，先師慰霊祭，が行われてきたようです。熊本の小堀流で実施されている，先師祭，に倣ったものと推察します。それは、先人への感謝と今ある伝承及び伝統を見つめ直す機会であるとも考えられます。同時に、記念行事及び事業を実行できることは、継続あっての話で、いろいろな意味で力が必要なことであり、未来へと繋げる催しであると理解できる処です。

4．協会の名称変更

1913年（大正2）、協会創設時の名称「瓊浦游泳協会」を、「長崎游泳協会」に改称しています。何故、改称する必要があったのでしょうか？

『65年誌』には、「大正二年六月二十九日の夜、商工会議所で評議員会が開かれた。…協会の新名称が決定されたのは、この会議である。」として、新名称の経緯について詳しく触れています。この改称の決定までの動きは、1912年（明治45）に始まっています。この年、「昨年、早稲田予備校を出てアメリカのミゾリー大学に留学中の佐々木鎮雄（24・助教）から、同地コロンビア基督教青年会の水泳場教頭に推されたという通知を受けた協会は、特に一階級の昇格を認めて、和英二通の教士辞令を作成することになった。このとき名称について「瓊浦」では分かりにくく一々説明がいるが、「長崎」なら昔から外国にも有名だし、それに協会の宣伝にもなるとして、改称案が出た。で、結局、「長崎游泳協会」としたためて送ったのである。この陰には、あるいは、明治四十四年以来、会則を一部改正して新しい人事でスタートしたことの意義ず《ママ》けも、あったかも知れない。」（64頁）と、外国での地域知名度から改称の検討を述べ、会則改正も改称の理由であったことを述べています。また、外国での認知を改称理由としているところが、港町、異国文化の都市ならではの気付きにも感じます。加えて、1912年（大正元）9月21日付『東京朝日新聞』に掲載された「日野少佐水上飛行」（5面）の記事中に「長崎游泳協会」の呼称が見られ、正式改称前の口外状況が窺えます。

なお、「佐々木鎮雄（24・助教）」についての情報を取り上げておきたいと思います。

協会の初段免許取得者名簿（1903年-1912年）には、名前がありません。推定ですが、1908年（明治41）9月発行の『武徳誌』第5巻第8号（武徳誌発行所、雄松堂出版復刻版、1985）に、この年の大日本武徳会〈第十回青年大演武会〉[*203]の「○游泳術」の結果が掲載されています。その中に「長崎（県）中学校（小堀流）」として「第七回　御前游　手島清香」「第十六回　立游　宅島　児　御前游　佐々木鎮雄　立游　佐野正二」（69頁、傍線加筆）が、見られました。つまり、小堀流の泳ぎ手として出場しています。同大会の記録では、長崎（県）中学校が参加したのはこの年のみで、参加の経緯は不明です。しかし、本人であると見ています。同時に、協会の初段免許の取得があった人物と推測します。

話ついでながら、協会関係者の海外での活躍として、1922年（大正11）揚子江横断を果たした「浦川力」がいます。

『65年誌』では、「この年、鼠島の開会に魁《さきが》けて話題を呼んだのは、浦川力初段（市商卒、三菱公司漢口支店）の揚子江横断であった。しかも往復競泳の横断である。　…　五月二十一日午後二時二十分、赤鉢巻の浦川力、白鉢巻の西村節、黒鉢巻の田辺春彦の三人は、鳳陽丸の三階上舷に設けられた飛込台から飛び込んだ。」（101頁）、として往復をしたことが述べられています。結果は、浦川力が往復とも1着、西村節は同じく2着、田辺春彦は同じく途中棄権でした。この時、「揚子江の横断競泳という世界的レコードを作ったのであった。」（102頁）とも述べています。このことは、『東洋日の出新聞』同年5月31日付「揚子江横断に観衆膽《きも》を潰す　浦川力氏猛泳」（3面）の見出しで報道され、記事に浦川力の私信に拠ることが述べられていました。

出場した3人について、得られた情報を着順に従って述べておきたいと思います。

1着であった協会出身の浦川力は、協会初段免許を1918年（大正7）取得、1917年（大正6）と1918年（大正7）の2年間は『東洋日の出新聞』の記事などから、協会を代表する選手であったことが判っています。中でも、1918年（大正7）の〈全国中等学校競泳大会〉では、所属名'長崎商業'で、200mが1着（3分24秒5分の4）、3,000m責任リレー（西村太郎、浦川力）では2着（64分26秒）の活躍が光っています。*204

2着となった西村節は、京都踏水会の卒業者名簿に氏名は見当たりませんが、同会名称が大日本武徳会時代の出身者であることは、競技会記録の所属名から判明しています。西村節の水泳競技会での活躍は、1914年（大正3）の〈第1回全国水泳大会〉に所属名'京都武徳会'で参加して、400mで3位（6分59秒6）、400mリレー（永井・西村・岩田・川中）で3位（5分45秒0）、1916年（大正5）〈第3回極東選手権競技大会〉の〈関西予選会〉（毎日新聞社主催）では所属名'村井銀行'（東京）で参加して、50ヤードで3位（33秒8）となっています。*205 競技者として、当時のトップクラスにいたようです。また、西村節は、1923年（大正12）に自著『水泳』（大鐙閣）を出版しています。中表紙の著者肩書に「揚子江横断記録保持者」とあり、口絵に「揚子江横断を了えて――著者」の写真があります。加えて、この体験を本人が、雑誌『野球界』第12巻第13号（野球界社、1922・10）に「揚子江横断より受けし私の所感」（8-9頁）と題して発表しています。それに拠ると、揚子江が危険な河で過去横断記録がないこと、この年の5月15日に横断に成功して記録を作ったこと、同じく5月31日に当地の新聞社・大会社・大銀行が後援となって往復横断の記録を作ることを決行し成功したことが述べられ、往復横断は一般参加も認め「此の時、日本水泳家浦川力も成功」したことが述べられていました。さらに後年には、ドーバー海峡横断を1925年（大正14）8月に試みたようです。*206

西村節著『水泳』中表紙と口絵写真の本人

途中棄権の田辺春彦については、詳しい情報が得られていません。

5. 映像を残す

協会は、1923年(大正12)、前年度の正会員数を上回って2,500人を数え、運営に弾みが付いた年だったのでしょう。活動写真制作と上映予定の計画が実施されています。『65年誌』では、「活動写真は、協会が鼠島紹介と上映実収をかねて田中(兼)理事が企画したもので、撮影師は佐世保から招いた。」(105頁)とあり、同年7月13日付『東洋日の出新聞』にも「廿二日鼠島で　小学対校競《ママ》泳大会　活動写真撮影」(3面)の見出しで報道記事となり、同月31日迄、競技・練習・大名行列・瓊浦の華などの撮影予定を述べています。当時の水泳団体の宣伝用企画としては、画期的なことであったのでしょう。因みに、『新版近代体育・スポーツ年表』(前出)に拠ると、1908年(明治41)8月16日「水泳の活動写真(実写)、報知新聞社の催しとして浅草電気館で上映」(108頁)とあり、出典を『日本映画作品大鑑』(キネマ旬報別冊)としています。恐らく、協会が撮影した時代でも、水泳そのものを題材として活動写真に残した例は、少なかったと推測します。

協会には、収録映像が現存していないようで、残念です。

この協会の撮影と上映予定(1923年8月12日から3日間)の中、偶然にも同年8月5日、全国初の東宮殿下(皇太子、昭和天皇)の活動写真上映があり、『東洋日の出新聞』8月2日付で「東宮御水泳活動　長崎市にては皇太子殿下御水泳の活動写真を　…　学校生徒(五年以上)及び父兄に対し無料にて観覧せしむる」(3面)と予報があり、8月4日付では、「本市に最初の御原版を貸下げられた　東宮御水泳と観菊御宴　明五日夜より社会課主催の活動写真」(3面)の見出しで報じられました。その記事末文に「封切写真多々あり特に東宮殿下の御水泳は長崎游泳協会のそれと流儀を同うする由なれば一層の感動を與うべしと」と、敢えて協会の活動写真上映への興味を誘ったと思える記述が見られます。

前論Ⅲ・7・(3)で取り上げましたが、確かに、明治以来、天皇家子息が学舎とした学習院では、1891年(明治24)小堀流第7代師範小堀平七が学習院教師の委嘱を受けて以来、小堀流の指導が行われ、現在もその伝承が継続されています。学習院へは、協会からも教師の派遣をしたこともありました。なお、参考としてですが、昭和天皇と水泳に関しては、坂上康博著『昭和天皇とスポーツ〈玉体〉の近代史』(吉川弘文館、2016)に、資料に基づいた詳しい話が述べられています。

協会では、その後も、映像として残してきています。

協会ホームページ[*207]の「資料室」に動画が2件添付されています。1件は、1968年(昭和43)に8mmビデオで撮影された「昭和43年のねずみ島」で、もう1件は2012年(平成24)にホームビデオカメラで撮影されたと思われる「110周年記念大名行列」でした。見る人にとって、懐かしさであったり、その雰囲気に楽しみを感じたり、その演出に驚いたり、技術に見入ったりなど、様々に映像から感想が漏れたことでしょう。現在では、多彩な撮影方法と技術で、動画映像を残すことが可能です。誰もが気付くことですが、映像は、今を残すことでもあり、今を写す手段です。伝承泳法も、映像として残されてきています。映像から、先人を学び、己を確認する手段でもあります。

伝承泳法の映像としては、日本水泳連盟日本泳法委員会が承認する、日本泳法流派12流派の映像を、1982年(昭和57)に記録映画『日本泳法』(16mmフィルム)として撮影し、それを、VHS、更にDVDに製作をして販売しました。その後、2013年(平成25)に承認された13流派目の,主馬神伝流,と撮影当初には泳法映像の無かった,神統流,のみを、補遺版としてのDVDも販売しています。日本泳法全流派の基本となる泳法の映像を見ることができます。

現在では、映像を撮影する機器に、手頃で水上・水中での映像を撮影することが可能な機器もあり、単なる記録だけでなく、泳法の技術を確認することや理解することに役立てられ、多くの人に発信して認知が得られる手段にもなっています。

また、伝承泳法の修練では、「型」が重んじられますが、泳いでいる本人の実態を知り、修正する方法として映像を利用することも、大いに有効な手段と考えます。

なお、協会では、前述したように、110周年記念として制作したDVD2枚1組の内1枚に、1965年（昭和40）年代の8㎜フィルムなどを収録しています。

現時点では、現在進行形ですが、NBC長崎放送の企画として、協会の「創立120周年特別番組」が予定され、映像が放映されて、記録として残ることになっています。

6．戦時体制と協会

協会と戦時体制の関りを、前論Ⅲ．6．（2）．⑵で、改訂『1941教範』の論中で述べました。それは、1931年（昭和6）の満州事変以来の戦時体制下に、1938年（昭和13）の「国家総動員法」制定など、日本社会全体の軍事色との関わりとして述べました。

この状況は、『65年誌』にも述べられていますが、協会では、1938年（昭和13）の厚生省体力局の「国民皆泳」通牒、翌1939年（昭和14）厚生省が関与しての「壮丁水泳訓練」開始、1943年（昭和18）5月の「全国壮丁皆泳必成訓練」発足といった展開の影響が見えます。

そして、1944年（昭和19）には、「鼠島壮丁訓練を除いて一般には閉ざされた。」（『65年誌』、141頁）と述べられています。

この時代の、他の伝承泳法関係団体の動きについて、例を挙げてみます。

京都踏水会では、「昭和13年（1938年）壮丁（徴兵検査適合者）の水泳訓練がはじまった。[*208]」と、早期の実施が見られます。

浜寺水練学校でも、「海水浴場の戦時体制にともなって、水練学校でも昭和十三年には競技形式の猛訓練が盛んに行なわれた。毎日新聞社主催国防体育海洋訓練大会が浜寺海岸で開かれたが、海軍、文部、厚生の三省後援で近畿二府五県下の青年団、青年学校など五十余団体と海洋青年団千人に浜寺水練学校生徒二千人が参加した。　…（昭和17年）この年の夏、大阪海軍人事部と大阪連隊区司令部から浜寺水練学校に対し、壮丁の水泳訓練の要請があった　…　翌十八年も志願者が多く、五千人を超えた。戦争がいよいよ激しくなったので、水練学校もさらに強く戦時体制をとった。[*209]」（括弧内加筆）と、戦時下が反映された状況であったことが判ります。また、この時局から、実用的な泳法の重視が、伝承泳法に好影響を与えた例として、右記の浜寺水練学校の他、観海流でも、「昭和十七年及び同十八年には、観海流の免許授与者数が三百人を超えるほどになりました。この免許状授与者数の増加は、近隣の三重・愛知・京都・大阪・奈良から観海流道場に学ぶ学校が出てきた結果でした。[*210]」との状況で、流派の伝播にも及ぶことでした。

恐らく、協会に限らず、伝承泳法の団体の多くでも、時勢の影響は避けられず、終戦を迎えたと推察します。

7. 戦後の再開

１９４５年（昭和20年）８月９日、米軍によって原爆が長崎に投下されたことは、忘れてはならない出来事と考えています。長崎原爆資料館にて、その惨状を目の当たりにしました。人として、日本人として、いたたまれない感情を抱きます。戦後の長崎の地の復興には、市街地の被害がまだ小さかったことは救いであったとしても、被爆の重い痛手の中、悲しみを越えての動き出しに、大きな労力を要したことが想像されます。

協会の再開は、『65年誌』（１４３-１４５頁）に拠ると、１９４６年（昭和21）から始まったようです。が、残念ながら、この年はコレラの流行があって実現せず、ただ、８月15日に主任師範田中直治・直一の親子が熊本に出掛け小堀流第８代師範城義核から、伝位の授与を受けています（１４５頁）。その後の協会の再開への実動は、翌１９４７年（昭和22）に、昭和になってからの寒中水泳が２月とする慣例に倣って、同年２月２日稽古初めに１００人ほどが集まって実施されたことと捉えています。そして、組織員が、戦時と原爆の影響などで減じる中、夏の教室が7月21日に、やっと再開された想いと喜びのあったことが述べられています。その再開で印象深かったこととして、田中直治主任師範の大水書があり、「戸板いっぱいに白紙をはったのを四五人に持たせ、それに水中から飛び上がるようにして書いたものだった。文字はただ、平和の二字であった。」(144頁)と、平和を切なる願いに込めての水書であったと思われます。また、それは、復興への決意に充ちた想いでもあったと胸中を察します。

戦後の状況で、再開を果たした伝承泳法の関係団体の例を挙げてみます。

京都踏水会では、母体組織,大日本武徳会,の解散命令が、1946年(昭和21)9月13日に下り、同京都支部游泳部も解散となっています。が、同志間の話合いや市会議員の尽力で、1947年(昭和22)京都市立水泳講習所と改称して再開を果たしています。[*211]

浜寺水練学校では、1946年(昭和21)「水練学校の復活再開と同時に日本水泳界の再建につとめ、水練学校の教師らを各地へ派遣して遠征試合を行なった。[*212]」と力強く再開を果たしています。ただ、残念ながら「コレラ流行のため遊泳禁止で後半休校[*213]」と、コレラの影響で止む無き休講があったようです。

山内流では、1947年(昭和22)有志の相談に始まり、先輩に頼んで町当局に働きかけるなど自助努力の上、開所していいます。そして、その努力から2年後の1949年(昭和24)に、戦前の様に町営として開設しています。[*214]因みに、伝承泳法関係団体の戦後再開の中で、岩倉流[*215]と観海流[*216]では、1948年(昭和23)年に再開を果たしています。

協会が、戦後の早期に復活を果たしたことは、未だ社会的混乱のある中でのことで、並々ならぬ熱意の表れであったと推察できます。

8. 伝承泳法への新たな企画に参加

前論Ⅳ.で論述として展開したように、明治から大正中期までは、水泳教育も競技水泳においても、伝承泳法が主流でした。それが、競技化とグローバル化が進み、最速泳法として伝承泳法では勝負ができないと判断されると、競技化も含めて西洋泳法（競技泳法）の普及も一気に進みました。協会も含めて当然のことながら、伝承泳法を主体としてきたことの中に、西洋泳法の指導も入り込んできました。更に、競技水泳の普及は、伝承泳法の普及と分岐されて、競技泳法が独り歩きをする様相に転じていきました。殊に、学校水泳では、今日のように伝承泳法を学ぶことも無く、競技泳法として西洋泳法による水泳教育が、実施され始めています。

つまり、社会全体の関心から見れば競技泳法に偏り、伝承泳法への関心や期待は、関係者の想いは置き去りにされたまま、日本の伝承文化的な意識の中で捉えられるようになったと考えます。それは、実用的であることや自然に対応すべき方法を泳法の「型」に示していたことが、文化として伝承される泳ぎの「型」に焦点が絞られる展開となったとも受け取れます。

(1) 伝承泳法を文化として考える

この考えは、拙著「"日本游泳連盟"の組織と活動」[*217]から、前論Ⅳ.2.(7)で、次の2つの組織が創立された経緯などに触れました。が、水泳競技統括団体の認識で1924年（大正13）に、大日本水上競技連盟（1929年、日本水上競技連盟に改称、以下「水上連盟」と称す）が創立され、それに対抗するかのように1925年（大正14）、伝承泳法流派団体として、日本游泳連盟（以下、「游泳連盟」と称す）が創立されています。詳しくは省略して、拙著から要点として述べると、1930年（昭和5）に、両者の関係をつなぐ動きがあり、前者の傘下に後者が入る条件での動きもありました。その中で、同年6月、水上連盟側は、その際の「契約書」に游泳連盟の自治を認める旨を示し、その後、同年10月に水上連盟関与で作成された

「日本游泳連盟規約」では、

「第四条　本連盟ハ日本游泳各流ノ連絡ヲ取リ併セテ日本游泳ノ向上発達及ビ普及ヲ計ルヲ以テ目的トス

第五条　本連盟ハ本連盟ノ承認セル日本游泳各流ヲ以テ組織ス」

と、「向上発達及ビ普及」とはあるものの、伝承泳法による競技については、直接触れていません。前論Ⅳ．２．(７)で取り上げた水上連盟の石本巳四雄論述に見られた「吾々は日本游法を見る場合において、その流儀として発達したる美点を飽く迄賛美する」、「日本游法はそのまま競技すべき性質のものでなく、鑑賞すべき」のように、伝承泳法を芸能的な文化として捉えていたことが、その背景にあると考えます。

一方、游泳連盟側が同年11月に施行した『日本游泳連盟規約』には、

「第一章　目的

第一條　本連盟ハ本国固有ノ武道タル游泳各流ノ連絡ヲ執リ以テ日本游泳法ノ向上普及ニ資シ併セテ日本游泳競技ノ発達普及ヲ図ルヲ以テ目的トス」

とあり、明らかに武道としての意識を持つと共に「日本游泳競技ノ発達普及ヲ図ル」を強く意識していたことが判ります。

水上連盟が、戦前既に持っていた、伝承泳法を保存すべき水泳文化と捉える意識は、戦後にも引き継がれています。

(2)戦後の再開と伝承の継承

戦後の復興の中に、スポーツの早い復興がありました。[*218]

その中で、日本水泳連盟は、１９４５年(昭和20)10月31日、戦前の'日本水上競技連盟'を継承して、早くも創立の総会を開いています。また、「会の名称は、協会とせず日本水泳連盟とすることになった。従来の水上連盟の名は、水上競技だけの感じを与えるが、広く日本泳法の分野をも含めた統括団体として日本水泳連盟の方がふさわしいという意向から

であった。[*219]」と、水泳全体の統括を目指した組織の結成でもありました。

この統括団体の組織とする中で議論が行われ、戦前存在した伝承泳法の団体〝日本游泳連盟〟の組織とは切り離して、「結局、游泳連盟を吸収合併することは見送られて、新しく出発する日本水泳連盟に理解と協力を惜しまない方々に参加して貰い、普及部会(長・松沢一鶴)、海洋部会(長・小林高志)で、日本泳法の伝承と発展を期することになった。[*220]」と、伝承泳法を日本独自の水泳文化として位置付けた考えに立って、団体統括の下、支援する方向となったようです。この後に、「普及部門」と「海洋部門」は、日本水泳連盟内の組織改編などから、現在は同連盟内「生涯スポーツ・普及事業」の一つの委員会として、「日本泳法委員会」があり、伝承泳法流派の認証組織となって、認証された流派泳法を「日本泳法」と称することになったのです。この流れは、後述の競技会〈日本泳法大会〉が開かれていても、その存在が持つ本質を水泳競技の範疇には属するとは捉えず、競技としての存在が認識されていないとも見えることです。

少し話しの方向が変わりますが、日本水泳連盟が国際水泳連盟に復帰したのは、1949年(昭和24)でした。それは、1947年(昭和22)から活躍した〝フジヤマのトビウオ〟の呼称を持つ古橋広之進の評価もあって、「日本スポーツ界の国際復帰の尖兵となる。[*221]」ことでもありました。この時、日本社会での競技水泳への注目度が、より高まったことが推測できます。憶測の範囲ですが、この高まりには、伝承泳法の発祥地や長く伝承されて来た地域を除いて、競技泳法への認識はあっても、伝承泳法への修得認識がほとんど霞んでしまったことも理解できます。

協会は、その中で発祥地ではありませんが、伝承泳法が長く伝承されてきた地域であり、同時に創立理念の「水難事故防止」を守り通してきた団体として、地域との密着から伝統の様に理解されてきた歴史も幸いしたと思います。

戦前も含めて、競技水泳の高まりの影響を、前論Ⅲ・6・(2)・⑶で触れました。結局、戦前の伝承泳法と一般化されて来た競技泳法の流れはそのままに、戦後も引き継がれています。

1947年（昭和22）に文部省が定めた『学校体育指導要綱』では、「水泳」を教材として示していますが、「平泳ぎ」「横泳ぎ」「速泳ぎ」「背泳ぎ」「立泳ぎ」「潜行」が対象とされています。伝承泳法の範囲から見ると、「横泳ぎ」と「立泳ぎ」「潜行」が指導対象の泳法として取り上げられるに留まっています。この当時に出版された日本水泳連盟編『図解水泳読本』（東京都小学校体育連盟推奨、湖山社、1948）には、泳法として「速泳」「平泳」「横泳」「立泳」「潜水」「潜行」「立飛」「逆飛」「扇平泳」「背泳」「浮身」が示され、説明が行われています。

戦前、水上連盟が選定した「標準泳法」の「抜手」「片抜手」を除けば、ほぼ同じ選定です。

文部省の動きとして、1954年（昭和29）発行、文部省編『水泳指導の手引』（前出）を見ると、編集に伝承泳法関係者も関わっていますが、「水泳概説」の「三、日本水泳史」の中では、伝承泳法流派の概略（5-6頁）が辛うじて記述され、「泳法の指導」の図解入り解説では、「一、速泳（クロールストローク）」「二、平泳」「三、背泳」「四、横泳（発展系として二重伸、片抜手の説明文のみ）」「五、立泳」「六、潜行」「七、浮身」「八、飛込み」を掲載（111-129頁）しています。確かに、学校水泳の指導教材として扱われる泳法として、伝承泳法流派の泳ぎも含まれてはいます。が、その伝統や多彩な泳ぎの伝承技術を、文化的に捉えての指導対象とはしていないことが明瞭です。何故ならば、泳法の取り上げ順次にしても、競技泳法に重心を置いたことが考えられ、実質の指導においても伝承泳法の教材を扱えない指導者が居た可能性も考えられます。前述のように益々スポーツ活動が盛んとなって、競技水泳が関心の対象となる中では、伝承流派の泳法を習得する機会や場が、学校教育では無くなり、その習得意義でさえ不問となったことも推測されます。

この教育界の動向の一方では、戦後の社会状況の中でも、游泳連盟に加盟した伝承泳法の発祥地や長く伝承されて来た地域で継承が再開され、復興を果たして存続してきた団体もありました。同時に、存続において、流派としての流儀と技術も守り伝えられ、地域では風物詩としても保たれる努力もされてきました。

しかしながら、時代の流れは非情で、現在においては、伝承泳法の発祥地に在住する人の中にも、その存在すら知らない状況が起こってきています。徐々に伝承者の人数が減じてきたことから、実質の活動が途絶えた関係団体も出てきています。そこには、日本社会全体で見た時に、〝日本泳法〟の呼称や流派を含めた存在を知っている人の方が、少数派となった現状と符合するものがあると言えるでしょう。

その点から見ると、〝長崎游泳協会〟は、伝承泳法を継承しながら、自らの努力や工夫と地域の支えが得られて、小堀流の泳法を伝承していることの認知が無くとも、その存在が地域にはっきりと認知されていることには、感動を覚えます。

(3)日本水泳連盟の公式事業と協会

1952年（昭和27）日本水泳連盟は、伝承泳法を〝日本泳法〟と呼称、その保存と発展への支援として、〈日本泳法研究会〉を正規事業[*222]として発足しています。そして、関係者の感覚に拠ると「その後この会は順調に進展して、日本泳法復興の気運を醸成し[*223]」、1956年（昭和31）に〈日本泳法大会〉の開催となったようです。この事業は、上述した戦前の游泳連盟の「日本游泳競技ノ発達普及ヲ図ル」とは違って、伝承泳法を日本の水泳文化と受け止めて「日本泳法の伝承と発展を期する」ことを示し、保存と普及を目的としていたことが考えられます。つまり、游泳連盟の動きには、伝承泳法流派の有り様を競技水泳と対立する異種泳法、或は武道としての実践重視の手法と考えていました。それに対して、戦後の日本水泳連盟の中では、伝承泳法及びその流派関係団体を競技泳法の範疇ではなく、日本固有の水泳文化の保存並びに認知普及させる観点から支援する対象と捉え、更に現在では、その特性に着目して、健康維持を目的とした生涯スポーツなどへの活用対象として位置付けられていると考えます。余談ですが、〈日本泳法大会〉が、世界選手権となるような独自の形式を整えて、ワールドな競技会化が実現すれば、競技水泳の範疇で扱われる位置づけとなるのでしょうか。いずれにしても、戦後、伝承泳法の世界に、水泳統括団体による「研究する」・「競う」・「審査する」・「演技公開する」という新しい事業の展開が始まりました。協会と〈日本泳法大会〉・〈日本泳法研究会〉の関わりに触れておきます。

(1)〈日本泳法大会〉

協会は、戦前において、全国的な統括組織であった水上連盟及び游泳連盟との関わりを持ちませんでした。戦後、全国的な組織,日本水泳連盟,と関わったのは、1956年（昭和31）8月の同連盟の企画主催事業〈第1回日本泳法大会〉（於：奈良天理）が最初でした。

何故、関わりを持ったのかは不詳ですが、熊本の小堀流側からの誘いがあったのではないかと憶測しています。同大会時は、演技して採点を競う「泳法競技」、資格審査としての「演技審査（「水練証」）」、後は模範演技と公開競技で構成されていました。現在では、競技として「泳法競技ジュニアクラス」「横泳競泳」「支重競技」「団体泳法競技」「団体競技シニアクラス」が加わり、資格審査も「游士」・「練士」・「教士」・「範士」及び「修水」・「和水」・「如水」の7区分へと進展してきています。

さて、協会から〈第1回大会〉には、「泳法競技」に2人参加、資格審査「水練証」に1人が審査を受け合格しています。[*224] なお、同大会プログラムの「(4)模範演技」の小堀流演技者に「（長崎）田中仙之助」とありますが、名前の記載（10頁）があったただけで、実演はしていません。[*225] 実は、翌年の〈第2回大会〉プログラムにも同様の記載（12頁）が見られますが、同様に実演は無かったようです。その後、同大会への参加には、期間が開いて、1968年（昭和43）の〈第13回日本泳法大会〉に参加、また暫く不参加期間があって1985年（昭和60）〈第30回大会〉に参加しています。これ以降は、昨年のコロナ禍による大会中止を除いて、現在まで、大会役員として参加だけの年もありますが、継続して、競技種目、資格審査、大会役員などの参加をしています。競技種目では、2013年（平成25）〈第58回大会〉以降、目覚ましい活躍が見られます。以下、近年の活躍と、審査や大会役員の関わりを列記しておきます。

表彰状
長崎市スポーツ奨励賞
第六十四回日本泳法大会　泳法競技
ジュニアクラス　男子の部　二位
小岩　丈二　様
あなたは頭書の大会において
優秀な成績をおさめられました
この栄誉をたたえ記念品を贈り
表彰いたします
今後の活躍を期待いたします
令和二年二月四日
長崎市長　田上　富久

「長崎市スポーツ奨励賞」の表彰状

①「泳法競技ジュニアクラス」に出場者を出し、最近年の２０１８年（平成30）〈第63回大会〉では山中渉太＝1位・平和寿＝3位、翌年の〈第64回大会〉では小岩丈二＝２位、の成績を残しています。なお、〈第63回大会〉で1位山中渉太と3位平和寿のことは、『長崎新聞』9月9日付（12面）に「４００年の歴史がある「日本泳法」」の標題見出しで、「全国大会で優勝&3位　山中さん（江平中）、平さん（長崎中）」の小見出しで大々的に報じられました。〈第64回大会〉で2位となった小岩丈二は、この成績に対して「長崎市スポーツ奨励賞」を受賞（２０２０年2月4日）しています。

②「泳法競技」でも、ほぼ毎年の決勝進出者を出し、２０２１年（令和3）〈第66回大会〉でも三浦結衣が決勝に進出しています。「支重競技」では、小堀流の泳者の本領発揮で、ほぼ毎年上位に入賞していて、最近では、２０１７年（平成29）〈第62回大会〉では池田光辰＝1位、２０２１年（令和3）〈第66回大会〉では三浦結衣＝４位があります。なお、三浦結衣は過去同種目で2回（２０１４年・２０１５年）3位となっています。

③「資格審査」も〈第1回大会〉以降、審査を受けてきています。以下、各階位審査の合格者のみの氏名と取得年です。

「水練証」[*226]：石橋三郎（１９５６年）、唐津勝彦（１９８５年）

「游　士」：山本晃代・三浦豊・手島秀智・八田寛・浅岡泰彦・才津夕貴子（１９９７年）、伊藤京衛（１９９８年）、城戸弘史・松尾大地・森紘大（２００７年）、前門孝憲（２０１５年）

「練　士」：浅岡泰彦（２００２年）、八田寛（２００４年）、伊藤京衛（２００７年）

「和　水」：伊藤京衛（２０１５年）

「教　士」：唐津勝彦（１９９０年）、浅岡泰彦（２００８年）
「範　士」：唐津泰彦（２０００年）

④「大会役員」としての参加は、１９９３年（平成５）〈第38回大会〉で、唐津勝彦への委嘱が最初で、その後も同人は２００２年（平成14）〈第47回大会〉まで任務を担いました。２００７年（平成19）〈第52回大会〉には、八田寛と浅岡泰彦が委嘱を受けています。翌２００８年（平成20）〈第53回大会〉以降、浅岡泰彦が欠かさず役員として任務を担っています。

協会と日本泳法大会の関わりが、何故始まったのかは不詳ですが、熊本の小堀流との関わりは見逃せない誘因と考えています。また、１９８５年（昭和60）４月、唐津勝彦が長崎游泳協会理事長及び市民プール事務局長に就任したことで、プールという環境での新しい協会の活動目標の一つとして採り入れられたと推測しています。

大会の参加の成果は、結果の有無ではなく、協会が全国の参加団体に存在を知らしめることでもあり、会員の目標ともなります。成果があれば、新聞の報道記事となり、地域での評価（賞を受けるなど）となり、強いては、協会の伝承泳法及び日本泳法全体が地域にも理解され、認知を広げる一助になるかと思います。

また、資格の取得や役員担当も、協会と日本水泳連盟日本泳法委員会との関係を繋ぐ上で、意味のある活動と考えられます。そのことの一つとして、１９９７年（平成９）８月23日・24日〈第42回日本泳法大会〉が、前年（１９９６年）に完成したばかりの〝（新）長崎市民総合プール〟で、開催されています。これも、組織間での有益な成果です。

(2)〈日本泳法研究会〉

協会が、〈日本泳法研究会〉に継続して参加することになったのは、論者の手持ち資料や同研究会の名簿を見る限り、１９８５年（昭和60）年３月の〈第34回日本泳法研究会〉（課題：水任流）からで、この時、田中直一・唐津勝彦・片山格の３人が参加しています。次論Ⅵ・でも述べますが、これも大会参加と同じく、唐津勝彦の動きと関係があると思われます。なお、研究会名簿は、手元にない年もあるので、漏れがあるかもしれません。が、明らかに継続参加が見られたのは、この年以降で、ほぼ毎回参加しています。中でも「小堀流」が研究会課題となった１９９３年(平成５)〈第42回研究会〉(於：熊本)では、21人が参加し、研究会資料にも「(六)長崎游泳協会　―長崎游泳協会「ねずみ」島―　唐津勝彦」(32-34頁)が掲載され、２００５年(平成17)〈第54回研究会〉(於：東京)では13人が参加して、いずれも学びと協力をしています。また、２０１８年(平成30)の〈第66回研究会〉は、「小堀流」が課題となっただけでなく、長崎市で開催となり、協会も発表の場が得られ、研究会資料に「(1)特定非営利活動法人長崎游泳協会」(25-43頁)が掲載され、講演と実技の発表、研究会最後の演出として協会の「大名行列」が公開されました。この時、プールでの実技は、市民にも無料で公開されました。論者には、この時の印象が、未だに強く残っています。

研究会参加の目的が、他流派の事を深く知り学ぶに留まらず、人的交流の場でもあると思えます。同時に、伝承的な泳法が、今後どのように社会と歩むかを学ぶ場でもあると考えます。伝承泳法を公称'日本泳法'としていますが、呼称すら日本社会に広く認知されていない現状を鑑みるならば、大会や研究会への参加も、協会の活動として、機能的な活用を考えることが必要かと思います。

9．鼠島からの移動

協会の水泳教育にとって、大きな指導の場の転換が迫られたのが、慣れ親しんで思い出深い鼠島からの移動でした。全国でも'鼠島'という島を水泳教育の教場として、官民一体の様相のまま歩んできた団体は、特異な存在でもあった筈です。毎夏、連絡船で島へ通う子供たちの姿は、恐らく風情豊かな景色であったと思います。子供達にとっては、島で夏休みの日々を丸一日過ごせた諸々の体験は、有意義な時間と成長をもたらしてくれた場所と思えます。その子供が大人になり、今度は育てる立場で関わって来たという人達には代えがたい大事な場所だったことでしょう。それが無くなるという事態が起きたのでした。協会関係者だけでなく、地域としても複雑な気持ちが働いたことが想像されます。

『追想録』には、この経緯が、詳しく述べられています。鼠島の周辺の海水の汚れのことを、前記で、『追想録』の「海が汚れて来る。」(16-17頁)から、長崎湾港の開発計画との関連で触れました。協会の鼠島から泳ぎの場の移転を余儀なくされたのは、この港湾開発計画に拠るものでした。

(1)長崎港湾発展計画と協会のプール移動の決定

1921年(令和3)に"長崎港開港450周年"を迎えた古い港町の歴史は、鎖国時代には、我国唯一の開港場所であったことなど、国の交易基点として大きな役割を果たし、世界の経済と文化をつなげて来た場所です。また、明治期から、既に長崎港の埋立てと改修工事が繰り返され、近代都市の湾港を計画的に形成してきた歴史も持っています[*227]。その中で、教場移転を余儀なくされた時期までの、長崎湾と発展計画に関わる部分を,長崎港ホームページ[*228]などから、年次を追って抜き出してみました。

1951年(昭和26) 湾港法の制定に伴い重要湾港に指定

1952年(昭和27) 長崎港湾管理者に長崎県が認定

1960年(昭和35) 臨海工業地帯と宅地造成のため小ヶ倉海面埋立事業完成(1962年完成)

1964年(昭和39) 長崎湾港施設が都市計画法による臨港地区に指定

第1次外港整備計画に伴い小ヶ倉柳地区外貿埠頭に着手(1972年完成)

1966年(昭和41) 深堀焼香間工業用地造成工事に着手(1969年完成)

1970年（昭和45）長崎開港400年

湾港審議会で第2次長崎外港整備計画を承認

1972年（昭和47）第2次長崎外港整備計画に伴い神ノ島皇后埠頭用地造成に着手

この港湾開発計画と長崎港の歴史から考えると、国と地域の経済発展など、社会的公益を目的として展開されてきたことで、鼠島（皇后島）の埋立て造成も止む得ないこととして、使用できなくなる協会側も受け止めたのでしょう。この計画は、今も改訂されつつ継続されているようです。

『追想録』から、移転とプールに決定までの動きを追ってみます。

1969年（昭和44）：5月26日理事会で、対策課題として「（ロ）神の島、ねずみ島埋立の件」（32頁）が話題になっています。

1970年（昭和45）：9月1日「長崎港管理委員会に於て第二次港湾計画決定」（61頁）とあり、同9月11日「〝島〟代替について理事会」（61頁）とあり、協会、市港湾課、市教育員会と話し合うも計画が変更されるものではなかったようです。

1971年（昭和46）：1月14日の理事会では「代替え地についての県に対しての施設、補償等の方法を協議している。」（62頁）とあり、この年は、鼠島での協会行事を終えています。

1972年（昭和47）：2月6日恒例の稽古初め式を実施し、4月14日市助役・部長と会議あり、「協会として、海かプールか早期に態度決定をする様申し入れあり。」（72頁）、翌日、協会幹部が海上から教場適地を視察、適地が選択できなかったのか、4月20日理事会で「プールと決定。」（73頁）、6月22日の総会でプールに決定が報告されました。この海での最後の年も遠泳や大名行列などすべてを終えています。

最終的に、協会は、海かプールかの選択を迫られました。この時、案件の候補として検討した海では、環境や移動時間など、好適地を見出すことができませんでした。気持ちは、全員が海、しかし、海への想いに後ろ髪を引かれつつプールを選択したのでした。このことが、『追想録』の資料的記述の中から窺えました。同時に、プール移行と補助金や補償、さらに運営の問題とプールでの利点と不安についても検討してきています。様々な想いと思慮を要して力のいる決断であったことが分かります。

(2)自然環境の汚染からの移転

協会が、海からプールへとその水泳指導の場を移行することになりました。

この指導の場の移転の一因、水質の悪化は、自然環境を教場としていることでは起こり得たことで、伝承泳法団体などで起きた他の例に触れておきたいと思います。

①東京での場合：野口孝一著『中央区区内散歩　史跡と歴史を訪ねて(第八集)』(中央区企画部広報課編・発行、2010)に「三　隅田川の水練場」という論説があります。その中に、隅田川と月島海水浴場の汚染に拠る遊泳禁止について触れています。1920年(大正9)5月31日付『読売新聞』には、「月島の水泳禁止」(5面)の見出しで「警視庁衛生課では大正六年虎疫流行の際隅田川岸の水泳場に対し、水中に多量の有害菌の棲息せるを理由として、児童衛生保護上から禁止を命じた結果、爾来東京に於ける夏期児童の水泳は月島東海岸及び荒川小台渡附近の二箇所となったが、今回更に月島海岸は工場櫛比《しっぴ》し、空気混濁、その上各工場より汚物を投棄するため、水質濁汚し伝染病伝播の危険多しと認め海水浴を禁止した。」とありました。右記論説では、1917年(大正6)隅田川の遊泳禁止について、水質汚濁もあって原因を埋立地と工業化を取り上げています(135頁)。この当時は、プールの普及、殊に室内プールに至っ

ては1917年（大正6）東京神田のＹＭＣＡにできたばかり、しかも多くの団体は行政との関係も浅く、経済面も豊かでない状況でした。

この隅田川では、水質悪化で教場の移動を繰り返し、1901年（明治34）頃から1950年（昭和25）まで存在した、練武館水泳部[＊229]の例も確認できています。

②浜寺水練学校の場合‥『毎日新聞社浜寺水練学校100年史』（100周年記念事業実行委員会編集部会編、毎日新聞社大阪本社、2006）に「昭和33年に始まった堺臨海工業地帯造成埋め立て工事の進行に伴い、海岸の様相は刻々と変化していった。巨大な浚渫《しゅんせつ》が諏訪の森に設置された35年には、海水が茶色がかり、遠浅で少し掘れば山のように採れた「もち貝」は絶滅に瀕していた。白い砂浜と青い海が浜寺から姿を消した37年、浜寺海水浴場は56年間の歴史に幕を閉じた。　…　昭和38年7月、東洋一の規模を誇る大プール群がかつての浜寺海岸と位置をほぼ同じくして完成した。」（67頁）と、海水の汚染から屋外プールへの移動が述べられています。なお、高橋清彦師範宅に室内プールが[＊230]、アーティスティックスイミング用として、1981年（昭和56）に完成しています。

③京都踏水会の場合‥，疏水夷川船溜り《ダム》という半ば人工的な自然水を利用した場所で始まった水泳場ですが、1959年（昭和34）ごろの話として「この頃から疏水夷川ダムに著しく汚物が浮き出し、水は濁り、泥の沈殿量が多くなってきた。雨ともなれば透明度どころではなく黄土色とでもいう濁流となり、時には臨時休講をもせざるを得なかった。[＊231]」それもあって、1965年（昭和40）に屋外プール（5m×13m深さ1m）設置しています。さらに元同会理事長村田弘武の回顧に従うと「昭和四十年頃から水の汚濁がひどくなり、また一方では京都市民の飲料水対策で京都市西の方に山ノ内浄水場が建設され[＊232]、ダム（舟留）《ママ》が山ノ内浄水場への源水の送水布設の導入水取口となり、飲料水の取口で泳ぐとは……との批判を受け自前のプール作りをしなければならない状況に追い込まれた。七十四年続いた疏水を利用して

の水泳練習場も閉鎖し、昭和四十六年にそのダム（舟留）の前に「泳ぎのひろば」の名称で室内プールが完成」[*233]と、自然水の中での水質管理等難しい問題が生じたことが、プールの建設、さらに屋内プールの建設へと進展させたことが窺えます。

このように、自然の場を伝承泳法の教場としていた団体では、他にも例があったことでしょう。この水質汚染などやむを得なき事情が起きた時、その対処法としては、即時的な解決か好適な場所への移動が可能でない場合、プール設置が継続への善策であったことが、当時の社会的事情として推察できます。ただ、伝承泳法が持つ本質から考えるならば、その地域の河川や海など、自然と接し、自然を知り、対処する技術と方法を持ち、安全と危険を認識しつつ、時に楽しさを伝えるなど、謂わば、地域の水辺案内人でもあったと考えます。プールだけでは、この案内人としての能力を育て発揮することが難しい、と考えた危惧も当然あったことが想像されます。

(3) "鼠島育ち"の"海派"

協会が、海からプールへの移行に決定した後も、"鼠島育ち"の想いを断ち切れない人達がいました。1972年（昭和47）9月30日付の『長崎新聞』（29日夕刊、4面）に「海でないとイヤ　長崎游泳協会教士ら訴え　ねずみ島の代替地」との記事が掲載されました。『追想録』には、記事から「一部教士の間には、海への愛着が強く"プールは絶対イヤ"と云う声が上った。これらの教士は、「プールでは人数に制限があり協会の市民皆泳の趣旨が貫けない。また"ねずみ島"の小堀流踏水術は、指導出来ない」と訴えている。また子供達は自然の中で遊ばせるのが一番。プールでは、子供達がかわいそうと云う。」（90頁）とその熱い思いを記載しています。この気持ちをどうしても抑えきれず、1973年（昭和48）年、協会内で"海派"と称される「小堀流長崎踏水会」を、協会から独立した組織として立ち上げています。

第42回日本泳法研究会資料『小堀流踏水術』（小堀流踏水術資料編集委員会、1993）には、同流の稽古場の一つとして、

「（七）小堀流長崎踏水会　―海の水泳道場―　大山義行」の紹介文が掲載されています。それに拠ると「私達は何んとか海の道場での指導を継続して行きたいと考え、　…　「子供達に海の道場を」と街頭署名運動を行い　…　県・市に陳情致しました。」（35頁）と行動に移し、１９７５年（昭和50）７月に長崎市福田本町ヨットハーバーを道場として教室を開いて指導を開始しただけでなく、協会と同じように、「夏期教室」、「寒中水泳」、「遠泳」、「大名行列」を行事として実施し、１９７７年（昭和52）からは、室内プールでオフシーズン（10月-5月）に毎週日曜日の指導も開始したことが述べられています。

その後の‘海派’の情報として、『追想録』には、１９９６年（平成8）の記述に、「２月18日、市水連理事会にて大山氏、長崎踏水会一時休会の旨発表。」（２１３頁）とあり、記述された期日順次から推測して、この部分だけが何故か年度扱いとしての１９９７年（平成9）「２月18日」と読み取りました。また、第54回日本泳法研究会資料『小堀流踏水術』（小堀流踏水術資料編集委員会、２００５）「７．小堀流踏水術年表」の「小堀流長崎踏水会」欄、１９９７年（平成9）には、「。練習会場への道路工事と代表者の体調不良により休会する」（38頁）とあります。その後は、活動を再会することなく消滅したようです。聞き及んだ範囲では、その後、‘海派’の多くの人は協会への復帰が認められ、協会の伝承を継承する一員として、活動を継続しているとのことです。

伝承泳法の世界には、伝承過程で認識した事柄の違いなどから抗争や袂《たもと》を分かった例を見かけます。一般社会でも組織の継続の中では、人の考え方や見方によって、異なる思いが生じることを繰り返してきたと思います。そこには、諸条件が伴って起こり得ることですが、同時にそれぞれの事情に、理想論が一致して納得できるとは限りません。そうなると、最終的に、お互いの思いや考えの違いを優先することしかできなかった実情を感じます。

前述しましたが、海への思いは、おそらく‘鼠島育ち’であれば、協会関係者の多くが持ったまま述べても言い過ぎではないと推測します。ただ、協会としては、組織と行政との調和として、海の場合の海水の汚染や運営経費の問題と適地確定が難航する状況に対して、プール(屋外・室内)の環境は安定的で年間指導が可能などを考えに入れて決定したのでしょう。つまり、将来も見通して選択したのが、プールだったと考えます。そのことが、結果的には、現在ある協会と行政との関係を繋ぐことに関わった、大きな決断だったと思います。

10・プールでの水泳教室と組織の変更

協会が、1973年(昭和48)"長崎市民総合プール"の運営と指導を長崎市教育委員会から委託を受けて、7月21日に開講式を、更に9月16日室内プール開場、10月15日温水プールでの秋季水泳教室が開講されことを、『追想録』(110-156頁)に見ることができます。

プールで水泳教室が開始されるまでには、"プールに決定"以来、この年に入っても県の補償や提案及び市の委託内容などに議論百出、委託とプール指導の問題など検討課題も残していました。協会にとって、不安含みの新しい船出となったようです。しかし、教室の参加者を募集したところ、当初3,000人見込みのところ8,834人の応募があり、教室を2班2部制にして開始しています。

(1)プールと協会の展開

伝承泳法の多くの団体では、プールを利用して、恒常的に修練をしています。伝承泳法を伝える視点からすれば、本来の実用性をプールでは、"見える自然環境"を想定しての修練が求められます。そのため、いつの間にか、その泳法の実用とする目的が意識されなくなる可能性も捨てきれません。つまり、形だけの伝承泳法になりかねません。

しかしながら、プールで伝承泳法を指導し、泳ぐことの上で大きな利点があることも否定できません。

では、プールでの利点を、思い付くまま取り上げてみます。
①環境汚染の問題が少ない。
②自然環境の予期できない事故を防げる。
③自然環境が持つ、波の大小とか流れの強弱や水底の深浅などの変化、危険生物との遭遇などがない。
④距離が正確に分かることで、記録の測定や距離を意識しての練習に適している。
⑤水質や、水温、室内温も含めて適正な状態に管理することが可能である。
⑥自然の場に出掛けなくとも泳ぎの場所が得られる。
⑦更衣、洗浄、採暖などの設備がある。
⑧指導体制の上で、水面の振り分けやアドバイスが容易に可能である。
⑨全体的な安全管理が行いやすい。
など、この他にも考えられることと思いますが、基本的には泳ぎを習得する場として安全管理面、指導面、活用面からも利点があると考えられます。とはいえ、安全管理や環境維持は必要で、油断はできません。

話は変わりますが、プールという発想と、例えば池の利用、殊に水泳用の池を造成して利用することは古くからあったことでした。藩校の武術として〝水術〟を実施していたころ、会津藩では、宝永年間（1704年-1711年）藩校に〝水練池〟〝水馬池〟を造設しています。ただ、多くは自然の河川や海を水泳の場として、堰き止めたり仕切り枠を設けたりすること、距離が測定できることなどの工夫がなされました。

日本のプールの歴史において、明治以降に最初にプールが登場したことを『新版近代体育スポーツ年表』（前出）から見てみました。1907年（明治40）1月26日「東京勧業博覧会場予定地内で、室内温水プール（7.2m・14.5m）の棟上げ式挙行」（106頁）が最初でした。競技用のプールと学校のプール設置では、1919年（大正8）にコンクリート造りの50mプールを茨木中学校（大阪）が完成させたのが最初でした（『水泳競技』、68頁）。

この学校に設置のプールですが、『追想録』に長崎市では、「市としては昭和47年ごろから小学校、中学校にプールを作った。」（148頁）とあり、「昭和57年現在プールのない小学校は2校に過ぎない。」（149頁）と普及の様子が見えます。この普及が、後年に協会の一助となっています。当時の学校におけるプールの普及を考える参考として、文部省編『学制百年史』（(株)帝国地方行政学会、1972）「学校体育」（第2編、第9節）に掲載された「体育館・プールの設置率（昭和46年）」（928頁）の表から取り上げてみます。この表の「水泳プール」では、小学校40％、中学校34・6％、高等学校36・6％の普及と示されています。当時は、未だ、全国で半数にも達していませんでした。長崎で学校に水泳プールが普及した経過は、決して遅かった訳ではないようです。なお、1975年（昭和50）に文部省体育局が調査した「体育・スポーツ施設設置個所数」[*234]と、前回調査の1969年（昭和44）と比較をすると、この間に全国の「小・中・高学校体育施設」の中で、「水泳プール（屋外）」が、設置の増加数差1万1490件で、前回比は2倍には届きませんが、件数において最も多いものでした。

学校プールの普及は、1961年（昭和36）6月16日に施行された「スポーツ振興法」（法律第141号、継続されて2011年以降スポーツ基本法に）とも関わった事業でした。この法令は、1964年（昭和39）に開催される〈第18回オリンピック東京大会〉を意識して施行されたものです。この中に、国及び公共団体が、学校及び一般利用のスポーツ施設の整備と競技能力向上を推進することを促しながら、その経費の負担を明示しています。ここに、プールも明示されています。この観点から見ると、鼠島という水泳場はあったものの長崎市による公共プールの建設は遅かったように感じます。つまり、政治的な観点からは、長崎市でも一般スポーツ競技施設としてのプールの設置は、懸案事項になってきていたとも映ります。

長崎市民総合プールの運営と指導を、長崎市教育員会から委託されて以来、プールでの教室に加えて、自然の場で泳ぐ、「寒中水泳」を１９７４年（昭和49）から、「遠泳」を１９７６年（昭和51）から再開しています。つまり、伝承泳法の継承をプールと、自然の場で実践することになったと言えます。

　またもや、協会とプールに関わって、新しい転機が起こりました。１９９４年（平成６）５月付けの会員に向けた今夏の「教室開設」案内と近況報告として、「私共、協会が依託《ママ》を受けている「長崎市民総合プール」は、近々隣接、野球場の設備拡張に伴いプールは、南側へ移転することに決り、只今、その準備中です。……今の長崎市での手段としては或る面、致し方ないのかも知れません。２年後には、新しい市民プールがお目見えし、賑わうことでしょう。」（『追想録』、２０２頁）と新装転築工事について触れています。翌１９９５年（平成７）７月に工事が開始され、完成が翌々年の１９９６年（平成８）10月に完成しています。工事から完成までの夏、長崎市教育委員会と協会の協議によって、工事開始年は既存の室内プールと市内の小学校、完成年には市内小中学校のプールで分散教室を実施することで凌いでいます（『65年誌』、２１１－２１３頁）。この時、思い返せば、結果論的ですが、官の公的な支援に加えて、右記の市内小中学校でのプール普及に助けられたとも考えられます。

　完成した〝（新）長崎市民総合プール〟は、「九州で３番目の室内公認50ｍプール・２５ｍプールを始め幼児・児童プール・流水プール・スライダーを完備」の説明とともに、全貌写真が、『百年の歩み　―長崎游泳協会創立１００周年記念誌―』（同協会創立１００周年記念実行委員会、２００２、27頁）に掲載されています。このプールの新装移築後も、市の公募による選定方式が採られることなく、単独でプールの運営と指導の委託を受けています。『１０５年誌』（前出）に、「任意団体である当協会が旧市民プールに引き続き管理を委託されたのは大変稀なことでした。」（11頁）と、協会と市との信頼関係として語っています。それは、創立以来無事故で、『游泳教範』に示された団体指導法が、２，０００人以上の多人数に対する水泳指導にも生かされ、プールでも実績として継続されて来た成果とも言えます。同時に、〝長崎市民総合プール〟という公共施設だからこそ、この協会の指導力と管理体制の安定感が他に代えがたいと評価を受けての信頼関係とも考えられます。

この委託によって、協会は新たに多彩なプール機能が得られことであり、先に触れた１９９７年(平成９)の〈第42回日本泳法大会〉の開催会場となるなど、活動を活発化させる足掛かりを得たように思います。その活動からも、市と協会の有効な信頼関係が、協会の水泳教育と運営管理が評価を得て築かれた証左と、市民から理解を得られたことでしょう。

論者が、現時点(２０２２年1月)までに得た情報では、再度、プールの移転が余儀なくされています。『長崎新聞』の２０２１年(令和３)7月29日付に「市民プールなど移転含め検討　南北幹線道路のルート想定で」(22面)の標題で記事が出ました。地域の経済活動の上で道路整備の必要性からの移転は、たまたまの事情ながら、ビジョンとして止む得ない事なのでしょう。市との交渉と配慮を得て、施設の充実は必須ですが、会員が集うのに良い環境への移転である事が望まれます。

現在、伝承泳法関係の団体の中で、自団体自身がプールを建設して運営している団体は少なく、京都踏水会が屋内・外のプールを備えるなど、規模も大きく代表と言えます。

伝承泳法関係団体である協会が、自前のプールは所有していませんが、現状として運営と指導を委託されての「水泳教室」を展開できている姿は、伝承泳法の今後の存続において、頼もしい存在であると思っています。

なお、協会は、プールへ移行の時期に、公益を目的とする団体の運営として、将来を見据えて、任意団体から法人格として財団法人となることを考えたようです。１９７２年(昭和47)４月に「財団法人〝長崎游泳協会〟設立発起人会合が開かれた。」(『追想録』、75頁)とあります。が、法人格取得に至らなかったようです。その後の協会の法人化の動きは、『１０５年誌』(11頁)に詳しく述べられています。それに拠ると、１９９６年(平成８)頃かと思われますが、長崎市から法人化の要望があり「社団法人化も検討」したようです。しかし、資金面で断念しています。２００３年(平成15)に、今度は、長崎市が２００６年(平成18)年度から導入を決定した指定管理者制度に対応して、協会はこれを機に、法人格となってプールの指定管理者の委託を受けることを目指したようです。その結果、２００４年(平成16)９月、長崎県より認可を受け、特定非営利活動団体(ＮＰＯ法人)となっています。認可申請での協会の目的は、「この法人は市民皆泳を目的に児童生徒の水泳指導及び小堀流踏水術の伝承に努め、指導及び普及を図り、水泳の振興と心身の健康維持増進に資することを目的とする。」とあり、「市民皆泳」「小堀流踏水術の伝承」「健康維持増進」がキーワードに思えます。一般的な水泳教育と比べた特色としては、「小堀流踏水術の伝承」と言えます。

２００６年(平成18)以降は、長崎市民総合プールの指定管理者に指定を受けています。

協会創立以来の精神、"指導者は奉仕"であることも生かされて、現在も指定管理者を継続できていると推察しています。

11．新たな試み

協会がＮＰＯ法人となり、指定管理者を受託した２００６年(平成18)、長崎市は指定管理者制度を導入して、「民間の能力を活用し、経費の縮減やサービスの向上を図ることにあります。」(『１０５年誌』、11頁)と、協会も努力と工夫が求められたことでしょう。それは、市民のプール利用促進と増収入を確保しての運用経費の削減に向けられました。その中で協会は、市と県の助言も受けて、新たな取り組みとして3件を始めました。『１０５年誌』(11-12頁)より取り上げます。

1件は、幼児教室で、市教育委員会主催から協会開催にして、幼稚園児・保育園児の指導を、同年６月に無料体験３回から実施し、同年11月から翌12月まで12回の実施を始めました。その後、２０１６年(平成28)４月からは、長崎市主催の教室として継続されています。現在では、年間延べ人数が４，０００人から５，０００人の受講があります(『研究会資料・長崎』、34頁)。施設利用増と施設の有効利用、そして、「市民皆泳」にも貢献する事業としています。

2件目は、泳ぐだけではない楽しい健康作りにと、「アクアビクス教室」の導入で、2006年(平成18)6月と9月にNPO法人日本健康指導協会より指導者を招聘して、指導者資格取得者と指導校の認定を受け、同年11月より協会主催で開講を始めました。2015年(平成27)10月からは、長崎市主催の教室として継続され、現在も開催されています。

3件目は、受講者の減少を受けて、これまでの「夏季水泳教室」は、小学校3年生以上であったのを、2006年(平成18)夏から小学生1年生以上を受け入れています。2000年(平成12)までは同教室の受講生が2,000人以上であったのが、2005年(平成17)には受講生が1,462人までに落ち込みましたが、新たな低学年児童の参加もあって、この年から2,000人以上が確保できています。

これらの取り組みは、協会の理解と人との関りにも繋がり、小堀流の伝承泳法を知ること、学ぶことにも通じることで、伝承の普及と拡大が期待されます。

協会は、2020年(令和2)より、「海洋訓練」を、協会行事として開始しています。それは1泊2日の海辺、市内の川原海水浴場で訓練として実施されました。訓練の実現前に、田中直英、現理事長が作成されたメモには、「海の水練道場ねずみ島時代の同志感、仲間連携、自然触合い、自立心」を目的として、「水泳稽古&海の自然体験&自活自立」を現地で体験から学習させる構想が示されていました。その実施報告から、その意図が反映された行事となったと感じています。翌2021年(令和3)もコロナ禍の感染者数減少の間隙を縫って、日程等計画通りに実施されました。論者も訓練の2日間を、現地で大半を拝見しましたが、意気揚々とした訓練であったと思えました。

伝承泳法が、自然との対応から考えて、実際の体験無くして、その泳法の本領は見えないと考えます。また、自然との対応の中から情報を収集して、身体を通じて得る体験、海で言えば、'高い波に押されるやくぐる','潮や風に流される','潜って耳抜きをする〟〝水温の変化を感じる〟〝日焼けが痛い〟〝潮水が塩辛い〟なども、後年になっても消えることのない、生きた経験です。伝承泳法では、泳ぐことが絶対ではなく、状況に応じてゆっくり泳ぐことや浮くことなど、溺れない安全な方法を体得することも実践の中から知ることができます。また、操船法や潜って貝を採ったことなども忘れ難い体験となります。特に潜ることは、海中の生き物の生態や海中・海底の状況を知ることであり、危険な場所や生き物を見分けられるなど、知識と安全の確認を身に付けることにもなります。

これらは一例にすぎませんが、プールでは経験できないことが、自然の場には沢山あります。それは、自然を感じ楽しむことにも繋がります。また、鼠島時代の様に、海と接する時間が長いと、楽しめることや身に付くことの範囲が広がります。勿論、遠泳も有用な体験です。協会の場合には、小堀流の泳法であることから、特に踏足を用いての立体の技では、プール(真水)と海(潮水)との違いが、分かり易いように感じます。是非、今後も継続してほしい事業であり、その意味を伝承してほしいものです。

以上ですが、協会の教室運営における現況は、「夏季水泳教室」、「季節(秋・冬・春)教室」「幼児教室」、「アクアビクス教室」です。現段階で「海洋訓練」は、行事化の方向にあると考えますが、特別な取り組みとして、通常教室とは分けて実施されています。

伝承泳法関係の団体として、存続と伝承の期間が120年程ということで、協会と近似した「京都踏水会」と「浜寺水練学校」の2団体の、近年における教室の運営について、取り上げておきたいと思います。それぞれの地域性の経過の状況、運営基盤、運営方針などが異なり、正否・優劣の比較はできません。むしろ、協会も含めて、伝承泳法団体の今後の在り方において参考となることも考えられます。

1つ目の団体は、近年の京都踏水会を『京都踏水会120周年記念誌　10年間のあゆみ』(120周年記念誌実行委員会編、同会発行、2015）から見ると、夏期のみならず通年教室が開講され、選手コースとして、競泳・シンクロナイズド（アーティスティック）スイミング・水球・日本泳法の4コースがあり、心身の発達支援や健康増進支援を念頭に年齢を問わず弱者も含めての「生涯水泳モデル」なども設定されています。同誌には、2012年（平成24）に作成したチャート（3頁）で、その全容と経営方針を示しています。現在、同会は、公益財団法人となっています。

2つ目の団体は、近年の浜寺水練学校を『第113回　毎日新聞社　浜寺水練学校』（毎日新聞社浜寺水練学校編・発行、2019）の教室開催案内の要覧から見ると、「夏期授業だけでなく、年間を通じて、日本泳法部、アーティスティックスイミング部、水球部が活動しており、泳力に応じて専門分野に進めます。」（5頁）とありますが、夏期水泳教室を主体としています。また、「学校のあゆみ」の1970年（昭和45）に「第18代能島流宗家巽忠蔵氏より浜寺水練学校師範高橋清彦氏が第19代宗家を継承」（18頁）とあり、同校では能島流の本流として伝承を継承しています。同校の主催者は、毎日新聞社です。

この2団体と、協会を合わせた3団体の共通点を集めてみました。

①夏季期間の教室設定があり、最も多人数が受講しています。
②卒業生が、指導者となって継続されてきています。
③基礎の修得課程では、いずれも競技泳法（四泳法）の修得を課しながら、伝承流派の泳法を修得することで課程の卒業としています。
④伝承泳法（日本泳法）の関係団体として、特定のプール使用が維持され、伝承泳法の伝承を継続しながら、普及にも努力をしてきています。
⑤伝承流派の本流或いは本流との密接な交流関係があります。

いずれにしても、どの団体も存続してきた過程で、継承すべき伝承や伝統を大きく変えることなく、時代に対応もしつつ、継続を力としてきたことが分かります。

協会の現在の場合、教室運営だけを見ると、水泳競技との関わりの少なさが、大きな特徴と捉えられます。

協会の存続過程を遡って捉え直すと、年中行事を伝統として絶やさずに継承し、災害や危険がある時は無理をせず、その対処を知恵とし、自己の歩みを確かめつつも先人に感謝を忘れず、協会内外で活躍する人の立場を重んじ、形（冊子、写真、映像など）として歩みを残し、時流に抗わずして伝承は守り、存続への想いは常に強く、伝承泳法，小堀流，に対する価値観は常に変わらず、出来る範囲で外部に目を向け発信も行い、存続への方法では実践の場の確保を優先し、確保できた場と伝承の本質を忘れず実践してきています。

そして、何よりも、創立以来の人命第一「水難事故防止」（＝「市民皆泳」）の理念と奉仕の精神及地域貢献を念頭に置きながら、目に見える形で継続してきたことが、現在ある協会の姿と推察しています。

そこには、同時に、多くの人や地域社会の支援と理解があったことについて、次論Ⅵ・で触れたいと思います。

Ⅵ．長崎游泳協会の存在への支援と理解

ここまで、協会の創立への揺籃期から黎明期についての試論、そして創立から初期の状況の再確認、現在も継承されている伝承泳法との関わりと伝統意識への推考、時代の趨勢の中で競技水泳に受けた影響の実態探索、協会の存続に関わっての出来事と継続の経過に対する考察へと論を進めてきました。それは、協会の発展史でもありながら、人の存在あってこその歴史、運営の努力と工夫、組織と周辺及び外部の関係性が醸成して来た歩みでもあった筈です。協会は、今も健在、それでいて、存続と発展への課題は尽きないものです。

当論Ⅵ．では、これまでの協会への支援と理解について、「支えた人々（人の存在と関係）」、「運営事情と理解」に分けて述べたいと思います。

1．支えた人々

(1) 主導的な働きをした人々

協会の歩みの中で、指導に関わる、運営に関わるなど、支援をした多くの人々の存在があったことは推測されます。が、水泳教育と伝承泳法の継承との関わりから、主導的な立場で支えた主任師範を主とした上で、特定の幹部も限定して、論者の意識から取り上げました。

また、協会の内部的な意識として強く記憶に残されている人々について、聞こえて来たことも採り上げました。恐らく、論者には見え尽くせていない該当者は、まだ多々居られることと思います。その点は、外部者の眼として、ご容赦ください。

(1) 宇田川五郎：初代主任師範、1869年（明治2）生（推定）、没年不詳

宇田川五郎については、前論Ⅰ．４．(３)及びⅡで、詳しく取り上げました。が、協会の発案から創始に関わり、大きく貢献した人物と言えます。その関わりは、"協会創立の生みの親"の一人と言えることで、創立初年次の初代主任師範として指導課程を設定し、年次を追っての内容の変化はあったとしても、基礎課程修得を初段取得とする形態にした中心人物です。それは、協会の理念である「水難事故防止」＝「市民皆泳」を最初に具現化したことであり、現在に、踏襲されていると言えることでもあります。

本人都合で、協会創立年のみ水泳指導に携わって、長崎を離れました。が、その後、外遊先パリから帰国して、協会創立15年記念の1917年(大正6)に、再び協会の指導陣に加わって活躍をしています。協会は、この時、初年次の功労を讃えてなのか名誉師範として迎えています。『65年誌』には、この時、「長崎はよきかな、鼠島はよきかな」と言ったとあり、協会の記念の年であったことも来長崎の理由と述べています(87頁)。『東洋日の出新聞』には、同年7月15日の記念式辞で「善は小なりとも行へ悪は小なりとも行うべからず」と述べ、水府流太田派の模範を演技しています(7月17日付、3面)。また、同年8月3日開催の日本海々戦記念会主催の〈游泳大会〉には、協会の田中直治主任師範とともに監督として選手遠征に加わっています(前述Ⅳ．1．(3)．⑨参照)。さらに、同年8月11日から同13日の3日間の協会主催創立15周年記念〈九州游泳大会〉では審判長を務め、救助法の溺者役を、模範泳技で水府流太田派の「横体型游」を披露しています(前論Ⅳ．1．(3)．⑩参照)。この時も、この年のみで長崎を離れたようです。これらも、貢献と言えることでしょう。

後年の著書『水泳日本』(前出)に、遊戯(スポーツ)及び競技泳法と水泳の心得について「只望むらくは苟《いやし》くも海国日本人たるものは、水泳をどうでもよい単なる遊戯と見ず誰彼無しに是非心得て置く可き必要な技なりとして、一通りは之を習得してもらいたいそして万一の場合大事な生命を無慙《むざ》無慙水に奪われるというような事の無いようになってほしい……というのが抑《そもそ》も吾々の念願、何でも構わん、理窟無しに只泳ぐものをドシドシ拵《こしら》えたい。体育奨励とか精神修養と言ったような問題は自然其間に生れて来る副産物と見て置いてもよかろうではないか。」（自序2－3頁）と述べています。発案から創立年次に持っていた基本的な理念を再度この一文からも読み取れます。現在の協会が理念とする姿勢「市民皆泳」と通じるものがあると思えます。

想像の範囲も入れて現在から捉えて、宇田川五郎が協会の存続に機能した一面として、『日本游泳術』を模範に、水難事故防止の観点からの対応力として、一流派の伝承泳法に拘らない柔軟性な思考を持ち込んだこと、また、観客を呼び込んでの競泳大会に自身も関与した経験から競技会開催を促した可能性なども考えられます。

(2) 池田正誠《せいせい》：嘱託師範、副会長、副総裁、生没不詳

池田正誠という人物については、先に部分的ですが触れてきました（前論Ⅱ．2．（2）、同．3．（1）－（2）、Ⅲ．1．（1）、同．5．（1））。ここでは、それに付け加えての側面も述べておきます。

本人は、熊本県出身で、長崎控訴院判事という肩書を持ち、協会の創立に深く関わったことが、新聞記事などから窺えます。協会の創立時の役員として、「嘱託師範」の任を受け、水泳指導にも積極的に加わっています。但し、本人が修得した伝承泳法流派については、明確には不詳です。が、協会創立の翌1904年（明治37）、9月18日付『東洋日の出新聞』の記事に、「創業の主導者たる池田正誠　…游泳の達者なること後進を導くの懇切なること」（2面、傍線加筆）との記事が見られ、そのことを表しています。

この年、熊本の小堀流から、主任師範を招聘する事にも関わった可能性を持っています。つまり、協会と熊本の小堀流が単に隣接県であり、人流として関係が深いという条件だけではなく、本人の修得流派は、熊本出身ということから不確定ながら小堀流の可能性もあり、協会が小堀流の伝承を拓くことに、深く関わったと考えられます。

協会創立後の肩書としては、１９０５年（明治38）副会長（『65年誌』、33頁）、１９０７年（明治40）男子部総監督（『東洋日の出新聞』、7月3日付、3面）、１９１１年（明治44）副総裁（『東洋日の出新聞』、1月17日付、3面）が見られました。

泳力はどの程度であったのかは不明ですが、泳ぎが好きで、丁寧な指導者で、夏の鼠島では、常の存在との印象があったことが窺えます。ただ、師範として指導での活躍はあっても、模範演技的な場面での登場は無かったように思われます。

これらを『東洋日の出新聞』の記事では、１９０５年（明治38）の〈深堀往復十哩競泳〉で「殿《しんがり》は一見朝鮮漁夫と見擬《みまが》う池田師範なり。」（8月14日付、3面）と長い距離を余力で泳ぐ泳力が見え、１９０４年（明治37）には「池田師範の闊達《かったつ》なる態度は、女性の気分を暢達せしむ可く天然の感化力を有する上に、臨時女子部に入りて誘掖《ゆうえき》の労を執られたるを以て女生徒の進歩は一段光彩を放つに至れる」（9月19日付、2面）と人柄と幅のある指導力が見えます。

当人を知る側面と評価を、『65年誌』には、「本部に、時の横綱梅ケ谷*235のような池田正誠師範と、蚊のように痩せ細った宇田川五郎主任師範が、たまに話合っている姿は、対照的な一景であったらしい。…　池田正誠師範の話題は多い。大の子供好きで、丁組の金槌組にはことに人気があった。　…　師範はよく角力《すもう》もとらせた。　…　自ら「鼠島総督」としゃれていったように、こと協会となると大変な力の入れ方だった。協会に尽くした功績は今も語り伝えられている。」（39頁、傍線加筆）と述べています。恰幅の好い、子供好き、相撲好きで、初心者指導に携わる人気のある指導者、その尽力と貢献は印象深いものであったようです。

ただ、残念な事件があったことで、深い真相は推し量れませんが、協会から退去しています。１９１１年（明治44）7月22日付『東洋日の出新聞』の記事では、「游泳会組織変更　瓊浦游泳協会は創立以来池田正誠氏熱心其経営に当りたる結果、追年盛大に赴《おもむ》き今や三千の健児と数百の子女を練習せしむるの現状に至りたるが、過般池田氏一身上の事より協会は世人の疑惑を惹起し少からず打撃を被りしも」（3面、傍線加筆）と、協会への貢献を評価しつつ、一身上の都合が生じたことを報じています。

この事態については、『65年誌』に照会もある『史談裁判』(森長英三郎、日本評論社、1966、13-17頁)に、詐欺及び収賄の容疑で起訴されたことが記されています。『65年誌』には、「池田事件」(49-52頁)として、その発生から顛末迄詳しく述べられています。この記述中に、ここで起きた事件を、鼠島創設と開発に関わって、資金調達の際に起きた人物の事件に関わる巻き添え説もあるとしています。いずれにしても、この事件が要因で、協会から退去したことは、間違いのないことです。また、池田正誠師範への信頼と尊敬の念は厚く、会員の中には、この退去に対して自らも退会の意思を示すという、小さな波紋があったようです。しかし、協会への功労を表し金品贈呈することで収拾がついたようです。

このような池田正誠への絶大とも言える信頼と尊敬は、1988年(平成元)5月、長崎游泳協会が本人の居住した春徳寺に「池田正誠先生寓居之地」と刻んだ石碑を建立したことに顕われていると推察しています。碑文には、「池田先生は熊本県の人である先生は長崎県控訴院判事として来崎明治三十五年長崎游泳協会設立当初より同四十四年長崎を去られるまで協会師範としての任に当り子弟より慈父の如く慕われ学深く徳高く詩文に長じらる」と称えています。

長崎退去後の消息として、前出『水泳界』創刊号に記載の永見徳太郎の寄稿文「長崎游泳協会の話」には、「今は老いて東京で弁護士を開業しておられるのである。」(121-122頁)と、1931年(昭和6)頃の所在と現職が記されていました。

(3) 小堀流から招聘した主任師範と本流の小堀流師範

協会創立初年(1903)年は、水府流太田派の伝承が宇田川五郎によって実施され、翌年から今日まで、一貫して小堀流の泳法を伝承しています。その伝承は、協会の水泳教育の指揮者である主任師範を、本流である熊本の小堀流から招聘したことに始まっています。

①招聘主任師範

熊本より招聘した主任師範のことは、前論Ⅲ・1-5・(1)で述べましたので、詳しくは省略しますが、1904年(明治37)から招聘された主任師範は、『10年誌』に示された通りでした。1904年(明治37)は、吉田荘太郎、1905年(明治38)から1908年(明治41)は町野晋吉、1909年(明治42)は佐々亮雄、1910年(明治43)と1911年(明治44)は加藤忠雄で、4人による8年間でした。1926年(大正15)の協会創立25年行事の慰霊祭の鬼籍簿には、初めて小堀流から招聘された「吉田荘太郎」と「町野晋吉」の名前が見られます(『65年誌』、114頁)。論者の考察としては、中でも「町野晋吉」の就任年が長く、協会に与えた影響も大きかったと推測しています。また、協会が熊本から小堀流の指導者を継続的に委嘱雇用したことは、協会と小堀流との関係の深まりでもあったと推察しています。

②小堀流師範との関わり

協会と小堀流との継続した関係においては、嘱託依頼した主任師範のみではなく、本流の歴代師範との繋がりも、協会の存続に一役買った一面があったと見逃せません。

それは、卓越した泳技と教養の披露や伝承としての伝位の授与、協会行事などへの招待や指導依頼、逆に小堀流師範との繋がりから協会側が熊本での行事に参加、或は支援といったことも行われてきています。これらの一端は、前論Ⅲ・7・(3)で触れました。が、協会と小堀流歴代師範との関りを簡略的に触れておきたいと思います。括弧内は、師範継承期間です。

最初に協会との関わりが見られた小堀流師範は、第6代猿木宗那師範(1876年-1912年)が最初でした。右記の協会が招聘した小堀流の主任師範は、すべて小堀流側の同師範に命じられて赴任したものでした。また、前論Ⅲ・2・(1)で取り上げたように、猿木宗那師範は、1905年(明治38)9月10日に協会の招聘に応じて長崎へ赴き、演技披露もしています。この時、同師範に接して魅了され、翌年に熊本に赴いて同流に入門をしたのが、後に協会育ち初の主任師範（6代）田中直治でした。猿木宗那師範の長崎来訪が、協会と小堀流との関係をより深め、今日に至る継承を確定したと言えるでしょう。同師範は、その後、１９０８年（明治41）まで長崎を訪れています。

次に関わりが見られたのは、猿木宗那実弟の第7代小堀平七師範（１９１３年-１９３４年）で、１９２６年（大正15）協会25周年記念行事に際し、第6代猿木宗那師範の子息猿木真寿夫夫妻が参加し、伝授者小堀平七の名よる伝位書『踏水之巻』を田中直治に授与しています。

また、『65年誌』に１９３３年（昭和8）8月23日「大波止発三時半の船で小堀流七代の小堀平七翁が一人ひょっこり姿を現わした。……同翁は二十年に及ぶ学習院の水泳師範で、東京から熊本の先師祭に出席する途中であった。……初めて来島した同翁の一言一動に耳を傾け目を注いだのは言うまでもない。」（１３０頁、傍線加筆）と、初めて協会に来訪しています。その翌年１９３４年（昭和9）に逝去されたことと重ね合わせると、長崎への深い慈愛さえ感じられます。なお、１９３１年（昭和6）に協会から学習院へ藤山綱雄が派遣教師として参加したことも、小堀平七師範による事と推測されます。また、同年「吉田道義、田中仙之助両名に、熊本の宗家から小堀流踏水術目録が与えられたことである。」（『65年誌』、１２６頁）も小堀平七師範によると考えます。

続いて、第8代城義核師範（１９３４年-１９４９年）との関係は、『65年誌』に１９４６年（昭和21）のこととして、「八月十五日、田中直治直一父子が熊本に赴き、小堀流第八代城義核師範から、直治師範は腰水之巻を、直一教士は免許皆伝の目録を授与されたことがあげられる。」（１４３頁）と協会主任師範田中直治の親子との個人的接触が見られます。これも、伝位授与を伴った点において、協会との関係性にも繋がることであったと捉えられます。また、この関係から考えて、１９４８年（昭和23）に主任師範田中直治の逝去に際し、追贈として「忘水之巻」が授与されていますが、この伝授者は、城義核師範であったと推測されます。

協会と第9代廣吉寅雄師範（1949年－1951年）との関係は、不詳ですが、『65年誌』に、1951年（昭和26）「小堀流第八代城義核から田中直一師範に踏水之巻が授けられた。」（150頁、傍線加筆）とあります。唯、小堀流師範継承の時期を当て嵌めると、この時の伝授者は、廣吉寅雄師範からの可能性があると考えられます。

その次代の第10代猿木恭経師範（1952年－1994年）との関わりは、『65年誌』に1953年（昭和28）「十七歳の熊井嘉明を始め、石橋三郎、野口静雄ほか一名は、田中仙之助主任師範に引率されて熊持に赴き、小堀流宗家に入門した。宗家は第八代の城義核で、戦後初めての入門であった。」（152頁、傍線加筆）とありますが、この時期の小堀流師範継承者は、猿木恭経師範であったと考えます。1971年（昭和46）8月16日には、田中直一主任師範の招聘に応じて、猿木恭経師範が鼠島に弟子を随伴して来訪、協会員60人程が、指導を受けています。少し年次は跳びますが、1984年（昭和59）熊本の小堀流先師祭に10人程参加して猿木恭経師範の門下となっています。この年の9月、唐津勝彦は、「踏水術目録」を授けられています。1992年（平成4）協会90周年の記念行事に長崎を訪れて泳技の披露し、協会会員石橋康雄、引地信子に「踏水術目録」、井上泰利に「踏水之巻」の伝位を授与しています（『追想録』、1993頁）。1993年（平成5）には、協会の田中直一主任師範に「忘水之巻」、唐津勝彦師範に「腰水之巻」が授与されています（『追想録』、200頁）。なお、猿木恭経師範は、協会の『80年誌』と『90年誌』に祝辞を贈っています。

現在の第11代古閑忠夫師範（1994年から）との関わりは、師範継承前の1989年（平成元）12月に、協会の招聘に応じた研修会が行われています（『追想録』、192頁）。その後の古閑忠夫師範による長崎来訪の研修会を『追想録』（213－229頁）から取り上げると、1996年（平成8）、1999年（平成11）、2001年（平成13）から2004年（平成16）の各年が確認できました。協会の「年表」から伝位授与では、1994年（平成6）田中実と山本晃代に「踏水術目録」、2001年（平成13）田中直英に「踏水術目録」、2002年（平成14）八田寛と浅岡泰彦に「踏水術目録」の授与をしています。なお、協会の『100年誌』に、祝辞を贈っています。

小堀流師範との関わりは、協会が継承している伝承泳法の正統性を示し、伝承の技術を確かめることであり、小堀流を伝承する団体間の相互交流や協力関係にも影響を与えることでもあったと考えます。

(4) 西郷四郎：創立理事、監督、顧問、1866年（慶応2）生、1922年（大正11）没、享年57

西郷四郎については、前論Ⅰ．4．(2)で、そして(3)の中でも、出生の時点から東洋日の出新聞社員となり協会の創立時役員となるまでを、かなり詳細に述べました。その中で、西郷四郎の協会との関わりは、創立前の段階で宇田川五郎の発案を受けて、東洋日の出新聞社長鈴木天眼に提案をして創立を実現に導いたと推察した人物です。しかし、創立後の8年間には、協会の水泳教育や運営に直接名前が登場することはありませんでした。想像ですが、この期間でも、見守り役であったことは、充分考えられます。それは、柔道での技術と指導に優れ熱心であったことに対して、水泳は修行経験が無く、泳ぎ手としても指導者としても協会師範を信頼して委ねていたことが推測されます。

西郷四郎が、協会の活動で表舞台に登場したのは、1911年（明治44）7月に起こった右記「池田事件」の時からで、この対策検討のための協議会開催の案内状では「瓊浦游泳協会　旧創立者　西郷四郎　同幹事　内海静治　同　鈴木行雄」と「旧創立者」の位置づけで、代表者的な立場で差出人となっています（『65年誌』、50頁）。その協議の結果は、同年7月22日付『東洋日の出新聞』（前出）の記事として、協議会が西郷四郎を監督に推挙したことを載せています。1911年（明治44）8月6日の協会〈第1回競泳大会〉では、「総監督」として、西島中将が協会の新会長に就任の紹介をしています（『東洋日の出新聞』同年8月2日付・8月7日付、3面）。1912年（大正元）、前論Ⅲ．5．(2)で述べた協会の『四十五年　日誌』には、西郷四郎監督が田中直治師範と熊本へ師範招聘の件で赴いた記録があり、『史伝西郷』（前出）には、協会が企画した水上飛行機の海上滑走許可を同年10月2日気付で「瓊浦游泳協会代表者　西郷四郎㊞」（264頁）の名前で提出された書類のあることが示されています。

『65年誌』から、その後監督としての協会内での行動を取り上げると、1913年（大正2）6月29日、評議員会に出席（64頁）、同年8月15日、熊本県三角游泳場で開催の〈九州大会〉大会に派遣の田中師範山田教士ほか会員11人が、西郷監督宅に集合（67頁）、1914年（大正3）有明海横断遠泳の指示や激励（70-71頁）が見られました。

1915年（大正4）・1916年（大正5）の同遠泳には、関わりが見られませんでした。

西郷四郎と協会の関係では、1917年（大正6）、協会の15年周年記念の〈九州競泳大会〉の役員として「顧問西郷四郎」（89頁）の名前が見られます。どの時期に、「監督」から「顧問」となったのかは不明ですが、現場に直接関わる立場を退いたことが考えられます。

西郷四郎が監督時代、協会の代表として主導的に活動していたことが窺えます。

西郷四郎が監督時代現場を見に来ていたことや西郷邸に集まって接したことは事実で、その風貌や姿勢は、協会指導者たちなどに人望を得て、周囲に与えた影響は大きかったようです。そのことは、『65年誌』に庶務日誌や接した人間の述懐も含めて取り上げられています（103-104頁）。

『四郎の生涯』（前出）には、1919年（大正8）に西郷四郎が、嘉納治五郎邸を訪れた時、持病の神経痛が悪化して、出された食事を口にすることが出来なかったことを述べています（174頁）。『史伝西郷』には、「四郎の尾道移転が大正の何年のことか定かではない」として尾道の病院カルテに「発病　大正九年三月十五日」とあることから「おそらく大正八年の冬か翌九年の春頃にかけてのことであろう。」（368頁）としています。つまり、西郷四郎が、協会と直接な関わりと長崎に在住したのは、1919年（大正8）頃までだったのでしょう。

１９２２年（大正11）12月23日、転地尾道で57歳の生涯を終えています。

西郷四郎の存在と功績は、東洋日の出新聞社においても協会にとっても大きく、翌年４月に東洋日の出新聞社社葬として長崎市内「晧台寺」で執り行われています。

なお、新聞記者としての活躍も『東洋日の出新聞』の記事として、１９０３年（明治36）から１９１１年（明治44）年に幾つかを確認できています。自立心の有る論客であり、水泳家ではなくとも水泳教育に理解のある柔道家西郷四郎であったと捉えています。その水泳教育への理解ある姿勢は、先に東京の柔道と水泳に関わった人物や隅田川の水泳家、海国日本という時代的風潮からも培われたものと推察しました。それ故に、協会の黎明期から創立に深く関わり、組織の改変が必要な時には責務を果たして協会を支え、その人望から協会員に与えた影響も大きかったことが考えられます。

(5) 田中直三郎：主任会計、１８４９年（嘉永２）生（推定）、１９２３年（大正12）没、享年75

協会との関りを『65年誌』に見ると、１９１３年（大正２）、協会の運営が苦しく「幽霊協会」と陰口を叩かれる中、会計主任を委嘱されています。この時「協会の建直しは諸経費の節約以外に途はない。と力説した。田中直三郎は当時の言葉でいう斯道《しどう》熱心家で、協力者の一人にすぎなかった。」（66頁）と述べているように、協会会員出身の主任師範の父親であり、協力者でもあった人物が幹部となったのは初めてのことで、後にも先にもないことであると思われます。そして、自宅を協会事務所として提供し、その後、１９１５年（大正４）協会の陸上運動会に所有の田上の合戦場《かっせんば》を提供（79頁）、１９１８年（大正７）協会運営に見えない個人出費（94頁）、１９２１年（大正10）理事制となり主任会計交代（99頁）、１９２２年（大正11）勤続10年の表彰（１０２頁）がありました。

この田中直三郎について、何を根拠としているのか不明ですが、「２０４　長崎游泳協会鼠島（１）　明治三六年東洋日之出新聞の鈴木天眼が主唱し、浜ノ町の田中直三郎の援助で市民皆泳武道鍛錬の目的で長崎港外鼠島に遊《ママ》泳場を設けた。」（越中哲也・白石和男編『ふるさとの想い出写真集　明治大正昭和　長崎』国書刊行会、１９７９、１１６頁、傍線加筆）に見られます。この記述の意味するところは検証を要するとして、協会に対する一つの印象と関わっている範囲では、あり得た話なのかもしれません。なお、インターネット上のホームページ「Ｔａｎａｋａｙａ」*236には、１８７７年（明治10）田中直三郎が、浜町に舶来雑貨小間物卸小売業田中屋を創業したとあります。１９４１年（昭和16）出版の『記念游泳教範』（前出）巻末、「小堀流踏水術　游泳教範頒布に就て」（田中直治指識）に「新聞社は東浜町に在り予の生家と一軒措《お》きて隣なりし爲鈴木天眼先生より可愛がられし」（69頁）とあり、協会との縁を感じます。

田中直三郎が、東洋日の出新聞社との縁も含めて、協会の理解者であったことは、子息（直治）を会員としたことに始まり、その後の子息の動向を肯定的に見ていたこと自体が支援者であり、その上、協会幹部として有益な役目を果たしたことは明らかです。

(6)協会育ちの主任師範

熊本より協会の主任師範を招聘しての水泳指導から、協会会員から指導の中軸となる主任師範の任命が始まったのは１９１２年（明治45）からです。今日も継続しています。

その歴代と在任期間を、以下に列記してみました。

第６代　田中直治《なおじ》　：１９１２年（明治45）―１９２５年（大正14）　在任14年間
（及び第８代）　同　：１９２８年（昭和３）―１９４８年（昭和23）　在任20年間
第７代　村田輝樹　：１９２６年（大正15）―１９２７年（昭和２）　在任２年間
第９代　田中仙之助　：１９４８年（昭和23）※―１９６２年（昭和37）　在任15年間
第10代　田中直一《なおいち》　：１９６３年（昭和38）―２００２年（平成14）　在任39年間

第11代　唐津勝彦　：２００２年（平成14）※－２００６年（平成18）　在任５年間
第12代　日高正史　：２００７年（平成19）－２０１４年（平成26）　在任８年間
第13代　石橋八郎　：２０１５年（平成27）－２０１９年（令和元）　在任５年間
第14代　多比良裕之　：２０２０年（令和２）－２０２２年（令和４）　現在、就任中

※在任期間重複は、同一年内での就任交代と判断した

在任期間には、長短がありますが、それぞれ主任師範に就任した時は、決断と責任を担う立場にあったと受け取れます。この歴代主任師範には、それぞれの就任者の貢献はあったことですが、論者の眼から見て、次の人物に着目しました。

第６代及び第８代田中直治は、戦前戦後、２回の就任の総計34年間に亘ってその任を担っています。戦前は、紆余曲折の波瀾がらみで、時代を見据えながら苦心惨憺の中で役目を果たしたことが見えます。その意味では、〝鼠島の父〟でもあり、戦前の協会を支えた大恩人と思えます。一方、戦後再開も厳しい地域状況の中で再開に漕ぎつけ、それでいて間もなく逝去されたのは残念なことであったと感じます。

第９代田中仙之助は、戦後の協会再開と同じくして逝去した田中直治の後を引継ぎ15年間の長期を、協会の支柱の立場として役目を担った人物と思えます。

第10代田中直一は、叔父でもある第９代田中仙之助を積極的に支えた時代を経て、自らが主任師範に任じられると、鼠島埋め立ての海から陸への大きな転換や協会の組織変化など重大な局面と対峙し、在任の39年間を大黒柱として、苦悩な事態にも立ち向かった協会存続の大恩人と思えます。

第11代唐津勝彦、大恩人の後を受けて、プールでの水泳指導を意識する中で、今日まで継続されている活動を導き出し、協会の新たな指針に貢献した人物と思えます。

以下にそれぞれの人物について、その果たした役割など概要的に並べてみました。

①田中直治‥第6代並びに第8代主任師範、田中直三郎長男、1887年（明治20）生、1948年（昭和23）没、享年61

協会との関わりにおいて、1912年（明治45）主任師範となり、在任期間にプラスもマイナスもすべて引き受けて対処してきた人物であり、現在の協会に与えている影響が多々あると言えます。その始まりの過程は、前論Ⅲ.で本人と小堀流との関りから、協会の師範となり主任師範になった事までを詳しく取り上げました。

再度、年次を追うと、1903年（明治36）、協会初の初段免許取得、1911年（明治44）、協会育ち初の師範に、1912年（明治45）には同じく主任師範となり、小堀流を主体とした『教範』を設定したのでした。これ以降は、協会の主軸として、途中、主任師範を辞した2年の師範時代（1926年―1927年）を除いて、協会の先頭を切って牽引してきたのでした。その中では、時流の影響が水泳界に反映されるなど協会にも紆余曲折がありましたが、終始協会への思いを突き進め、逝去迄、変わらない中軸としての存在であったと考えられます。

『65年誌』には、田中直治の経歴が紹介されています。「長崎市立商業学校から早稲田大学に進み、明治四十一年卒業と同時に家業の洋反物羅紗商田中屋を継ぎ、大正六年市会議員、同九年県会議員、長崎県体育会顧問、長崎地方裁判所特別調停員、長崎県婦人子供服地協同組合理事長、鶴鳴女学校理事などの要職をかねる。」（145頁）と、重要な社会的責務を果たしながらも、協会を牽引してきた情熱の不変は、如何に水泳教育に深い思いを抱いていたかを想像させるものです。『65年誌』の著者も「いつも鼠島の子らと共に歩くことを忘れなかった信念が、協会を支えて来たのである。」（146頁）と評しています。また、協会の中心となる人物が政財界、教育界で貢献していることは、地域における協力や理解を得る協会への一助となったことが考えられます。

この田中直治が水泳に向けた姿勢として、会誌『踏水』（創刊号、小堀流踏水会、1979）の島田毅による述懐「小堀流踏水術稽古場の想出」に、「終戦後昭和三十何年かに天理市の古式水泳大会に参列した晩、夜の座談会の席上で長崎游泳協会の師範、田中氏から思いがけなく白川の洪水に井川渕の稽古場から明午橋の直ぐ上手迄渡河して田中氏の父親が白川の洪水時の濁流の速さと濁流水になやまされて崖の上に登ると嘔吐を催し子供達に笑われて大恥をかいた。始めて《ママ》の知らぬ河川で游ぐ時は良く注意する事が必要であると聞かされたことがあると、全く前の話と同様の話をされた。稽古場に長崎から六才の子供を連れて田中師範が来られたのは自分も記憶がある。その時の六才の児童が現在の田中師範であるのに驚いたことがある。自分の記憶では確かに長崎高商の学生であったと信ずるが、田中師範の父親は当時の師範として門弟の失敗を自分の事として門弟を助ける意味もあり洪水時の游ぎを注意されたものと思う。」(7頁)とあり、田中直一主任師範6歳の時とすると1917年(大正6)以降の話でしょうか、伝えるべき経験は面目ではなく必要を述べる真摯な向き合いが見られます。この経験の場に居合わせた田中直一主任師範は、幼少の頃にして、この父親の姿勢を見て、同じ立場の主任師範となったことが窺えます。

田中直治の功績及び逸話は、数知れず、戦後の協会再開を果たして2年目(1948年)の開場前、6月に帰らぬ人となりました。その葬儀は、協会葬として執り行われ、参列者2,000人を超える参列に、その偉大さを思わずにいられません。前述しましたが、そのことを象徴するかのように、協会の創立60周年を迎えた1962年(昭和37)、協会は、先師の石碑の横に、田中直治主任師範のブロンズ胸像を、文化勲章受章者富永直樹に依頼して建立しています。

②田中仙之助・第9代主任師範、直治実弟、1893年(明治26)生(推定)、1963年(昭和38)没、享年70

田中直治の逝去の後を引き継いで、1948年(昭和23)主任師範となり、15年在任しています。そこまでの協会内での略歴を『65年誌』から拾って簡略に並べてみます。(掲載頁不記、協会担当役職は就任年とは限らない)

1910年(明治43)初段免許取得、1912年(明治45/大正元)乙組班長、1913年(大正2)助手、1914年(大

正3)有明海横断遠泳に参加(不成功)、1916年(大正5)有明海横断遠泳に最後尾グループの殿(成功)、1920年(大正9)教士、1921年(大正10)理事、1922年(大正11)深堀遠泳6回参加で表彰、1931年(昭和6)熊本の小堀流師範から「踏水術目録」授与、1934年(昭和9)女子部主任師範、協会五段允許。

これを見ると、自ら協会の水泳教育で活動をして役割を果たしてきたこと、小堀流の本流との関わりも見えます。『65年誌』には、総体的な評価として「兄直治師範の存在が大きかっただけに目立たぬ存在であったが、協会の盛衰にかかわる時には、必ず兄と共に行動した人であった。 … ことに六十周年記念事業として先師の碑と胸像の建設は大きな功績であった。」(159頁)と、人物と功績が述べられています。

③田中直一・第10代主任師範、会長兼任、理事長、名誉師範、直治長男、1912年(大正元)生、2005年(平成17)没、享年92

父親の田中直治主任師範に連れられて、小堀流の本拠地熊本を訪れたことは、右記で触れましたが、父親の背中を見て、自らも精進されたことが想像されます。

『65年誌』から記述文に登場したことを頼りに、主任師範となるまでの本人の動きを追ってみます。(掲載頁不記、協会担当役職は就任年とは限らない)

1927年(昭和2)初段免許取得、1930年(昭和5)甲組1班班長、1931年(昭和6)甲組2班班長、1934年(昭和9)三段允許、1935年(昭和10)学習院派遣教師に選出され、1946年(昭和21)熊本に父子で赴き小堀流「踏水術目録」授与、この時協会教士、1951年(昭和26)小堀流「踏水之巻」授与、1952年(昭和27)師範、1955年(昭和30)役員、1962年(昭和37)理事

このように、協会内では技量を示して役割も担い、小堀流の泳者としても認められる歩みが見られます。

１９６３年（昭和38）満場一致で主任師範に推挙を受け就任、１９６７年（昭和42）副会長としての活動が見られました。この間には、１９６４年（昭和39）に、前出Ｖ．１．（３）の「遠泳」の中で触れましたが、風と波との闘いが強いられた荒れた海での厳しかった〈オリンピック東京大会記念有明海横断遠泳〉では総監督として成功を収め、１９６７年（昭和42）には協会創立65年の先師慰霊祭を執り行い慰霊の辞を述べています。

この時の詞に「六十五年の歳月と幾多の波瀾に堪えて、今日なおこのように協会は創立の精神そのままに隆盛でございます。…　時代の流れはこの後も、この鼠島を、協会を、より激しく洗って参ることでございましょう。」（１７１頁）と述べています。この年、正会員４，８８６人というこれまでの最高数を記録した年でした。それでいながら、１９６５年（昭和40）から長崎港湾の埋め立て工事が始まり、その後の水質汚染や鼠島の埋め立て計画が待ち受けていた時期で、今から見るとその予言的な言葉にさえ聞こえます。

その現実は、この年「長崎外港の建設による深堀香焼間の埋め立て工事」（１７２頁）の為に、明治以来続けて来た〈深堀遠泳〉の中止から始まりました。更に、長崎外港整備計画の進行において鼠島も埋め立て対象となり、１９７０年（昭和45）協会の教場が喪失される事態となったのでした。海での教場を探すのか、プールに移行するのかの選択を迫られ、海の好適地も見つからず、プールでの指導に不安を抱いたままで、プールへの移転となりました。また、その折に、同調できる自らの心を抑えながら、海での指導に固執する〝海派〟と袂を分かつ事態となったことは、後に協会復帰があったとしても辛い出来事と思えます。プールでの指導は、協会主催でなく市教育委員会から委託を受ける形となりました。そのプールへの移転後にも、新たに市運動施設の整備からプールの建て替えの状況が発生して、新プール完成までの苦心があり、その後も公的施設運営における指定管理者制度への対応など、大きな時代の変革の荒波を、船頭として乗り切ったと思えます。その尽力には、計り知れない功績があったと言えるでしょう。『１０５年誌』の協会師範吉田孝穂による追悼文「田中直一会長を悼む」（3頁）には、「田中名誉師範なしでは、長崎游泳協会の今日の発展はなかったといえる。」と述べられています。さらにその人柄を「いつも人間味あふれる微笑と温厚で誠実なお人柄には、教師をはじめ子どもたちから敬慕され、その存在はあまりにも大きかった。」と、人を魅了しこころに残る存在であったことが窺えます。

さらに、『追想録』に、1972年（昭和47）6月27日付『長崎新聞』「水や空」欄（1面）の引用として「長崎游泳協会父子三代の指導者で　…　田中直一師範は強調する。　…　日本水泳がスピードで世界を制することはうれしい。だがそれよりもまえに金槌0が世界一でありたいものだ。」（81頁）と取り上げています。再度、吉田孝穂の文に戻って「「カナヅチでない子どもを育てることが何よりも楽しか、子どもたちがかわいかけんねぇ」。ねずみ島時代から今日まで、まるで生きがいのように語り、人生を"長崎っ子"の游泳指導に取り組んでこられた」と述べていますが、協会精神を守り通した人生であったと思われます。

田中直一の別の側面として知る情報では、1989年（平成元）7月31日付『朝日新聞』（夕刊、3面）に掲載された石川巌執筆の「独断撤退　26　自決を図った小松原」にノモンハン事件[*237]での日本軍最後の敗走となった攻撃の話に登場します。田中直一本人、当時78歳になって語った最後の突撃の一幕を採り上げながら、「当時、幹部候補生出身の少尉で、小松原道太郎中将の専属副官だった。私は田中に興味を持っていた。辻政信の著書『ノモンハン』の中に、花も恥じらうような優男の若武者として登場するからである。敵中に孤立した師団長の玉砕の決意を第六軍司令部に伝えに　…　優男の少尉は決然と敵中へ引き返したのである。花も恥じらう若武者は、いまは長崎市内の大きなファッション・デパートの社長だった。地元の名士らしく、腰の低い人だった。」と紹介しています。この話の中の辻政信の著書は、防衛庁戦史部図書館保存の『小松原師団長ノモンハン陣中日誌』に基づいた著述『ノモンハン』（亞《あ》東書房発行）で、1950年（昭和25)に出版されています。この著書での田中直一の人物表現では、「弱々しいような美青年である。それは田中専属副官(特別志願の少尉)であった。　…　花も羞らうような優男のこの若い少尉が、何たる気魄《きはく》であろう。幹部候補生出身の可愛い少尉の紅唇から、毅然たる覚悟が述べられた。このような戦況となると、出身や階級は物をいわない。私心なき一片耿々《こうこう》の心だけが、勇怯を決するものである。平素威張って元気のよい軍参謀が、誰一人進んで危地に飛込もうとするものがないときに、少尉の落ちつき払った態度には見上げたものがある。」(209-210頁)と、その外貌の優美であったことに留まらず、気概溢れる姿勢や冷静沈着な態度が表現されています。生死に関わる戦火を潜り抜けた人生観が、協会の指揮官として、その人が持つ度量として、反映されていた可能性を感じます。その度量と人柄から、父田中直治と同様にリーダーシップを発揮して、政界とは直接関わりませんでしたが、地域の経済界や教育界でも活躍を果たし、名誉に囚われない有用な働きをしたことが推測されます。

④唐津勝彦：第11代主任師範、1925年(大正14)生、2006年(平成18)没、享年81

本人が述べた『追想録』の「水泳歴」(274頁)と「あとがき」(273頁)には、1929年(昭和4)4歳の時に大浦海岸で溺れたことが記されています。その経験は80歳を超えても忘れずとして、これを水泳との関わりの始めとされています。そして、「溺れない子供を一人でも多く育てるため」の意識に示された水泳指導への思いが感じられます。「水泳歴」に従うと、1932年(昭和7)7歳で協会正会員となり、1939年(昭和14)初段免許取得、1942年(昭和17)17歳の旧制中学5年の時に県下の競技会で200m背泳と800mリレーで優勝しています。

そして年月が進んで、1967年(昭和42)の「長崎游泳協会役員教師名簿(昭和42年現在)」(『65年誌』、177-180頁)に、「教師委員」並びに「教士」の中に名前が見られます。

その後を、『追想録』の「略歴」(274頁)から見ると、1980年(昭和55)に会社を退職して、協会との関係が深まって

います。その様子を要略列記すると、
1982年(昭和57)市民総合プール事務局でアルバイト勤務
1984年(昭和59)に師範に推挙され就任
1985年(昭和60)長崎市教育委員会嘱託の市民総合プール事務局長就任、協会理事長就任
1994年(平成6)協会理事長辞任、副主任師範就任
1997年(平成9)市民総合プール事務局長辞任
2002年(平成14)主任師範就任
2005年(平成17)NPO法人長崎游泳協会主任師範兼常任相談役就任
との経歴が示されています。プールでの指導の中、協会の中軸へと役割を担ってきたことが分かります。
退職される以前の協会との関わりは、経歴から考えて1964年(昭和39)に南氷洋など海上勤務から、長崎での会社勤務となった頃からだと考えます。会社勤務のままですから、夏休みと言っても制限があったことも考えられますが、そのような中、1967年(昭和42)には、右記の如く深く協会の水泳教育に関わっています。
一方、本流の小堀流との関わりも見られます。その初めが、1950年(昭和25)小堀流踏水術に入門したとしています。海上勤務の時代にも拘らずと不思議に感じたのですが、『105年誌』に寄せられた協会師範片山格による回顧文「追憶」に「戦後3回目、中学3年、甲組三班として夏休み最初の日、唐津先生との出会いがありました。…先生は、南氷洋の捕鯨船で活躍されている方でした。たまたまこの夏休みを含めて捕鯨船が日本に停泊することになったそうです。」(6頁)と、事情が呑み込めました。
その後は、1984年(昭和59)に、協会から10人程と熊本の先師祭に赴き入門しています。この年の9月、「踏水術目

録」を授与しています。前年が、災害で1年遅れの協会の〝創立80年記念〟が執り行われ、刊行された『長崎游泳協会八十年の歩み』に第10代猿木恭経師範が祝辞を寄せています（9頁）。式典に師範が参加したかは不詳としても、推測ながら、先師祭への参加は、これが機縁となったように思われます。また、協会は、これ以降、毎年先師祭に参加を慣例としています。

唐津勝彦本人は、小堀流から、1988年（昭和63）に「踏水之巻」、1993年（平成5）に「腰水之巻」を授与されています。加えて、熊本との関係で見ると、小堀流踏水会発行の会誌『踏水』に寄稿文を載せています。以下、号数、発行年、標題「　」、頁を並べてみました。

第8号、1986年（昭和61）、「初心者と呼吸法の事　……鯨の話にのせて」、18-24頁
第10号、1988年（昭和63）、「泳ぎ」は楽しい！―つかれないプール利用は―」、15-16頁
第11号、1989年（平成元）3月、「〝ねずみ島の游ぎ〟」・「無題」、29-33頁
第12号、1989年（平成元）12月、「「支重競技」を見ました」・「「横泳ぎ競泳」を見て」、11-13頁
第13号、1990年（平成2）、「ダイビングと投げ銭」、38-41頁
第14号、1991年（平成3）、「水書」、16-17頁

その内容の多くは、自分の体験を優しい語り口調で、外国の話もありながら、自分の想いを読み手に分かり易い言葉を選んで述べられていて、人柄が偲ばれました。

なお、1997年（平成9）12月発行、水府流太田派連絡会機関紙『游泳』第21号にも寄稿文標題を「無題」（2-3頁）とした、自身の水泳習得体験や現在の水泳との関わりなどに触れ、小堀流の〝御前泳ぎ〟からの話「御前泳ぎの稽古のこと」が見られます。

唐津勝彦が、1984年（昭和59）に師範となり、1985年（昭和60）長崎市民総合プール事務局長就任及び協会理事長就任となったことで、新たに動き出した3つの方向が結果論的として、あったと考えています。1つ目は、上述した小堀流との関係を深める事でした。2つ目は、プールでの指導についてでした。3つ目としては、前論Ⅴ．8．（3）で触れた、日本水泳連盟日本泳法委員会（以下、「日水連」と称す）開催の行事への参加でした。

2つ目のプールでの指導については、前論Ⅲ．6．（2）．⑸で触れましたが、1986年（昭和61）に『初心者指導の手引き』（1993年改訂、1998年再改定）並びに『甲、乙組指導の手引き』（1993年改訂、2001年再改定）を作成しています。唐津勝彦の人柄の様に、気配りと優しさをもって、感じたままを表現された丁寧な『指導教本』に思えます。

3つ目は「日本泳法」を通じた全国との繋がりを考えて、日水連の行事に積極的に参加したことでした。〈日本泳法研究会〉の参加継続もしていますが、〈日本泳法大会〉での活躍は、特筆に値するとして、以下に列記します。

資格審査を受けて、1985年（昭和60）「水練証」、1990年（平成2）「教士」、2000年（平成12）「範士」に合格しています。また、大会の役員としては、1993年（平成5）第38回大会から「泳法競技ジュニアクラス審判員」、1994年（平成6）第39回大会から「泳法競技審判員」、1999年（平成11）第44回大会から「游士審判員」、2001年（平成13）第46回大会から「資格審査委員」を委嘱されています。

このことを、協会の現理事長田中直英は、「先生は多くの事を自らの姿勢と行動で私どもに教え示して頂きました。小堀流の殻の中から日本水泳連盟に参加、日本泳法委員会より範士の証を受けられ日本泳法大会審判を勤められる等、游泳協会に広い活動の場を作って頂いた先達者として、協会の歴史に足跡を刻まれました。」（「唐津勝彦主任師範に捧ぐ」『105年誌』、5頁）と、協会への功績を称えています。

もう1点大きな協会への功績として忘れてはならないことは、2006年（平成18）1月に、『65年誌』に所収された記述資料以降の協会の記録資料を『長崎游泳協会／ねずみ島物語　追想録』と題して、自ら綴った冊子としたことです。

後世に残る協会の足跡を、詳細な記録を含んだ貴重な資料として残したことは、大きな功績と考えられます。

主任師範としては、在任5年間でしたが、功績は大きく、遺族の了解を得て、協会との合同葬儀が執り行われています。

(2)協同してきた人々

協会の歩みにおいて、過去も現在も今後も、主導としての一人の存在ですべてが進行できるわけではなく、共同体としての協同の意識をもって、特に幹部である人達が、全体で支え合ってきたことも欠かせない要件かと思います。それは、組織には欠かせない総体としての支え手として認められるべき処です。

その支え手に関わって、過去と現在の人々を取り上げておきたいと思います。

(1)協会の記憶に残る功労者

右記に、論者が捉えて述べた主任師範や主導的に協会を支え導いた人物がいました。他に、当然にして多くの方の力添えがあって、継続されてきたことです。ただ、残念ながら論者が外部者であることは、実感として、その功労を語るには無理があります。

そこで、現在の協会側で受け止めている功労者として、過去に遡った回想の中から、主だった指導者の方々について、協会側で情報を取り纏めていただきました。

この情報には、当事者的な実感が含まれていることで、提供記述そのままに取り上げさせていただきます。

「戦後の混乱期、そして協会の最大の転換期、ねずみ島閉鎖、プール移転など急激な変化の中で協会を支えて下さった、協会史に残すべき功績の多かった列師を、記録と生存の先生方の記憶を元に記したい。

＊熊井定男　副主任師範、副会長　１９２５年(大正14)初段免許取得

田中直一主任師範の長崎商業学校の先輩、幼少より直治の指導を共に受けて、協会運営、指導面でも直一と二人三脚で歩み、憎まれ役は自ら買って出るなど、直一主任師範を真に支えた功労者で、ご子息三人も役員として活躍されました。

＊川上末男　師範　１９２２年（大正11）初段免許取得

泰然自若、いつも静かに一人離れて？でも存在感大きく、貴重な思い出深い先師川上師範の、浮身水書の「龍」の字の達筆は見事、今日尚も協会で語り継がれています。

＊土肥原（今村）雅子　師範　１９２８年（昭和3）初段免許取得

女性師範第一号、正に女傑そのもの、大声で男子役員も叱咤激励。協会の日常活動の進行役及び指導役を担い、その存在は大きく若手役員は影響を受けたことでした。大名行列の準備や化粧など、女性らしいきめ細やかな行き届いた気配りは記憶に残っています。

＊石橋３兄弟

父親の石橋道夫様には、長崎新地の人気のある老舗「石橋蒲鉾店」の当主で、協会の熱心な支援者で、大名行列では刺青画家としてご助力いただきました。そのご子息三兄弟には、協会指導者としてご活躍いただきました。

石橋康雄　師範　１９３７年（昭和12）初段免許取得

風格あるお人柄で、端正な泳ぎは定評でした。大名行列での宰領は伝統の基本になっています。

石橋三郎　師範　１９３９年（昭和14）初段免許取得

礼儀作法に厳しく、協会の若手教師への指導者としての存在は大きく、良い意味での緊張感があり、人命尊重を身を以て教えて頂いた、怖さの中ににじみ出る優しさでした。

１９６４年（昭和39）有明海横断遠泳での現場指揮、その鼓舞と涙は泳者の思い出に残っています。

石橋八郎　主任師範　1950年（昭和25）初段免許取得
ねずみ島常設の団平船、飛び込み台よりの胸張り高飛び込みの美しさは記憶に残っています。唐津師範の後を受けて、市民プール場長に就任され、プールと協会の運営にご活躍いただきました。プールでの大名行列の企画運営にて新たなスタイルの確立もされました。

＊殿村兄弟
父親の殿村史郎様には、長崎の老舗菓舗「福砂屋」第14代当主で、協会の熱心な支援者でした。そのご子息のお二人は、協会指導者としてご活躍いただきました。
殿村高司　師範　1941年（昭和16）初段免許取得　殿村僚司　師範　1942年（昭和17）初段免許取得
混乱の戦後に、兄弟にて協会運営と指導にご尽力頂きました。高司師範は、遠泳の折に遅れた生徒を背に負って泳ぐなどサポートしての激励をして下さり、完泳させた逸話も残っています。お二人の愛弟子は、現在の高比良裕之主任師範で、伝統は継続されています。

＊吉田孝穂　師範　1952年（昭和27）初段免許取得
永田貴子《たかし》のペンネームで「長崎は今日も雨だった」「西海ブルース」等の名曲作詞。

協会100周年記念歌「泳ぎ継がれて」も作詞されました。協会90周年、100周年の記念行事の企画運営にあたられ、アイデア力の斬新さとスピード感あふれる行動力は抜群で、対外的交渉事やマスコミ対応に功績を残されました。

吉田師範の「泳ぎ継がれて」が120周年テーマに、感慨深い思いです。

＊片山　格　師範　1949年（昭和24）初段免許取得
1958年（昭和33）から23年の長きに亘り甲組（初段試験受験前、教師登竜門）の指導にあたられ、教え子300有余名が

教師となり、中堅教師のほぼ全員が過去と現在の教室現場を支えています。温厚な誠実な人柄の中にも、水泳に対する姿勢は厳しく、自ら範を示される指導でした。」

以上の方々の紹介がありましたが、恐らく、長い年月、数多い会員、そして指導や協会の運営に関わられた方の中に、尽きない思い出とともに、限りない功労を残した方々が沢山あったことだと思われます。

(2)現在の協会を支えている人々

現在と過去は、実像として共立する関係でもあることですが、いま現実として、協会の活動に深く携わっているすべての人々が、役割を担う支え手であると、組織の存在の上で認められることです。現在、その中心にいる理事長田中直英並びに幹部の活動について述べておきたいと思います。

①田中直英：ＮＰＯ法人初代理事長(現職)、田中直一長男、１９４３年(昭和18)生

父親の田中直一が、主任師範時代及び会長の時代には、支え手の一人として活躍し、ＮＰＯ法人の申請承認の折も奔走し、そのＮＰＯ法人初代理事長に就任しています。現在まで、約20年の長期間に亘って現職を担い、今日まで主任師範をはじめ幹部と協同しながら活動を支え、今後の課題山積の解決も含めて、協会運営を主導的に進めてきた存在です。

現職までの活動を、『65年誌』・協会の「年表」・『１０５年誌』より、取り出してみました。

１９５７年(昭和32)初段免許取得、１９６４年(昭和39)〈オリンピック東京大会記念有明海横断遠泳〉では、助教で班長「田中直英(21・明学大)」として参加しています。この遠泳は厳しいものでしたが、その完泳の自信から、翌１９６５年(昭和40)〈ドーバー海峡横断〉に個人として挑戦したことがありました。『65年誌』には、「四十年八月、田中直英助教がドーバー海峡三十五キロの単独横断をはかったのも、やはりそうである。ドーバー海峡は天候が禍いしてついに実現を見なかったが、日本人では初の試みであった。」(１７４頁)とあり、挑戦は実現しなかったようです。因みにですが、ドー

バー海峡横断は、俗に〝海のエベレスト〟と呼ばれるほど難度の高い挑戦で、時として潮流の変化に捕まるとそのうねりでゴールに辿り着けず「精神的な拷問」と思ったとの話もあります。[*238] １９８２年（昭和57）に、この海峡横断（33㎞）を日本人女性で初めて9時間32分で成功した大貫映子によると、何度挑戦しても成功しない人もある中、「ふつうは12～16時間、泳ぎ続けます。その間の水温は16度ぐらい。[*239]」と、長時間に加えて水温との闘いと述べています。最初の成功者は、マシュー・ウェップ（イギリス）で、１８７５年（明治8）に21時間45分かけて平泳ぎで達成しています。[*240] この様に過酷と認識されているドーバー海峡横断に挑んだことは、社会的に見て計画性と挑戦意欲が必要なことでもあり、評価されることです。将来、協会の遠泳体験から、挑戦者が出ることも期待されます。

本人の話に戻して、余談からですが、１９６６年（昭和41）、行事で大名行列のあった日の模範演技では、当時空手部に所属していたことから「空手割田中助教」（１６８頁）とあるのは当人のようです。この年、協会「教士」に昇格しています。その後では、１９９２年（平成4）『90年誌』編集委員、１９９４年（平成6）協会理事長に就任、２０００年（平成12）小堀流伝位「踏水術目録」授与、２００２年（平成14）『１００年誌』編集委員となり、２００５年（平成17）ＮＰＯ法人長崎游泳協会理事長に就任しています。２００６年（平成18）には、協会「師範」に任じられています。理事長に就任後も田中直英による表裏の積極的な活躍は、田中家三代目にしても代々と同じで、協会及び家業に加えて、地域の経済界及び教育界でも重責を担い、そのことも協会が民間でありながら官民一体で円滑な活動を継続的に進んできた、一助となってきたことも見逃せません。その背景には、本人の語られる言葉の通り、協会の活動とその風景のすべてが好きで、協会とともに歩むことを喜びとしていることが感じられます。

②現協会幹部と指導者の活動

協会側から得た、現幹部と指導者の活動情報を述べておきたいと思います。

なお、名前付帯の役職名に関しては、原則、現協会内役職としていますが、NPO法人登録理事職も混在しています。田中直英理事長は責任と決断力を、加藤勝彦副理事長は和やかなムードマンとして、中野吉邦(元長崎市議会議長)副理事長は議会経験と行政との精通者として、それぞれの立ち位置から要となり運営の推進役を果たしているとのことです。それに2021年(令和3)4月からは、馬場豊子が長崎市教育長を10年間ほど勤めて定年退職となり協会の活動に復帰したことで相談役に迎え、土師祥男相談役の存在もあり、より幅広く厚みのある執行部構成となったようです。

現場である指導全体では、多比良裕之理事(主任師範)と山本晃代理事(副主任師範)が主体となって各組担当者の選定など指導計画を進め、それでいて、日々任意参加の指導者の均整な配置も考えた教室運営が実施されています。実際の指導場面では、現役小学校教員でもある八田寛理事、城戸弘史理事から、現場教育の観点から伝えられる有益な提案を得ているとのことです。また、平川義隆監事は、後継者の育成の課題を持つ育成プログラム実行の中心となり、競技水泳経験もあって県及び市の水泳連盟と協会とのパイプ役になっています。さらに、協会が継承している'小堀流'の伝承者として、浅岡泰彦理事が、小堀流の本流との交流や日本泳法大会での活躍など協会の内外で重要な役割を担っています。また、三浦宏理事は、年間を通じて求道者の如く黙々として泳ぎの鍛錬を欠かさない特別の存在で、模範となる指導者です。協会は、現在の活動拠点、市民総合プールの指定管理者として管理運営も担っています。その中で、最重要な役割である支配人を、加藤勝彦副理事長、松尾清治理事、津田恭平理事と過去に任務を引継ぎ、現在は藤本誠理事が、支配人として執務に当たって体制を維持しています。また、副支配人の吉田智恵子理事が、スタッフやアルバイトの人達の全体を掌握して補佐し、実働の進行役をしています。

また、120年記念行事の事業計画では、津田恭平理事が準備室室長として統括を担い、浅岡泰彦理事が記念誌編集員長を担当して、企画を着実に進展させてきています。この記念事業の一つ、記念碑の建立に向かって、協会指導者福丸秀一郎がデザインを、同森茂毅が石碑文字に毫《ふで》を揮《ふる》っています。

ここに名前の見えた幹部と指導者だけでなく、協会を取り巻く環境の中で、関わりのある役目を果たされた存在は他にも多くあることでしょう。ここでは、具象化できた一部分を取り上げたに過ぎませんが、それを含めて現在の協会を支えている姿と受け止められます。

(3) 人との繋がり

協会を支えた人物として、会員・指導者・賛助者のそれぞれが、存在として欠かせないことでした。その協力的な姿勢や行動が、長い歴史を支えて来た事実を見逃すことはできません。それは、人との繋がりと捉えることもできます。ここでは、その一端を紹介しておきたいと思います。

(1) 家族内での伝統化

『65年誌』に「鼠島を愛する精神を親から子、そして孫へと、代々の市民が受け継いで、いわゆる鼠島一家が多いこと。」(176頁)と著者が確かめた印象を述べています。それは、「初段免許取得者」の名簿で、各年の取得者が少数にも拘わらず、田中家もそうでしたが、同姓の登場が多年に亘って見られることからでも窺えます。地域家庭での伝統と言ってよい一面があったことが推察されます。

(2) 無償の恩返し

『追想録』の1969年(昭和44)の記述に、「本当に島では、無報酬でも、我が身一つで泳ぎを子供達に授けられるのであればと、教えられたから教えに行くのは当然だと思いながら、実に多くの先輩のお世話になり、つづいて来たものだ。」(40頁)と、鼠島時代の指導者の気持ちが述べられています。また、2012年(平成24)に、現理事長田中直英が語った一文[*241]にも「夏期水泳教室(夏休み)7月21日9時から教室始まり、…手紙も電話も、メールも一切なしで、連日60名を超える先生方が自然に参加され1000名を超える充分指導に対処可能。己が教わった恩返しとはいえ、伝統の力、凄い事、有り難い事、責任者として感謝の想いです。」と、プール時代に入っても変わらない様相が浮かんできます。その一人に土師祥男師範（相談役、1948年（昭和23）初段免許取得）がいます。横浜在住で夏休み期間になるとホテル住まいの帰郷をして、プールに通ってくる最古参90歳の参加も聞き及びました。

ここで、興味深いのは、指導者が恩返しの意識で、無償奉仕で集まることです。その絶えない人力には驚きです。なお、現在、市及び市教育委員会主催の教室では、主催者側より指導者には報奨金が支弁されています。

(3)協会への変わらない愛着

協会への奉仕の精神が継続的である事を示すことついて、唐津勝彦主任師範が退職後に協会と深かく関わったように、『105年誌』の片山格師範の「追憶」には、「田中実先生」の退職後の関わりや「定年組」という言葉の示す人の存在（7頁）があり、聞いた話としてですが、退職してからの老後の復帰例は少なくないようです。このことも、伝統的な現象とさえ言える協会継続の力となっていると思われます。

(4)協会の過去と現在を繋ぐ人の縁

過去は忘却されることでもありますが、その過去が縁となって現在に蘇り、時に未来への縁として扉となることもあり得ます。それは、同時に、協会の存在が生かされることであり、それが次の支えとなって、その先へと役立つ可能性を広げる繋げることもあります。その縁の繋がりは、協会の組織が存続されてこそ、ありえることも忘れてはならないことでしょう。縁の在り方は、いろいろですが、その中で知り得た特異な例を取り上げておきます。

①永見徳太郎

その縁という範囲で例えば、協会と会員としてなどの直接な関係を持たなかった永見徳太郎が、協会から依頼を受けた訳でもなく、1931年（昭和6）5月、雑誌『水泳界』（前出）の創刊及び同年6月の第2号において「長崎游泳協会の話」と題して連載したことは、「まえがき」で紹介し、論中でも引用等したところです。同人が、たまたま長崎に生まれ、郷土の名士から住居を東京に移して文筆家となってからですが、長崎の紹介者の感覚で、長崎の水泳自慢として協会について語ったのでした。このことで、日本の水泳の世界をはじめとして、協会の存在を広く知らしめる一助として寄与したことも、縁の一例と論者には思えます。しかも協会の発案者で、創立を導いた宇田川五郎と寄稿において同じ号で紙面を飾ったことに奇縁も感じます。

小冊子『泳ぎ継がれて』表紙

②清水崑

1962年（昭和37）、協会の創立60年記念行事では、作品『かっぱ天国』で著名となった漫画家、清水崑による、河童の絵皿と添付の言葉が記念品として贈られました。『90年誌』には、"鼠島育ち"であった清水崑がすでに描き発表していた『雲のコン吉』の物語が所収（63-67頁）され、鼠島での水泳を舞台とした絵物語が展開されています。そこに描かれた絵の中で、波打ち際で行われている小堀流の「足撃」がありますが、クロールで用いられる「バタ足」とは違い、水上では足首を曲げ足の甲が伸びない状況が描かれています。正しく学んだ「足撃」の足捌きを記憶として絵にしたことが想像されます。2018年（平成30）3月、長崎で開催された〈第66回日本泳法研究会　課題小堀流〉では、協会のことを研究会参加者に照会するための小冊子『泳ぎ継がれて』が配布されました。その冊子の中に『雲のコン吉』は巻頭から収録（1-5頁）され、表紙画にも清水崑の「群泳」が採用されました。この研究会に参加した多くの人たちに、清水崑の絵と言葉から、協会の鼠島時代が印象深く理解されたことと推察されます。これも縁がなせる業と言えることでしょう。

③江口定條

協会に2021年（令和3）3月、「三菱炭鉱の後継会社である三菱マテリアルの山本氏という方が協会開設時の江口定條氏に関心があるらしく4月にも来崎して話を聞きたいという話になっております。」ということが突如あったようです。

江口定條は、協会創設時に理事として深く関わった人物です。『東洋日の出新聞』1904年（明治37）9月19日付「游泳協会の成功　下の一　…　昨年は、三菱炭鉱社長《ママ》江口定條氏が奮うて協会の柱石を以って自任する有り。氏の温粋謙和にして事務に正確なる人格は協会創業の処理に大部分を貢献したり」（2面）と協会創設年の事務的な処理作業においては江口定條の特段の活躍が示されています。宇田川五郎著『水泳日本』（前出）では、「三菱支店（当時江口定條氏が支店長）其他有力者の賛同を得て」（167頁）と、創設の始動前から賛同と支援者として関わっていた可能性を感じませます。なお、『10年誌』の口絵写真「創立当時の幹部」には、当人も幹部の一員として写真に納まっています。江口定條は、この後、三菱合資会社総理事をはじめ、満州鉄道副総裁や貴族院勅撰議員を歴任した人物です。当人の社会的地位も評価される処ですが、現在まで継承された後続会社の意識の中に協会の存在があったことは、協会との関わりが特別なことであった証左で、協会が存続していてこそのご縁です。何気ない一つの問い合わせにも、そんな意味を感じます。

④藤瀬宗一郎

協会の創立時の理事であり、発起人として名前が見られます。『東洋日の出新聞』1904年（明治37）8月8日付「昨日の鼠島」に競泳会の催しの賞品提供者として「上等浴衣地一反　藤瀬呉服店」（2面）、翌1905年（明治38）8月7

日付「競泳社賞品寄贈芳名」に「手拭十筋　藤瀬呉服店」(3面)とあり、呉服商を営み協会への熱心な支援者でした。後には、呉服店を営みつつも、十八銀行取締役や企業の取締役を歴任するなど、実業と企業家として活躍した人物でした。話は飛びますが、その後裔に当たる方と現理事長田中直英とは、たまたまの友人とのことで、２０２１年(令和3)3月、「長崎地元広告代理店最大手のオーナー藤瀬様から昨日連絡があり、長崎最古民放ＮＢＣ長崎放送にて１２０周年特別記念番組を製作して放映したい」との話が舞い込み、現時点(２０２２年1月)では現在進行形ですが、ＮＢＣ長崎放送の企画として、協会の「創立１２０周年特別番組」が予定されています。ここでも不思議な縁の繋がりを感じます。そのことを無理に意味づける必要はありませんが、協会が長く地元に貢献をして、認知を得て来た歴史が呼び込んだ話に聞こえます。

協会の歴史には、創立前後から関わった発起人や創立時の役員だけではなく、１９１１年(明治44)「池田事件」への対処のための協議会開催の案内を送付された人々として「九州日之出新聞社主筆岩永八之亟、長崎新聞社長中川観秀、長崎日々新聞社長松井国彦、東洋日の出新聞社主筆大串喜好、桜町裏通り藤川次郎、炉粕町柴崎雪次郎、西山齋藤繁八、同堀見章、同笠野源三郎、同河村弘貞、大浦倉場富三郎、中川倉塚源太郎、興善町今村甲子蔵。西中町古山栄三郎、師範学校長磯貝泰助、馬町稲枝俊太郎」(『65年誌』、50頁)の存在が見られます。また、『10年誌』には「十年の回顧　…其幹部に膺《あた》る人の総てが協力一致して協会の為に献身的の働きを竭《つく》し、併せて教育事業に干與《かんよ》する人々及び長崎市中一般の人士が多大の後援を協会に寄與し、長崎市全体が瓊浦游泳協会を宛然《さながら》一大ホールと思料せるに由るべし」(1頁)とも述べています。協会と人の関わりを考えれば、歴代の幹部役員をはじめ、協会の為に尽くしてくれた方々は、様々な形と広がりがあり、その対象者は数知れずと言えるでしょう。その感謝の気持ちを忘れずに伝え続ける意味もあって、記念行事の際には必ず慰霊祭を執り行い、謝意を表すと共に、功労者芳名録への加筆をしてきています。

2. 運営事情と理解

歴史的経過の中の運営は、その時々に問題を抱きかかえ、経営的問題もあれば、災害や疫病、海から陸への苦闘、プールの移転後の展開、法人化への動き、指定管理者制度への対応など、前述で触れました。

その難題を乗り越え今日まで存続してきた道筋には、単に人材に恵まれて来ただけでなく、その運営に対する諸々の支援を得られたことがあった筈です。この支援は、時に協会の人材と同じくした力となり、時には存続の要となった支援であったことも考えられます。それは、協会の活動に対する公私の理解でもあったことを忘れてはならないことです。

(1) 運営への支援

運営への支援は、経済的なことは勿論ですが、広報的な支援や物心両面の声援など多岐多彩な事柄が想定されます。どことはなく「縁の下の…」と言えることもあり得ると思いますが、明らかな協会への支援と見られたことを、史的事象の中で、一部推測も含みながら、その断片を並べてみました。

(1) 創立前後

その初めは、宇田川五郎に帰するところがあるとして見たときに、何故か東洋日の出新聞社の名前が出てきていません。彼にとっては、余りにも身内的であったのか、記憶による回想文には、何ら表出されていません。従って、鈴木天眼も西郷四郎も登場しない表現になっていることは腑に落ちませんが、前論Ⅰ．5．で述べたように東洋日の出新聞社の存在は、協会創立の立役者として欠かせない存在で、その支援の大きかったことはその後の種々の評論などからも想像できます。

宇田川五郎の『水泳日本』から、初動時の理解と支援先を見てみます。

「県庁、港務部を始とし、三菱支店（当時江口定條が支店長）其他有力者の賛同を得て、　…　三菱其他より無償提供せられしランチ[*242]で団平船を曳き一浬余り」（167頁、傍線加筆）とあります。当人が賛同を求めた水泳教育への理解先が、鼠島使用の管理関係や支援の後ろ盾となる企業及び名士であったことを述べています。

協会創立後に対する永見徳太郎の表現にも見えます。「游泳協会が成立するや、市民は欣《よろこ》んで寄付金を惜しまなかった。ランチの持ち主は、すすんで団平船をひく事になった。三菱物産支店、澤山汽船、日本郵船支店、三菱造船所、港務部、浚渫会社はランチを無料で提供した。*243」と、後年の解釈も含まれると考えられますが、賛同による寄付、無償の支援が述べられています。

また、創立時役員の背景である職域を、支援・賛同先と考えると、市政・県政関係、港湾関係、海運関係、金融関係、教育関係、商工会関係、裁判関係、軍事関係、報道関係、医療関係であったことが判っています。

『10年誌』には、「鼠島は官有地に属し而して陸軍省所管の下にあり尚且つ要塞地帯の第二区域なる重要地点なるが、…　九畝《せ》十六歩の地積を協会にて借用し」（9頁）とありますが、官地で陸軍管理地の借用は、これらの賛同・支援があってこそ、実現したと考えます。なお、鼠島時代は、この土地（島）使用については、官庁の諸配慮があったとのことです。また、鼠島に既設の「先師の碑」「田中直治胸像」がある建立区画一帯の土地については、県当局の歴史的経過に対する配慮で、現在も敷地使用が許可されているとのことです。

(2) 公益意識と官民協同

先に前論Ⅱ.で、協会の理念「水難事故防止」から、「水泳教育」を目的として創設され、公的な背景を持っての展開を目標として始動したことを述べました。それは、'協会'・'東洋日の出新聞社'・'官公庁'の、三者が一体としての始動と言っても可笑しくない協同の状況であったことが推測されます。その中で、強調された意識が、公益性であったと考えられます。つまり、長崎市民の役に立つ必要な事業との受け止めであったと捉えています。

再度、1903年（明治36）の創立時に立ち返った状況では、顧問に長崎県知事、会長に長崎市長が就任したようです。

この年、市長は創立幹部写真に納まり（『10年誌』、口絵）、4人の女子に鼠島高鉾間往復游泳を称えての感状を、2人の女子に鼠島木鉢間往復游泳の賞状を会長名で直接与える（『同』、4頁）という実動的な行事への参加がありました。

この始まり以降も、協会と官公庁との関係は、協同的な支援相手として継続されています。そこには、水泳教育が公益事業と捉え、協会の揺るぎない水難事故防止の理念の信頼と理解があったものと思われます。その一端を取り上げてみます。

①協会会長・NPO法人理事長と官職者

［会長］（職責名を対象として就任者姓名・歴代数省略、出典不記載、一部推定もあり）

1903年（明治36）～1907年（明治40）2月：市長（市長退任まで）

1907年（明治40）～1910年（明治43）：不詳

（会長不在とは考え難く可能性として県知事とした場合の関連記述、1907年（明治40）「競泳大会は知事以下各高官連の参観[*244]」、1909年（明治42）「知事を始め県の高等官一行が[*245] … 実況視察であった。」、1910年（明治43）「総裁 … 知事の検閲の下に[*246]」などが見られる）

1911年（明治44）～1924年（大正13）：陸軍中将

1925年（大正14）～1943年（昭和18）：市長

（1944年（昭和19）～1946年（昭和21）戦争による休会）

1947年（昭和22）～1997年（平成9）：市長

1998年（平成10）～2004年（平成16）：協会主任師範兼任（1998年（平成10）3月、特定非営利活動促進法（NPO法）制定に伴い、長崎市長の行政上の透明性を示すための各種団体での会長辞退による。）

［理事長］（ＮＰＯ法人となり旧会長職をＮＰＯ法人理事長に改変）

２００５年（平成17）～現在‥協会師範

基本的に、協会を代表する職責の長として、協会の事情と時勢から軍人が関与した時期もありましたが、水泳教育は公益事業の認識の下、湾港管理の関係や鼠島が市の管理地となるなど市と協会との密接度は高く、協同の中で市長がその全体を把握する役目として登場しています。それは、市民から見ても官民一体の状況に違和感のない経過であったと解釈しました。ただし、協会は、水泳教育をプールで展開することになって以来、市が主催者となり、協会はプールの管理と指導を委託された業者の立場となりました。しかも、ＮＰＯ法の制定に伴い、市長及び公官庁と民間の委託業者との関係が誤解を招かない状況を適正とする論理から、「会長」及び「理事長」は、協会内人事となったとのことです。現実的には、公益に資する関係としての信頼に変化はなく、主催者側からの協同の中に見る支援と考えられます。

②年次的に見える官公庁の関わりの状況例

＊『65年誌』より

１９１１年（明治44）「市収入役河村弘員氏に会計主任を嘱し」（51頁、傍線加筆）

１９２６年（大正15）「役員教師総会を市役所の一室で開いた。　…　理事長に、長崎市港湾課初代課長島内嘉次郎が就任した。」（１１１頁、傍線加筆）「大正末年このかた、錦織市長の英断でなされた輸送、施設、事務面にわたる港湾課の協力」（１５１頁、傍線加筆）

１９４８年（昭和23）「正会員受付は十二日から大波止市港湾課で取扱う」（１４５頁）

１９４９年（昭和24）「遠泳隊の警護船は協会側だけでなく、水上警察署、海上保安庁の巡視艇が協力」（１４９頁、傍線加筆）

＊『追想録』より

1926年（昭和元）以降「決して足場の良い砂浜ではなかった。…諸施設が整備されてくると同時に、足場の悪さも気使われる時代となって来た。殊に昭和になってから海辺には、大量の砂を投入して夏の準備を…砂は何年かが経過すると波浪による流失で自然に沖の低い方へ流され消える　…　游泳場整備のご苦労は、費用がかさみ、大変な作業であったが、すべて当時から長崎市当局、市教育委員会、市港湾課の協力体制が、協会を大きく支えてくれたことは計り知れない。」（1頁、傍線加筆）

1955年（昭和30）頃「○長崎市「港湾課」　…　毎年、夏休みの前の諸作業を港湾課の職員が担ってくれる。協会は理事が必要に応じて理事会を開き、　…　運航時刻表の設定や告知など、すべての事務的作業は港湾課が行ってくれていた。」（4頁）

1973年（昭和48）「○長崎市港湾課から市教育委員会へ、「道場」から「教室」へ　…　市港湾課から長崎游泳協会（全くの任意のスポーツ団体）を引継ぐハメになった長崎市教育委員会は」（150頁）

1991年（平成3）「7月22日　…　（A）夏教室の開講式に黒岩教育長が見える。　…　23日　…　市教委、江頭課長より挨拶あり。」（195頁）

＊『第42回日本泳法大会』プログラムより

1997年（平成9）8月23・24日、於、長崎市民総合プール、「祝辞　長崎市長伊藤一長」（2頁）

＊『100年誌』より

2002年（平成14）協会創立100周年記念の「慰霊祭・祝賀会」では、「梁瀬忠雄長崎市教育長が追悼の辞」（34頁、写真キャプション）と「金子原二郎長崎県知事による乾杯」（35頁、同）、「記念式典・大名行列」では「伊藤一長名誉会長（長崎市長）と　…　祝辞」（36頁、同）

ざっくりと取り上げた事例からですが、協会と官公庁との関係性と支援の深さが見えます。とりわけ、市港湾課とは緊密な関係にあったことが明らかです。また、官公庁との関わりの中では、知事も含め市長や役所課員の協会行事への参加（挨拶も含む）、表面的ですが市長の記念誌への祝辞、知事及び市長が協会の関連行事や活動に臨席しての挨拶・祝辞を述べる[*247]などもありました。

殊に鼠島時代では、協会の事業全般に亘って、市の存在を大きな支えとしていたことが感じられます。プール時代に入っては、市の施設運営体制の指定事業者の指名を受けてきたことで、協会の存続の拠点の維持ともなっています。が、その意味として、お互いが公益に資す責任も分担する協同関係にあると考えられます。

③大名行列の主役

協会の年中行事、「大名行列」は、前論Ⅴ．１．（４）で取り上げましたが、協会行事としては１９１３年（大正2）頃からのことで、戦前ではその詳しいことが判明しているのは僅かで、戦後１９４８年（昭和23）に復活して、プールに移行する前の１９７２年（昭和47）が鼠島での最後の挙行でした。この間に行列の主役（殿様）を、市港湾課長もありますが、大半は市長が演じて御輿に載っての参加をしています。プールへ移転後では一時休止、１９８３年（昭和58）再復活しました。その後、現在まで継続中ですが、その間、基本市長に殿様役の依頼をしていると考えられる中で、代役として市の役職及び県の役職（収入役、助役、指導部長、教育長、副市長、市民局長、副知事）が役を担うことがあったようです。これも、協会と市との協同関係を知る一つに思われます。同時に、官民一体の行事として市民が捉え、協会の水泳指導について理解を得る機会になっているとも考えられます。

(3)報道機関による支援

新聞やテレビは、その報道において、世間に良いも悪いも情報を提供する事でもありますが、同時に、その情報がイメージを与える事にも関わっていることが少なくありません。また、その影響力は甚大で、時には社会現象でさえ呼び起こします。

協会の出発点に東洋日の出新聞社が関わったことも、その意味では、その背後にあって広報的な役割を果たしてきたとも言えます。

時代的な流れの中で、協会と報道機関との関係を綿密に触れるには至りませんが、その関わりの一面を並べてみます。

①新聞社

協会と新聞社のとの関わりを示す内容では、協会の事業広告や行事と活動の状況報告などを記事として伝えてきています。この中の速報的な情報提供を除いた関係もありました。

例えば、『10年誌』には、「「新聞記者の観《み》たる游泳協会」としては明治三十九年八月二十五日大阪朝日新聞は左の如く掲げたり」（10頁）として、その紹介記事を転載（10-12頁）しています。元紙面記事の確認はできていませんが、地域を越えて、協会の存在と状況への認知を広める機会となったことでしょう。

1911年（明治44）8月6日実施の協会内〈第1回競泳大会〉と関わっての『東洋日の出新聞』の記事に「尚協会の基礎愈々鞏《きょう》固になりたるを祝し大阪朝日新聞社よりは警護船として小伝馬一隻《せき》（附属品共一切）又大阪毎日新聞社よりは海上打毬《だきゅう》器一組と大姿見鏡一面を何れも寄贈したる由」（8月6日付、3面）と東洋日の出新聞社と他新聞社間の関係が協会にもたらした寄贈ではないかと考えます。『65年誌』では、この寄贈について「一つは協会の新陣容を讃えてのことでもあったろう。」（52同）と述べています。協会が「池田事件」から受けたダメージへの支援ではないかとも考えられます。なお、同年8月8日に「大阪毎日新聞社主催九州沿海見学船琉球丸」が長崎港入港時に「海上歓迎盛況　…　立ち泳ぎにて青緑の技を持し、以て歓迎門に擬《なぞら》えたり。　…　空銃発射して祝砲に模し、　…　水書　…　日傘行列をなしたり。」と歓迎を表しています（『東洋日の出新聞』、8月10日付、3面）。それは、上記の同社からの寄贈への御礼の意味もあったと推測されます。

地元新聞社の支援もいろいろな形がありました。地元新聞記事としては、年中行事（夏季教室、遠泳、寒中水泳、大名行列）や記念行事、その他の活動状況の報道をその都度行っています。それ以外にも、協会への明らかな支援もありました。以下のような例も見られました。

1905年（明治38）「協会の事務所は油屋町（旧称鍛冶屋町）角の東洋日の出新聞社に移って、ここで会員募集が始まった。」（『65年誌』、30頁）

1911年（明治44）協会協議会員として「九州日之出新聞社主筆岩永八之亟、長崎新聞社長中観秀、長崎日々新聞社長松井国彦、東洋日の出新聞社主筆大串喜好」（『65年誌』、50頁、傍線加筆）

1917年（大正6）「九州大会　…　長崎游泳協会主催各新聞社協賛」（『東洋日の出新聞』、8月10日付、3面）（同記事内では、同大会の審判員に長崎日日新聞、東洋日の出新聞、崎陽日日新聞などの社員が担当しています。）

1952年（昭和27）「八月九日の（協会）海上運動会には、民友新聞と共催で、市内の職場対抗競泳大会を開催」（『65年誌』、151頁、括弧内加筆）

1970年（昭和45）「水上運動会（競泳大会）は長崎新聞社の後援で盛大に実施」（『追想録』、57頁）

2002年（平成14）「〇長崎新聞社と共催で「写真展」を浜市ベルナード観光通りで開催する」（『100年誌』、46頁）

②テレビ局

協会とテレビ局との関係では、新聞報道と同じく、年中行事や記念行事などが、ニュース番組で報道されてきました。加えて、特別な企画番組の中でも紹介された例があります。

1994年(平成6)「〇8月17日(水) TV、TBS系"残しておきたい日本の遺産「ねずみ島」"で取材に(唐津勝彦)応ず。」(『追想録』、203頁、括弧内加筆)

2021年(令和3)1月31日放映、読売テレビの旅番組「遠くへ行きたい」で、アーティスティックスイミング元日本代表の青木愛が長崎を訪れ、地元紹介の中で「日本泳法を伝承する長崎游泳協会」の括りで紹介されています。

なお、2022年(令和4)には、NBC長崎放送の企画で、長崎游泳協会120年の特集番組を組み、製作が進められ放映が予定されています。

報道機関による支援、殊に、報道として発信されることは、侮れない大きな力を持っています。右記の例は、経過年次から考えて僅かですが、報道機関で取り上げられた数は、はるかに多くあったことでしょう。報道機関との関係が見える事は、知名度としても有益的な働きができたと考えられます。

(2)経済的支援

鼠島時代の協会の主たる収入は、会員(正会員、準会員)から徴収した会費ですが、それと、賛助(名誉会員・賛助者・賛助企業)によって金品の寄付による支援も運営の財政には大きな助力であったことは想像されます。プールに移って、NPO法人となった現在では、「プール管理運営事業」・「水泳指導業務」・「小堀流踏水術伝承事業」を主体とした事業に寄付金などが加算された収益があるようです。これに市より、管理運営に対する事業費が支給されているようです。詳しくは、NPO法人としての事業報告が内閣府のサイトから閲覧できます。ただ、事業費は、補助金と趣旨が異なり、所謂必要経費と考えられます。

(1) 協会の財政と市の助成

協会の運営では、財政的に厳しい状況が繰り返されて来たようです。その中で、協会と官公庁との関係については、上記で触れましたが、直接的な経済支援もありました。

その協会の財政状況と支援を知ることができる記述を、年次順に並べてみました。

＊『65年誌』より

1912年（明治45）水上飛行機を飛ばす計画（協会創立十年記念事業、飛行不許可）では、「大欠損で、当時の金で四千円位の赤字」（65頁、傍線加筆）「とにかく運営が苦しい」（66頁）

1913年（大正2）までの話、「もともと協会の運営は、会費と有志の寄付金及び市内諸学校（中学・師範）の補助金などで、船舶料を始め人件費施設費その他の経費をようやく賄っていた。運営はいつも苦しかった。」（65頁、傍線加筆）

1913年（大正2）「支払も滞り勝ちなので、「游泳協会じゃのうて幽霊協会タイ」という陰口も出ていた。」・「師範以下各役員はすべて無報酬、手弁当で、協会の発展をはかることを申し合わせたのである。この無償の精神は、今もなお協会を貫いている。」（66頁、傍線加筆）

1919年（大正8）「協会選手として財政豊かならざる会の事を思わば忍ばざるべからず」（95頁）

1926年（大正15）「協会補助金も市議会に上程されたようである。しかし、否定された。このとき、島内嘉次郎は、それなら港湾課独自で協会に協力しましょう、と言ったと伝えられている。」（113頁）

1932年（昭和7）「昭和七年で、　…　そのとき協会には六千円の借金があった。　…　借金先を一軒々々廻って協会の事情を話し、どこも半額ずつにまけてもらった。　…　三千円を完済するのにまる四年かかった。」（山田要理事長談、128頁）

1952年（昭和27）「長崎市の補助金も、この年から始まっている。　…　補助金は三十万円であった。（数年後、体育振興費の所管が教育委員会に変り、金額は十万円となり現在に　…　）」（151-152頁、傍線加筆、文中の現在は1968年）

1955年（昭和30）「五十余年の団平船に代って、市営交通船の就航となった　…　存続の声も高かった。が、港内事情や維持費などでそれは困難であった。」（152-153頁）

1962年（昭和37）「先師の碑と田中直治師範の胸像は予算百二十万円で、内訳は市から五十万円の補助を仰ぎ」（155頁、傍線加筆）

＊『追想録』より

1968年（昭和43）この年の赤字額に対して市に援助を求めて、補助金の増額の「陳情書」（8-9頁）を提出申請

1970年（昭和45）「昭和45年度協会事業決算見込みにおいて」（60頁）海水汚染への恐れなどでの会員数の減少から、大幅な減収見込みが生じ、事前の交付額では満たない金額の補助金交付を申請

ここに取り上げた情報だけからも、鼠島時代は、財政的な面から見ると、島の施設や船の事などの維持だけでなく自然災害で被害を蒙るなど諸問題もあり、決して豊かとは言えない経済事情であったようです。基本的に、市が協会の事業を、公益性が高く必要であるとの認識と理解を持っていたことで、協同関係或いは相互扶助的な意識での支援が可能となってきたと考えられます。それには、協会側が常に、自らの努力として、無償を厭わない，奉仕の精神，で臨んできたことが、社会的貢献の実績として認められてきたとも考えられます。現在は、市の施設と設備であるプールに移行したこと

で、自前の施設と設備の維持管理が不要となり、不安の無い財政状況を支えに、計画的な協会活動が行われているようです。

(2) 賛助と寄付・寄贈

協会への理解と支援では、永い運営の中で、実に多くの賛助者、賛助企業の存在があり、創立以来今日まで記録を残してきています。ざっとですが、５５０件ほどを数えることができます。協会では、現在、創立以来のすべての記録を、五十音順で一覧表として作成しています。その記録の中の一つですが、『65年誌』には、この記念誌制作に寄付をした「長崎游泳協会六十五年誌　賛助者芳名録」(１８７-１８９頁)が文末に掲載され、72件の企業が見られます。『追想録』では、１９６８年(昭和43)の「賛助会員」芳名として48件(11頁)と個人と法人の支援のリスト記載(11-12頁)37件が見られます。その個人の職業、及び企業の業種は、多岐に亘っています(詳しくは、協会作成の一覧表を参照)。しかし、賛助による金品の具体的な内容は、ほとんど明示された記述がありません。その具体的な一面を例として並べてみました。

①『東洋日の出新聞』に掲載された競泳会への賞品提供例

［１９０４年(明治37)８月８日付　３面］

「昨日の鼠島　…　競泳会の催しありて優勝者へ夫々賞品を授与したり。…　尚お同《ママ》会へ賞品を寄贈せしは左の諸氏なり。

ブランデー一打《ダース》　山口洋酒店　寶來豆十箱　近萬砂糖店　印入上等風呂敷十枚　町田帽子店　若狭製上等ハシ十人前　丸一家具店　ハンカーチフ二十枚　立野雑貨店　上等石鹸五打　木源石鹸店　上等浴衣地一反　藤瀬呉服店　印入上等手拭　村山雑貨店　ビール半打　田中裁縫店　游泳衣　々　上等ハンカチーフ　肥塚酒店　鉛筆五打　渡邊文房具店　游泳衣　山口洋服店」

【1905年（明治38）8月7日付　3面】

「広告　競泳者賞品寄贈芳名

青貝絵ハガキ若干　丸一家具店　游泳帽子半打　吉本帽子店　子キ《ネク》タイピン五個　天賞堂　手拭十筋　藤瀬

呉服店　盆二個　扇子十本　東洋日の出社　半紙千枚　篠原活版所　コーヒー茶碗二個　雪竹陶器店

半カ《ママ》チーフ一打　村山商店」

②『65年誌』に見られた協力例

1906年（明治39）「協会は大村町の商業会議所（商工会議所の前身）に移転した。」（39頁）と、民間の経済団体の会議所の協力による間借りが見られます。

1912年（明治45）水上飛行機を飛ばす計画（協会創立十年記念事業、飛行不許可）では、四千円位の赤字、この欠損を埋めるために若手幹部が寄付を求めて「有志や料亭を廻った。」・「運営が苦しいので、桃中軒雲右ヶ門が南座（現在宝塚劇場）にきたとき、…　一夜友情興行をしてもらい、その益金で息をついたことがあった（佐野太郎談）。」（65-66頁）

1913年（大正2）「事務所を会議所から東浜町に移した。田中直三郎が経費節約の一つとして、自宅を提供したのである。」（66頁）と個人の場所の提供による協力が見られます。

1925年（大正14）「先年、東宮殿下より御下賜の酒肴料を基金として寄付を集め、このほど新調なった協会の旗」（108頁、傍線加筆）とあり、1920年（大正9）に皇太子殿下奉迎として水書披露への御下賜金を基金として寄付金を得たことが見られます。奉迎については次項（3）・(1)でも触れます。

1929年（昭和4）「記念館は閑院宮から御下賜の金一封を基金に、一般有志の浄財を募って建設することになった」

（122頁）とあります。御下賜金についての経緯は不詳ですが、それを御旗として寄付を募ったことが見られます。

1934年（昭和9）「鼠島を一周する巾一メートル程の道路の完成である。延長約六百メートル。これは浜政右ェ門が老後の生をその整備に賭けたものであった。 … 協会はその功績を永く記念するため「政右ェ門道路」と名ずけたのである。」（134頁）と、個人の労力による隠れた長期間の協力が見られます。

1948年（昭和23）「戦後の大名行列に興をそえたものに雲助（当時の表現で担ぎ手に対して称した）の入れ墨がある。 … 蒲鉾製造店主で絵筆の趣味もある石橋道雄が協力することになった。」（167頁、括弧内加筆）と個人の特技に依る協力がありました。

1962年（昭和37）「先師の碑と田中直治師範の胸像は予算百二十万円で、 … 残額は一般の寄付によることにした。 … 反響は県外各地に及び、会社個人を含めて二八九名という多数の賛助をえて、予定額を上廻る約八十七万円が寄せられ」（155頁）と、協会の寄付が県外からあったことが見られます。

1966年（昭和41）「長崎、同北、同南ロータリークラブのロータリー号、長工醤油の長工号、三共製薬のビオタミン号、武田薬品のアリナミン号、それに仙山号という小伝馬船の受贈であった。仙山号は野村二師範が … 退職を記念」（168頁）と、高額な必要品〝小伝馬船〟の企業と個人からの寄贈が見られました。

協会が財政的に豊かではなかったと先に述べましたが、収支の上で賛助による寄付は運営においても、存続においても理解とともにあって、金品の寄付だけではない大きな支えとなったことが想像されます。しかも、この支えや理解が、県外にまで広がっていたことや個人的な協力にまで及んでいたことは、継続されて来た協会の活動への期待と信頼であったことが考えられます。

(3) 理解による支援

社会において、その活動やその行為が、特別で優れていること或は価値があると見做されることには、何らかの理解と繋がる指標があると考えます。その延長として、知名度につながり、社会的評価がなされ、多くの人の認知となり、地域においては地元文化として根付くことに寄与してきたと考えられます。これらは、その存在に相乗的な効果となる支援でもあったと推測します。協会にも、そのことが見られました。

(1) 社会的知名度

協会の存在と社会的知名度との関係で見ると、天皇の行幸や皇太子の行啓、要人らの来訪による台覧は、効果的な広報になったと考えられます。

1909年(明治42)8月、東久世通禧《みちとみ》伯爵*248が大宰府参詣の後、8月23日長崎に滞在中「鼠島游泳会の盛況を見るべく本日午後一時該島に赴く由」(『東洋日の出新聞』8月25日付、3面)と協会の状況の観覧がありました。

1920年(大正9)4月2日、皇太子殿下(東宮殿下)*249長崎行啓に際して、協会は当日海上にての奉迎を宮内省に申し出て、水書を披露しています。当日の様子は『東洋日の出新聞』同年4月3日付「海中奉迎　長崎游泳協会」(3面)に見られます。なお、同紙4月5日付「東宮御下賜　▽水泳、剗龍《ペーロン》、凧揚《はたあげ》」(3面)とあり、協会にも御下賜金《ごかしきん》がありました。

1933年(昭和8)「侍従武官川岸文三郎少尉*250の視察」(『65年誌』、130頁)

1969年(昭和44)「9月6日付　主任師範田中直一は　…　(国体)秋季大会の時天皇、皇后両陛下五島列島へ御巡幸の折、"ねずみ島"沖にて"奉迎"をやり、"島"の伝統と隆盛を、内外に知らしめる好機として通知

された。」（『追想録』、40頁、括弧内加筆）

協会にとって、このような機会があったことは、名誉であったのみならず、知名度の向上や内部会員の士気にも貢献したことが推測されます。

(2)評価としての表彰

協会の活動が、社会的に評価されたことの指標には、対外的な受賞評価があると思います。現在、それを示すことが可能な範囲の情報を並べてみます。

1934年（昭和9）「田中直治が民間体育功労者として文部大臣の表彰を受けた」（『65年誌』、134頁）

1954年（昭和29）「県知事表彰、市教委表彰」（『80年誌』、7頁）

1972年（昭和47）「10月10日、体育の日に"長崎游泳協会"は折りしも迎えた記念の年、晴れの文部大臣表彰の栄に輝いた。」表彰状には、「貴団体は長年にわたり社会体育の普及振興に尽力し他の模範とするに足る顕著な成果をあげられました。よって之を表彰します。昭和47年10月10日文部大臣　稲葉行」（『追想録』、87頁）

1990年（平成2）「10月10日　恒例、体育の日　長崎游泳協会も表彰を受けた。10月18日　南ロータリークラブより、筆者（唐津勝彦）も被表彰、対照者4人で筆者が最年長代表で受領した。」（『追想録』、194頁、括弧内加筆）なお、『100年誌』では、「唐津勝彦先生、長崎南ロータリークラブより社会体育の貢献により表彰を受ける」（46頁）

2002年（平成14）「KTNスポーツ振興財団特別賞を受ける」「唐津勝彦副会長、長崎県スポーツ功労顕彰を受ける」「長崎県知事より「県民表彰」を受ける」（『100年誌』、46頁）

表彰の対象が、個人の場合と団体としての場合が見られますが、基本として協会の存続と活動の意義が認められてのことと考えます。それは、協会の歩みへの評価でもあると推察します。

⑶地域文化としての認知

ここまでに何度か取り上げてきた1931年（昭和6）永見徳太郎「長崎游泳協会の話」（『水泳界』創刊号、第2号、前出）は、明らかに地域自慢としての水泳文化が協会の存在にある事を述べ伝えるものでした。

その意識にも通じ、さらに地元密着的な視点から、『65年誌』の著者、郷土史家田栗奎作は、「あとがき」の中で、「こんど、私が何よりも心ひかれたのは、何らの酬いも栄誉も求めることなく、夏の四十日を小さい市民と共にすごす人々の善意であった。　…　観光長崎の貸借対照表に載らない貴重な市民の財産の一つである。」（186頁）とまで、協会の本質と地域に存在することの意義を高く評価しています。

2007年（平成19）協会の創立105年記念行事としてですが、長崎歴史民俗資料館と共催にて「なつかしのねずみ島展」が開催されています。ここにも、地域の文化としての公開的な意識が働いたことが推測されます。

近年、長崎県立長崎東高等学校在京同窓会会報『東風』第59号（長崎東在京同窓会、2020）に掲載された、井上早苗（17回生）「長崎文化考　ねずみ島游泳道場」と四倉満喜夫（3回生）「ねずみ島の思い出」（24-25頁）による2人の随筆があります。その中で、基本的な協会に対する意識としては、地元文化として捉えていることが感じられます。それは、永く地域に存在し、その貢献を長崎市民の誰もが認知してきた夏の風物詩であったと推定されます。

鼠島、そして市民総合プールでの協会の活動は、単なる水泳指導の場として歩みを進めて来ただけでなく、考えれば地域民をはじめ官庁や企業までも巻き込んで、それでいて地域の要望も受け入れながら、地域の水泳習得拠点であることを深く印象付け、或る意味では、前述したように地域家庭の伝統的習慣にもなるほどの存在性を示してきたとも思えます。

そこには、創立以来変わらない協会の理念、”水難事故防止“（’市民皆泳‘）とそれに携わる協会指導者の熱意と高潔な姿勢によって得て来た、信頼の厚さを感じます。

Ⅶ．長崎游泳協会の現況から未来へ

協会の120年という歳月の歩みから、論者の中での気付きを中心としてここまで述べてきました。過去から現在まで、繋げるべくして繋げてきた存続理由にも触れました。

そこには、協会の自助努力だけでは補い得ない部分を、個人が、民間事業者が、企業が、行政が、そして地域が、手を差し伸べてくれた一面があったことは明らかで、それがあって伝承泳法の指導団体としても、水泳指導の団体としても、大規模な形を維持できてきたと考えられます。が、次に考えなければならないのは、今が未来へと繋がる起点であるとして、これから先をどの様に描くことが出来るのか、そのことについて論者なりの考えを述べておきたいと思います。

1．現況への視点

先ずは、現在の協会について、幾つかの視点から捉えておきたいと思います。

(1)現在を示す状況

協会が、創立以来揺るがない理念は、「水難事故防止」＝「市民皆泳」です。

それを具現化する指導の中で、伝承的な泳法を修得目標に置いてきたことを現在も継承してきています。また、水泳と水中活動の効用を、広く多くの人に享受することも現在では進めています。

それは、"ＮＰＯ法人(特定非営利活動法人)長崎游泳協会"として内閣府のホームページに示された目的、「この法人は市民皆泳を目的に児童生徒の水泳指導及び小堀流踏水術の伝承に努め、指導及び普及を図り水泳の振興と心身の健康維持増進に資することを目的にする。」に見ることができます。これを、協会が果たそうとする団体の使命の表明と受け止めて良いと思います。

協会の水泳指導が、夏の教室を軸として考えていることは、前論V．1．(1)で述べました。

そこでは、2，000人を超える受講生への集中的な指導が、毎年必要とされてきました。

2016年(平成28)7月21日の水泳教室開講式で、田上富久《たうえとみひさ》現市長が述べた挨拶では、「たくさんの子供達をいっぺんに教えられる力を持っている長崎游泳協会が長崎にあることを本当に嬉しく誇りに思います。」と協会の指導力を評価されています。その背景には、市民の理解、行政の教室を開講する意義、協会の指導力と目的などが、一致して築かれてきたことだと思います。

現在の教室は、年間を通して行われています。その一端を、2021年(令和3)の「長崎市民総合プール　令和3年度春季(初心者)水泳教室募集要項」を例として見ると、「主催　長崎市　共催　長崎市教育委員会　指導　長崎游泳協会」とあり、コースは、「幼児」「小学A-B」「泳法指導A-C」「アクアビクスA-E」「リハビリ」「水中体操かなづちコース」が設定されています。

協会の指導課程も創立以来、徐々に変化して、時代或は要望に応えながら、変化してきたことでしたが、現在の教室の在り方は、行政府でもある市と協会との共同連携による変化と受け止めることもできます。

協会の活動については、先に触れましたが、プール外で行われる「寒中水泳」「遠泳」「海洋訓練」があり、さらに伝承泳法の継承に関わる〈日本泳法研究会〉〈日本泳法大会〉への参加、小堀流の関係行事への参加が行われています。

(2)市との信頼関係

協会と市との関係の中で、協会は市から委託された，長崎市民総合プール，の「指定管理者」の立場にいます。市が2015年(平成27)度から、同プールの「指定管理者」として協会を非公募による選定としている理由に「長崎市民総合プールは、ねずみ島の閉鎖に伴い、その代替施設と位置づけられ」とし、歴史的経過と水泳指導による市民への貢献、２，０００人規模の指導、年間約20万人を超える利用者への場の提供など、指導成果と安全管理などの実績の評価が述べられています。

つまり、市の行政側からも、市民側からも受け入れられる信頼を培ってきたことが、大きな存在理由にもなっていることが推察できます。

今回の論究を進める中で、２０２１年（令和３）８月２日市役所にて、田上富久現長崎市長と論者との対談の機会をいただきました。市長側の多忙中に、時間調整をいただき30分ほどでしたが、有意義な話を聞くことができました。その要所と聞こえた処だけを取り上げてみます。

田上長崎市長と対談をする論者（左）

＊協会と市の行政とは、協会の歴代会長を市長が務めた期間が長く、深い関わりがあり、それに市民も力を合わせて来たという、長い信頼関係の歴史がある。それには、市民から、子供たちの心身を育成する教育の場所として受け入れられてきた一面がある。

＊協会は、時代の中で幾度かの決断を迫られる事態に対して柔軟に取り組んできている。その決断で大きかったのは「海からプール」であったと捉えている。同時に、行政と共有しながら新しい形が生まれていくと考えて、協力と協議の中で両者の信頼関係を築いてきている。

＊協会を「指定管理者」に選定している背景として

①現在、協会を市民総合プールの「指定管理者」としているのは、信頼性である。

②協会が、水泳指導を通じて、心身に効果のある教育効果を実証してきたことは地域貢献に値する。

③協会は、水泳指導のみならず、市民総合プールの管理運営において安全第一を実践してきたことは実績である。

④協会は、様々な努力をする中で、人との繋がりを大切にしてきていて、それは指導者間の繋がりからも窺える。

＊地域文化の視点から伝統を残すことは課題であるが、伝統は昔のものではなく、今に生かすことにある。伝統は、町の祭りがそうであるように、地域に定着しているもので、嘗て夏の風物詩として教室があったことを考えれば、例えば、協会の大名行列は、教室と切り離して単独にあるのではなく、夏の教室と連動しての存在である。遠泳や海水浴場での合宿もそうである。ただ、長崎市民が知っている伝承泳法は、小堀流しかなく、それを地域伝統の泳法と捉えている。

＊長崎は、市民力があり、市民力と行政が一体化して文化をつくり上げて来た地域で、例えば"長崎くんち"は、市民がつくり上げた祭りで、市民が主役、江戸時代天領であったことも市民力に関わり、外国文化を受け入れてアレンジしながら、"和華蘭《わからん》"文化を築いてきた土地柄でもある。

＊協会には、過去の決断と時代への対応で示してきた柔軟性で新しいことを取り入れながら対応する力がある。

以上ですが、今回の市長との対談の中で、印象深かったのは、歴史的経過に立った協会と行政との信頼関係の深さに加えて、そこに市民が持つ理解と信頼を伴った"市民力"が支えてきたとする表現です。このような、形態が継続されている地域の例は、ほとんどないと考えます。しかも、その信頼や支援は、協会が示してきた、安全第一の考えと実践は当然の事として、教育的実績や地域文化として溶け込んだ伝統的・伝承的活動にあると捉えられていることです。その上、協会が時代を乗り越えて来た姿勢に対して、柔軟性があると見ています。それを、市民側の発信力と、対外的な文化の吸収力や咀嚼力が高いなど、地域の文化性とも通じるとする見方は、論者からすれば、協会への信頼と存続の期待に聞こえました。さらに、市長の言葉の中にあった、「人繋がりを大切に」して来たとの評価は、過去の協会内の騒動にあって思考の相違から分離した組織が生まれた時も、協会の目標への理解は同じでありながら、達成要件や進展した目標の違いと捉えて、組織が解消した時点で、そこに関わった人達の復帰を受け入れる態度を示したことが思い出されます。複雑な想いはあったとしても、仲間を大切にする温情ある人間味を感じさせてくれます。

(3) 特異性と課題

協会の現状として、市の行政及び市民の理解が得られていて、地域に溶け込んだ水泳文化と捉えられる状況にあると前述しましたが、それは同時に、目的の達成と信頼という、協会に求められる「社会的貢献」と「社会的責任」を伴っているとも言えることです。この協会の今後を模索して未来を語る上では、地域外の立場や或は一般的な民間の水泳教育団体と比較しての特異性、その現状維持に対して生じてきている課題を取り上げておきたいと思います。なお、現状の水泳指導を、プールでの実施とした考えです。

(1) 特異性

①水泳教育の一民間団体が、地域文化として認知されて定着していること
②水泳教育を行う民間の単一団体として120年の歴史を有していること
③協会の活動全体が、行政側の理解と支援を得て、協同の関係の中で行われていること
④協会の活動に対して、地域のメディアや文化機関との共催や後援が見られること
⑤伝承泳法の本流ではないが、協会の伝統として〝小堀流〟を継承してきたこと
⑥継承してきた伝承に、協会独自の指導課程や海での泳ぎなど工夫をしてきたこと
⑦〝小堀流〟の伝承から、協会独自の応用技に、市民にも認知された大名行列があること
⑧理念「水難事故防止」＝「市民皆泳」を遵守し、原則、競技水泳を目的としなかったこと
⑨自然環境での実践を忘れず「遠泳」「泳ぎ初め」を実施していること

⑩鼠島育ちの経験の重要性を、「海洋訓練」として実践していること
⑪指導者の心には、"奉仕の精神"が存在していること
⑫2,000人規模の会員数を、長く現在まで維持できてきていること
⑬記念行事をほぼ5年間隔で実施し、後世に残る事業計画を実行してきたこと
などを数えることができます。

おそらく、細部の事柄までを含めると、さらに数が増えることかと思います。伝承泳法研究をする論者の立場からすると、大きな組織維持は、存続への活動能力も含めた持続力であり、一つの流派の泳法の伝承を長期間継続してきた伝統への継承力にもなっていると考えられます。それは、単に組織と伝統を存続させてきたのではなく、紆余曲折を経ながら多くの創意工夫の積み重ねの結果であり、何よりも人から人への想いの繋ぎ合いであったと捉えています。後述でも触れますが、伝承泳法自体が、先人の価値観や知恵を想いとして繋げる世界でもある事から考えると、地域文化として認知されてきた協会の存在の根本は、そこにあるように感じられます。

(2) 課題

協会の意識として、現在抱えている課題が3点ほどあると伺いました。

①指定管理者としての責任の遂行上で、事故などの失態が生じれば信頼を失う恐れがあること
②社会状況の変化に因る学校教育の進学受験の状況やクラブ活動、更に進学や就職での他府県への移動などから、後継者の育成問題が生じてきていること
③海での道場の再現化の試行として、海水浴場を利用しての海洋訓練は2020年(令和2)より開始したが、より充実した訓練や場所、設備・施設などを検討する必要のあること

これらの課題について、論者なりの解釈をすると、

①は、協会が鼠島閉鎖の代替施設として、市より提供された長崎市民総合プールであり、同時に指定管理者でもあることから、その活動を潤滑に行える拠点でもありましたが、失態から信頼が損なわれれば活動に支障の出る可能性が考えられます。

この課題には、協会側の管理運営体制だけではなく、市民から起こってくる要望、行政の体制変化なども含めて考えておかなければならないことでしょう。

②は、将来的に指導者不足になる可能性のある事、質の高い伝承能力を育成できる時期に可能性のある人材の不在は、質の低下にも繋がる可能性があります。

この課題では、指導者として関与育成する年齢を早めることやクラブ活動的な伝承泳法の在り方及び魅力の伝達なども方策の一つとして考えても良いのかもしれません。それには個人にあって集団所属意識が高まる運営とともに、現在の伝承泳法と日本泳法競技の有り様の変化などもあればと望みたいところです。

③は、水難事故防止の観点から、海での訓練は欠かせないとして、今後の訓練と成果を期待するならば、好適地と施設や設備を探索する必要があります。

この課題の条件として、場所と環境、そして周囲の理解が必要なことで、その上での施設・設備の検討が当然ですが、将来を見据えての展開がどこまで予測できるのかも重要と考えます。また、海という環境では、単に泳ぐ能力だけではなく、環境への知識と実体験などを得ることで、より深い経験的な能力を身に付ける事が可能であり、安全への技術習得も楽しみ方も変わってくると思われます。

これ等の課題は、今後への展開において、解決を図っていく必要のある事柄ですが、同時に今後迎える時代の中で、「変

わるもの」「変わらないもの」「変えないもの」を見定めて行かなければならない要件が出てくると推測されます。その要件において、特に「変えないもの」としての「水難事故防止＝市民皆泳」は、常に意識された展開であることが肝であると思います。

2．現況からの想定

現在の協会の有り様が、継続されるという想定で、協会理念「水難事故防止」＝「市民皆泳」を捉え直しておくことも、現在においては、今後を模索すべき方向を見据える上で意味があると考えます。同時に、協会が、伝承泳法〝小堀流〟を継承してきたことから考えられる意味についても捉えておきたいと思います。

(1) 水難事故防止と泳ぐこと

万一の水難事故に対処することを目的として、泳ぐことを身に付けたいとする考え方は、至極自然で一般的なことに思えます。一方、泳げることへの意味は、そのためだけではありません。例えば、健康のため、心身の鍛錬のため、競泳選手を目指すため、夏の海水浴を楽しむため、職業上の条件のためなど、様々あることでしょう。

ただ、泳げることが、最も生命に関わって捉えられることが多いのは、泳げないと溺れることに直結する可能性があるからで、子供の習い事として「水泳」を考えるのであれば、低年齢からがより意味深いと考えられます。

協会が、現在でも市民に対して、創立以来、変わらない理念として「市民皆泳」＝「水難事故防止」を伝えていることで、その水泳教育の意味が理解され伝わっていると推測されます。

では、水泳教育として、どの程度泳げることが目標なのでしょうか？

例えば、協会と同じく伝承泳法の〝小堀流〟を継承していた学習院で、第10代院長を務めた軍人でもある乃木希典[*251]の当時の水泳に対する言動を『乃木院長記念録』（学習院輔仁会編集、三光堂、1916、縮刷版）の「第九　夏期游泳と乃木院長」から見ると、「游泳術の目的に就いても水に親《したし》み水を怖れぬ習慣を作らしめ一旦危険に際しては不慮の沈溺を免れ得るに至れば能事了《よくことおわ》れりで必ずしも絶妙の技に達することを要しない。一人の達人よりも寧ろ十人の平凡な游手《およぎて》を造るのが本音であるといわれた。　…　乃木院長は疾病事故のあるものの外は初等学科五六年級乃至中等学科の初年級の学生には是非一度は游泳の練習をなさしめ少くとも水に親み水に浮く丈けの稽古をばなさしめる事に規定を改正した。」（179頁、傍線加筆）と述べたとあります。乃木希典院長の泳力は、「游泳教師の談に拠ると乃木院長は一向に游泳の技を心得居られなかったようである。　…　院長は游泳の時は何時も頸だけの所で浪を浴びて居られた。」（184頁）の様であって、指導は游泳教師にすべて一任しつつも、水に親しむ範を示していたことが窺えます。

乃木希典院長が求めた泳げる能力とは、必ずしも達人の域に至ることを求めるのではなく、危急時に役立つ泳力があれば良いと考えていたことが読み取れます。この捉え方は、協会が、競技水泳での栄誉よりも、かなづちを生まない皆泳に重点を置いてきたこれまでの歩みと同様に思えます。また、浮くことに焦点を当てていることは、重要であるとも思います。『日本游泳術』（前出）においても、「教授法及順序」の中で、「第一期　浮くことを専一とする時代」（40-42頁）として「此時期は真の游方《およぎがた》を教うる準備にして」と取り上げています。

何故ならば、泳げることが浮くことに始まると捉えられるからです。極端な話、溺れない状況として、首から上が水面に出ていて呼吸が出来れば死には至らないことです。単純には仰向きになって顔が水面上にあれば可能なことですが、初心者が仰向きになるには怖さがあるなど慣れる必要もあります。そのためには、習得が必要です。

いずれにしても、溺れることから逃れる手段として、泳げる能力があることが有用なことであり、その能力は、自転車と同じで、一旦習得すると、過剰学習として再現できる可能性が高い身体能力になることです。

インターネット情報として「習い事　水泳」をキーワードして検索すると、子供の習い事では、水泳が最も人気のあることを示す記述を幾つも見ることができます。習うことの理由を、「いざというときに役立つ」と認識している例は少ないですが、身に付けておくことに役立つという意識を持っていなくとも、結果的に有用であることには変わりはないと考えます。

遠い昔の異国の話ですが、古代ギリシャの時代に「あの子は文字も知らず、泳ぎも知らない」[*252]と、子供の時より必要な生活能力として見られていた諺《ことわざ》が思い出されます。また、スポーツの中で、できないと死に直結する可能性の高い身体運動は、「水泳」の能力であるとも考えられます。さらに、後述しますが、泳ぐ能力を高めて、溺者の救助能力も身に付けることは、水難事故防止への大きな貢献となることでしょう。

(2) 溺れるということ

警視庁生活安全局生活安全企画課が作成した『令和2年における水難の概況』(警視庁、2021)に拠ると、2020年(令和2)中の水難事故発生件数は1,353件で、水難者は1,547人、死亡及び行方不明者は722人(1頁)、同報告書の「表2　都道府県別水難発生状況」(4頁)の長崎県では、発生件数51件(内子供4件)、水難者数53人(内子供4人)、死者35人(内子供1人)、負傷者11人(内子供1人)、無事救出7人(内子供2人)とあります。この表からは、総ての都道府県に水難事故の発生が見られます。この長崎県の数値からだけでは、長崎市との関連件数は不明です。ただ、全国的な都道府県別の水難事故件数から見ると上位にあります。長崎県の場合は、周囲が海に面している箇所の多いこととも関係あるのかもしれません。水難事故は海と河川では、河川が多く、死亡及び行方不明者の状況では水泳中は少なく、水辺での行為中に多くが発生しているようです。しかし、人が事故にあう可能性は、何処にいても誰でも直面することは、想定しておかなければならないことです。

水辺での事故では、泳ぎを身に付けていない人が、水の中に落ちる、時には波にさらわれる、水底の深浅《しんせん》に気付かず深みに慌てるなど、不意の状況に動揺してや立てない深さのために溺れて死亡した例が少なくありません。

泳ぎを身に付けた人でも、海での離岸流で浜に戻れず疲れ果てたり、波や渦に巻き込まれたり、激流に飲まれたり、水を不意に飲み込んだり、筋肉の痙攣が起きたり、体調不良や怪我をしたり、毒を持つ生物に刺されたりなど、自力だけでは解決できない状況に遭遇して溺れた例も見聞きしています。

つまり、水中での事故では、溺れることが死亡原因となることが多く推測されますが、同時に泳げることだけでは、防ぎえない事故が起こることも考えておかなければなりません。

その為には、水中で不慮の状況に陥った場合に対して、「泳げない」「泳げる」に拘わらず、安全確保の対処法が必要になります。

泳げない人や泳げない状況にある人にとっては、浮く物に頼ることは第一条件で、泳げる人でも無暗《むやみ》に泳がないで仰向きに浮くなどして救助を待つことも忘れてはならないことです。

協会の甲組の指導課程では、小堀流の'休み游'が指導されていますが、疲れた時の対処泳法です。遠泳などの実体験の中で、安全確保の方法として、有用な泳ぎである意味が体験できることでしょう。仰向けの姿勢ができるようになった段階で習得しておくのも一方法に感じます。

現在では、個人が身を守る手段としての着衣泳が実施されたり、プールでは勿論の事、海水浴場においても、事故を防ぎ察知するための監視体制が組まれたりしています。

プールで泳ぐことにおいては、危険性はないとは言えませんが、自然環境である河川や海と比べると状況判断が行い易いと言えます。

しかし、自然環境の中では、予期しない事故に遭遇することはあり得る事として、実体験を重ねながら、注意と溺れないことを個人でも意識しておく必要があります。

(3)自然環境と伝承泳法

協会の創立年次は、宇田川五郎による伝承泳法、水府流太田派、の泳法が伝承されました。

前論Ⅱ．1．で先に取り上げましたが、この水府流太田派の理念には、流祖太田捨蔵が『日本游泳術』の「緒言」で述べたように、同流では基本となる流儀の泳法を維持しつつも、いかなる場所でも条件でも対応できる必要性を想定し、誰しもが禍から身を守ることができる泳法の修練と習得の大切さを述べています。

つまり、伝承泳法の世界では、武術としての発祥であっても、単に泳げるではなく、その自然環境の状況に応じて、必要となる泳法を選択し、対応することも目的として発達してきたとも言えます。従って、伝承された地域の自然環境や伝承者の対応への思考によって、変化や発展してきた流派も泳法もあります。

この危険回避のための泳ぎの理念が、現在も協会の理念にあることは、前述の通りです。

現在では、泳ぎを習得する場所としては、プールの時代と言えます。

しかし、水難事故が起きるのは、ほぼ自然環境の中で発生しています。つまり、水難事故防止の観点から考えるならば、プールで泳げることも意味あることですが、泳力が低い段階や自然環境での経験や知見がないことは、危険な状況に対応できない可能性があります。

例えば、「河童の川流れ」の諺ではありませんが、泳ぎに自信を持っていた画家熊谷守一[*253]が多摩川で経験した述懐に、「威張って飛び込んだのですが、そのトタンに両足や首筋にこむら返りを起こしどうすることもできない。しかも、水の中にあった杭で足を切ってしまって、これは一巻の終わりだと思ったものでした。水にはいる前に、そばを馬を引いて通った土地の人が、「この辺の水の中には外には、見えない杭がたくさんあるから気を付けろ」といっていたのですが、よく注意もしないで飛び込んでしまったのでした。結局、おぼれてしこたま水を飲んだすえ助け上げられた」（『へたも絵のうち』（平凡社ライブラリー、平凡社、２０００、１１５-１１６頁）とあり、泳ぎ上手だけでなく自然環境に対応する知恵の必要性を教えられます。

観海流では、初段目録に「一、湖海江川池濠溝渓流瀑泉業前差別之事」があり、そのことに対する口伝として「地理不案内なる処にては土地の人に聴き糺せ」[*254]との教えが残されています。

プールと自然環境で泳ぐことの意味を、中村敏雄[*255]の言葉を借りると、「幼い動物が人間に飼育されると自然界に帰せなくなるという話や、群れから引離されて人間に育てられた動物の母親は授乳することを知らないし、餌をとって食べさせることもできないなどという話を聞くことがありますが、われわれの水泳指導もこれと同じように、その観念や行為をプールという人工的な構造物のなかに閉じ込められ、しかもそれに気付いていないという憐れな状況にあるのではないでしょうか。」（「1日本泳法再考―日本人が日本泳法を知らなくてもよいのか」『中村敏雄著作集　第6巻　スポーツの比較文化学』、創文企画、２００８、１８４頁）としています。泳ぐことと場所による本質と意識について、少し極端にも感じますが、一つの論理が見えます。

その実際を知る一例として、１８８７年（明治20年）以降に隅田川（大川端）で神伝流を学んだ[*256]作家永井荷風[*257]の回想に依る話、「私は毎年の暑中休暇を東京に送り馴れた其の頃の事を回想して今に愉快でならぬのは七月八月の両月《ふたつき》を大川端の水練場に送った事である。自分は今日になっても大川の流の何《ど》の辺《へん》が最も浅く何の辺が最も深く、そして上汐下汐《あげしおひきしお》の潮流が何の辺に於て最も急激であるかを、若し質問する人でもあったら一々明細に説明する事が出来るのは皆当時の経験の賜物である。」（「夏の町」『荷風全集』第5巻、岩波書店、１９７１（第2刷）、２８７頁）と、泳いでいた場所の興味深い説明があります。要は、経験による知恵が表現されています。自然環境の中で泳ぐことを実践することは、直接肌で水の状況や変化などが身体に与える感覚を知ることであり、泳ぎの修得が進むにつれて場所の状況や変化が及ぼす影響に対処することも経験できることです。さらに、危険の察知と楽しみ方の発見も身に付けて、環境自体を熟知することでもあると考えます。

環境を熟知することの中には、水温、透明度、深浅、凹凸、砂地、岩場、海水、流水、静水、波浪、濁流の状況や変化などに加えて、気候、地形、動植物に至るまでの地理的条件も含まれたことでしょう。この環境との直接的な向き合いは、自然に対する観察姿勢が身に付き、監視的な眼で地域の自然を意識することにも一役買ったことも推測されます。

確かに、自然環境には、思わぬ危険も潜んでいますが、自然環境の中で泳ぐことから得る事柄の多さについて捉えておく必要があると思います。それは、水難事故防止にも有用と意識できることでもあると考えます。

伝承泳法が、本来、自然環境の中で発祥して、発展してきたことは言うまでもありませんが、その伝承には、泳法技術のみならず知恵の伝授があり、水難事故防止策や救助法・救急法の対処も必要なこととして含まれ、泳ぐことを通じて自然環境に対する様々なことを学ぶことでもあると言えるでしょう。

協会が、鼠島を教場としていた時代には、個人において、そんな学びもあったと思われます。また、協会が現在、「寒中水泳(泳ぎ初め)」「遠泳」「海洋訓練」を海で実施していることには、自然環境の中で泳ぐ経験を伝える意図も窺えます。

(4)伝承泳法と伝統

協会は、創立年以外、伝承泳法の継承において，小堀流，の泳法を伝えてきています。

前論Ⅲ・7・(1)で、同流の魅力についても述べましたが、同流の伝承には、武術としての実用性は勿論の事、浅瀬から急流など川で工夫された泳法を基本としながらも応用としての泳法も伝えられています。また、同流の教書でもあり、わが国最古の刊行水泳書でもある1758年(宝暦8)発行の『踏水訣』(前出)には、泳法の事だけではなく種々の心得や対処法も述べられています。

それは、内容や表現に違いはあっても、他の伝承泳法の流派にも見られます。現在、全国で伝承泳法を継承している団体は、発祥地とは限らず、北は北海道、南は九州まで存在が見られます。嘗ては、多くの団体の活動が、夏の風物詩として地域で見える文化的存在であった時代もありました。時代の変化と伝承の教場が自然環境からプールへと移ったことで、年間を通じての修練が行われるようになった反面、地域の文化的な存在とされて来た団体の活動が見えづらくなった例も少なくありません。

同時に、伝承泳法のみを指導する団体では、その組織的規模(会員数など)が小さくなり、伝承活動の先行きに不安を持つ団体もあると聞き及びます。加えて、時代の変化の中で、伝承されている泳法本来の目的や歴史及び知識に興味が持たれなくなり、「型」としての伝承泳法として接しているだけの場合もあります。

伝承泳法は、現在、用語「日本泳法」の名称で、日本水泳連盟が認証して、広く保存と普及を図ろうとされてきた経緯があります。ただ、残念なことに、全国的な視野に立って捉えた場合、呼称「日本泳法」は伝わっても、知る人の範囲もその内容の理解となると少数の人達のみに止まっているのが現状です。が、伝承地において、特異な泳法の継承が時代を経ながら伝統として存続してきたことを評価して、地域の「無形文化財」の指定を受けている団体もあります。

しかし、社会の変化の中では、「無形文化財」の指定を受けていても、その伝統的な技への価値観や意識が薄れていき、後続する伝承者が無くなれば衰退することになります。

その点での懸念として、現在社会では、情報は多くありながら興味の対象とならない事柄は置き去りとなっていくことがあります。伝承泳法への関心は、競技水泳の発展とともに同様の傾向が生まれたことは既に述べた処です。それは、伝承泳法の本質への理解も失われていくことでもあると思います。

協会の場合は、地域の支援があって創立し、地域とともに存続してきたことで、前述の田上富久長崎市長の話にもあったように、伝承泳法も含めて、その水泳教育に信頼を置き、今日まで変わらずに受け入れられてきたと推察されます。

協会側の中では、歴史的経過において、時代の変化に対応しながら、指導課程や行事などを継承してきました。それに対して、市民側の受け入れがあったことは、伝承泳法'小堀流'が地域の伝統とする泳法の意識にもなっていると考えられます。

この伝統的な意識の中には、本流の小堀流では行われることのない'大名行列'もその対象で、要は、協会の泳ぎが何流であるとかではなく、地域で行われている水泳教育での伝統的な泳ぎ、として受け止められているとさえ考えられます。また、鼠島時代に協会内で生み出された、'小堀流'の「御前游」を独自の伝承としていた時代にも、協会の泳ぎとして認知されていたことでしょう。

協会側の発信としては、常に'小堀流'の伝承であることが強調され、外部側の紹介においても長崎市内だけでなく市外であっても基本として、そのことに触れられています。その点から考えると、協会の基本とする泳法が、'小堀流'と云う伝承泳法流派の名称であることも、地域においては、広く認知されていると推測されます。

(5)地域の水泳文化としての存続

協会が、「市民皆泳」＝「水難事故防止」を理念に、「小堀流の伝承」を修練として繰り広げて来た地域文化としての伝統は、伝承泳法の世界よりも地域の水泳文化として捉えても意味深いものがあると考えます。

漫画家の手塚治虫は、[*258]「情報の洪水に流されるな」と題して、「情報への過信はまずい。…　光ファイバー、放送衛星、通信衛星を含めた立体的な技術が自在に駆使されるようになっても、それによって人間の伝統的文化や感性をどう育成していくかが課題になるでしょう。」（『ガラスの地球を救え　21世紀の君たちへ』知恵の森文庫、光文社、1996、102頁）と、1989年（平成元年）死去より前の時代に、未来科学への先験的視点から述べています。

現在社会では、インターネットを通じての情報収集が日常に入り込み、実体験的なことが後追いするような状況にあるとも言えます。逆に、個人の実体験が発信されることも少なくありません。しかし、手に入る情報とその選択方法を誤ると、何が本質であるかの判断ができなくなる恐れは拭い切れません。その中で、伝統的文化や感性は、直接的に見ることや体験することで、本質としての意味や豊かさに気付くことが養えると考えられます。それは、人間にとって「大切なことは何か」を知り考えることでもあると思われます。

現在、多くのプールで実施されている一般的な水泳教育から考えると、伝承泳法に接し修得することや自然環境で泳ぐことなどは、少数ながら、伝統的文化や感性を育成することにも繋がるものであると考えます。

協会の現在における水泳指導は、初期段階から自然環境で泳ぐ遠泳を視野に入れて平泳ぎが行われること、そして小堀流の基礎泳法へと進み、社会や教育の中で一般的に認知されている４種目の競技泳法も習得させ、そして応用としての泳法へと展開されます。これは、協会の存続と伝承泳法の継承を模索することの中から、その意味や豊かさを求めて生み出してきた独自の水泳教育方法として捉えられます。

この方法によって、協会で育つ会員とその周辺の人々は、プール指導の中で伝えられる遠泳と自然環境で泳ぐことへの意識、４種目の競技泳法の習得、それでいて，小堀流，の泳法技術を基礎から応用まで習得することを目標とした水泳文化に、必然と接してきたと言えるでしょう。しかも実質的に、自然環境で泳ぐ場面が、設定されています。

この協会の水泳教育の在り方は、市民も行政も含めて地域ぐるみとも思える受け入れの状況にあることから、長崎市独自の，和華蘭，文化に通じる鼠島生まれの、特別な水泳文化と捉えられます。

『65年誌』には、市民が協会の水泳文化を育て来たとも受け取れる著述者の表現、「有形無形の協力者が幾重もの外円をつくり、そして最も大きな外円が長崎市民そのものであることである。長崎という風土が育て来たとも言えるであろう。」（１７６頁）と、発刊の１９６８年（昭和43）までの歩みの状況を示す表現も見られます。

言葉を換えると、地域あっての伝統の維持存続ではあるけれど、協会側が自らの本質を失せず目的を示し達成させてきたことで、全国的に見ても特別な水泳文化を形成し、存続してきたと受け取れます。

3．摸索から進展、そして未来へ

上述したように、協会の現況は、創立１２０年の歴史の歩みを通じて形成された、地域の文化であり特有の水泳文化と考えられます。

組織が維持され存続してきた過程では、課題が生じ摸索を要する事態があったことは、協会だけではないことでしょう。同時に、その事態に対処し、解決を図ることで進展して来たとも言えることでしょう。しかし、歴史が長いから、市民と馴染が深いから、行政と協同しているから、特異性があるからなどだけでは、今後も存続していけるとは言い切れません。これからの歩みにも、課題と模索は必ず出てくることが予測されます。

先に取り上げましたが、現在、協会が持っている課題に対して、「変わるもの」「変わらないもの」「変えないもの」を見定めて、進展へと繋げることが必要でしょう。

そこで、協会の理念，市民皆泳＝水難事故防止，は「変えないもの」として、，小堀流，の泳法を伝承することは「変わらないもの」として、時代の変化で社会が求める期待に対しては「変わるもの」として、今後の摸索と進展について考えてみたいと思います。

短絡的には、「変わるもの」が「変わらないもの」化できる対象となれば、その摸索からの進展として最善と言えることだと考えられます。

伝承泳法研究の論者の感覚から考えた、私見としての摸索と進展について述べておきたいと思います。

(1)プールでの市民参加型行事の摸索

現在、年中行事として開催している諸行事、過去に挙行した行事、新しい発想と協会の理念とを融合させての行事など、市民と協同する行事として実施することで、より理解と独自性を導き出せる可能性があると考えました。同時に、協会の活動への協力や支援の恩返しとして、仲間意識的な共助感覚を生み出すことなど、意味があると考えます。

例えば、

(1)大名行列の催しへの市民参加

①協会の大名行列の華やかさの中で、泳ぐとは限らないことを前提に行列の一員として市民の参加を可能とすることや特定の役柄などを会員以外から募集する。

②大名行列のお祭り的性質を町のお祭りなどと、夏に限らず、プールとは限らず共演する。

(2)水上運動会の開催と市民参加

①〈関西オープン日本泳法競技大会〉[*259]で行われている「綱引き」や「玉入れ」のような団体競技を採り入れ、市民も参加できる。但し、プールサイドからでも可とするなどとして必ずしも泳ぐことを条件としない。

(3)協会独自の泳力検定と市民参加

①泳ぐことと水難事故防止は、速さでも長距離だけでもないと考えて、例えば、立ち泳ぎ20秒(片手は使っても良い)、水底で2秒留まる、潜行(水中移動)10m(目を開けてゴーグル無し)、潜水(素潜り)2m、休み游ぎ20秒(顔が沈まない)、2人組泳ぎ10m、浮き身(顔が沈まない5秒)、運び泳ぎ(2人で5kg5m)、水中脱衣・着衣、飛び込み1m、3m(足から)等々を検定する。できれば、最初は易しい検定基準で、数段階も設け、達成できれば「〇〇証」を発行する。スキー場で、技術能力の検定認定をしているような感覚で、例えば市民プールへ游泳に来た希望者に、行事の中での一環としてなど実施する。

（2）自然環境で泳ぐ実践活動からの摸索

協会が、重視してきた自然環境で泳ぐことから、水難事故防止との繋がりや協会の理想とする海での水泳教育実施の思いを、より深くより多くの人に伝えることができると考えました。具体的な話としては、『90年誌』に「語り継ごう「ねずみ島」の意志を」の座談会で「塩の味を憶えるとでもいいましょうか……丁組丙組はまずプールで、乙組以上は海での訓練をおこなっていきたい」（62頁）と協会第11代主任師範唐津勝彦が語っています。その語りには、自然環境での経験と体験を通じての知恵の伝達をしたい思いが感じられます。自然環境での実践では、個人にとって、一生涯記憶に残る貴重な体験となることであり、語り継がれることが協会との接点ともなる大切な体験であると考えます。

また、その実践としての「海洋訓練」、「遠泳」、「寒中水泳（泳ぎ初め）」は、欠かせない行事として、今後の方向性を考えました。

例えば、

(1) 海洋訓練の実施

①海洋訓練の検討項目として、「場所（危険が少ない、人出が多くない、占有使用が可能、多彩な体験が可能など）」、「実施期間（体験と習得に必要な時間、最低限と最大限の兼ね合い）」、「講習内容（体験的で技術の向上が図れ、具体的な知識の習得など）」、「宿舎（海からの距離、道具の管理、設備の充実、食事の方法など）」、「操船法（できれば和船の操作法かシーカヤックの操縦法の習得など）」、「シュノーケリング（水中の状況把握や海の楽しみ方として実体験と知識の習得など）」、「早朝と夜の海での游泳体験（その情景も水中の様相も変化して、違った世界を知る）」などが考えられる。

②多様な条件の場所に移動しての体験を重ねる。

(2) 遠泳の実施

①海での遠泳を目標として、学校単位や一般市民希望者の参加も可能な「遠泳教室」の開催を企画する。

⑶**寒中水泳の実施**（**健康に留意しての話として**）

①学校水泳部や市民の参加も受け入れての寒中水泳を企画する。

②数日間連続しての寒稽古を企画する。

（3）伝承泳法の継承と発展への摸索

協会が、創設2年目から、「変わらないもの」の軸として伝承泳法,小堀流,を据えてきています。それは、泳げるということの表象として捉えてきたことでもありました。しかし、時代の移ろいの中では、伝承泳法の存在自体が小さくなり、学ぶ機会が減じている状況にあります。その意味では、理念を以って伝承を継承してきた協会の姿勢の存続には、伝承泳法の世界からも期待される点が大きいと考えられます。そこで、協会自身の独自性の維持と、伝承泳法自身の今後への変化も推測して考えました。

例えば、

⑴**指導者の育成**

①教室の対象を幼児にも向けて低年齢からとしてきた現在、初段免許の取得年齢を下げ、小学校高学年から指導に関われる制度に改正をして、指導体験からの協会との関与意識を高めさせる。

②競泳経験者や泳力に自信のある協会外泳法修得者に対して、進級課程の習得の免除制度を設けることや,小堀流,の泳法の習得と協会の指導形態への理解度合いに応じて、指導者階位の承認をする。幅広い人材の確保にも役立つ可能性がある。

③協会外の水泳指導者資格や日本水泳連盟審査の日本泳法関係資格取得を協会内で対照評価させる方式を確立す

る。対外的に見える指導者の質につながる可能性がある。

(2) 協会独自の泳法の伝承

①本流の'小堀流'では、実施されていないことで、同流の応用泳法として、協会の「大名行列」がある。今では、これ自体が伝統的な大きな催しであり、協会が'小堀流'であることを象徴する重要な出し物となっている。今後も、規模を縮めることなく継続・継承されることが期待される。

②「大名行列」と同様に、'小堀流'の伝承において、協会でのみ伝承されてきた技に「海での御前游《およぎ》」(論者による仮称)と「大水書」があると理解している。前者の「海での御前游」は、現在行われていない。嘗て唐津勝彦は、小堀流踏水会発行の会誌『踏水』(第11号、1989年(平成元)3月)に「〝ねずみ島の游ぎ〟」(29-31頁)と題して、「一口に云えば、〝島〟の泳ぎは、やはり〝完全《ママ》に「海」用に傾斜した游ぎに形を変えていた事を認めないわけには行きません。」と「足撃」「手繰游」「早抜游」「御前游」についての変形を述べている。特に協会の「御前游」について「昭和三十七年までの〝島〟での、「御前游」は、将に広大な海面を一杯に使い、悠々とした游ぎを作り出していたように思います。 … 「御前游」本来の意味からすると、決定的な「変形」だったようです。」と述べ、明らかな変形であることを示している。先にⅢ.6.(2).(4)で触れたように、学習院では、「手繰游」の足捌きを遠泳用として変形させ、本来とは違う「蛙足」を用いている。論者から考えると、そのことと同様で、流派で正しいとされる泳ぎ方の方法と知識を持った上での変形であるならば、その環境と目的に合わせた変形と捉えて、独自性が尊重されても良いと考える。協会の「海の御前游」も意味ある伝承の解釈として、海で公開する伝統の泳ぎとされることが望ましいと考える。

「大水書」も協会独自の演出方法としての変形技と言える。しかしながら、地域に技術を示し存在を知らしめる上では、効果的な技と表現であるとして受け継がれることが望まれる。

なお、論者は、地域において技術が練磨され、その技術を極めた人間によって伝承がなされたとしても、状況変化に対応する能力の発揮では、個体差もあり技術の得手不得手による選択もあり得る事と捉えている。さらに、正統と変形の関係が存在するのは必然で、伝承では意味と解釈が伴うことであり、実践的技術では応用されてこそ基本の存在があるとも考えている。

(3)小堀流との接点

①中高年から始める，小堀流'の教室は、ライフステージとしての水泳に向いている。小堀流第11代師範古閑忠夫が、協会の『100年誌』に寄せた祝辞に「100年の歴史は、　…　他人との競争でなく昨日の自分よりいかに上達するかという現代の教育では失われたものが、大事にされていることによるものと存じます。」(3頁、傍線加筆)と、伝承泳法の持つ一面が示されている。現在社会では、伝統への見直しを考えることや自己研鑽として伝承泳法を捉えている人がある。つまり、中高年を対象とした，日本泳法(伝承泳法)教室'も考えても良いと思える。例えば、論者と関わりのある東京の向井流関係教室、四日市市の日本泳法同好会などでは、中高年になってから水泳を習得する中で伝承泳法の存在を知り、「競技水泳は、どうも向いていないけれど、競争しない伝統的な水泳であれば習いたい」と、その特性に興味を持って取り組み継続している人が少なくない。

②小堀流関係団体との合同の〈有明海横断遠泳会〉を定期開催する。これまでに計画されことがあったが、一度も同時に実施することが実現していない。本流との交流が先師祭だけではなく、新たな交流機会となり、社会的には話題性の提供にもなる。

(4)日本泳法(伝承泳法)という世界との関わり

①日本水泳連盟が承認する伝承泳法流派の泳法を，日本泳法'と呼称して主催する〈日本泳法大会〉に、選手と審判員

を参加させる。前論Ⅴ・8・(3)・(1)で取り上げた伝承泳法の全国的な催しですが、参加することで、継承者の泳法能力の向上や地域外との交流による見聞の拡大など、人材育成と対外関係に役立つことが想定され、継続参加が理想的である。とすれば、選手育成を目的とはしていないが、倶楽部的な形でのグループ活動を採用することは、小学校卒業後に少数であっても、会員が協会と接点を持ち続ける一方策としての可能性がある。

②現在行われている〈日本泳法大会〉の「泳法競技」では、各流派の泳法をそのままに競技対象として演じる様式で実施されている。そこでは、多種多様な各流派の泳法を同じ基準の中にあると見做して、採点による比較評価がなされている。それは、各流派を尊重しての事だと思われるが、流儀における泳法の特性と違いから、主観の混入や不公平が生じることは避けられない。それを回避の観点から見ると、戦前に、日本游泳連盟が、伝承泳法全体を日本独自の泳法として取り纏めた考えから、「日本游法基準形游泳法及び跳込法」とする呼称で規定を定め[*260]、流派には直結しない規則で示された「泳法」と「跳込法」による採点法の競技が実施された時代もあった。地域の自然環境への対応から伝承文化として発展してきた流派の歴史は、競技化された日本泳法とは発揮される目的において異なり、発祥した地域で、文化として正統な泳法の伝承と保存することの意味が大きい。一方、競技化された日本泳法の世界では、日本で独自に伝承する泳法を用いての競争に意味があることに近く、それは「日本式の競技泳法」としての存在でもあり、誰もが流派を超えて競技に優位な泳法を選択して演じたいことでもある。また、平等な条件で演じて評価を客観化する意味では、競技規定として定めた泳法による演技で比較評価されることが望ましい。その形式となれば、流派団体に属しての修得がなくとも、規定に示された泳法の規則に従って演じることができれば良いことになる。普及という意味では、そのような競技形式も、日本の伝統文化からの発信として捉えておく必要がある。

以上、「例えば」の一括りで、私事的な妄言をごたごたと並べてみました。摸索にしては、深過ぎて迷えるものもありますが、今後を捉えて必ず進展を図る必要が出てくると考えます。組織として自分たちの体力があるうちに、「変えない」理念と「変わらない」信念で、可能性を選択しては試しながら進むことしかないでしょう。その進展のために協会は、培った信頼の維持、求められる存在と主張、受け入れられる存続の展開などが必要と推測します。

最後に、協会の「変えない」理念である，市民皆泳＝水難事故防止，は、時代にかかわらず子どもが習得しておくことで生涯役立つ教育です。また、「変わらない」信念である，小堀流，の伝承を基本としていることは、今という時代だからこそ、他所で学ぶことの機会が少ない水中の意味ある身体能力の習得と伝承泳法を通じての伝統文化に触れることができるという、時代を超えた価値観があると捉えられます。そこには、鼠島時代があったことで、教場をプールに移行した現在でも海との接点を切り離さず、学んだ会員の心に残る地域ならではの水泳教育が展開されていると考えます。この協会の姿勢が継続されることで、新たな課題に取り組みながらも、この地域の水泳文化として、今後も息づいて行くであろうと確信しています。

そして、協会が、今日まで大規模な組織運営のまま維持してきた足取りは、伝承泳法の世界において，大きな希望の星，でもあり、変わらない未来の姿に期待を感じています。

あとがき

当出版にあたって、これまで探索してきた資料以外に長崎游泳協会のことに触れた著述がないかとネット情報を探ってみました。すると、古書販売のウエーブサイトに同協会関連として中里喜昭著『オヤジがライバルだった』（ちくま少年図書館82社会の本、筑摩書房、1984）が出てきました。長崎市に赴いての本書出版関連打ち合わせのついでに、同書実物を同市立図書館で閲覧しました。著者は、1936年（昭和11）長崎市生まれの小説家です。著者の中学生時代の記憶から「ネズミ島」の話が、200頁を超える記述の数頁ながら書かれていました。それは、「第3章　気くばり仲間」の中で述べられています。その中で、長崎の夏の楽しみは、海水浴として、特に「ネズミ島」は、長崎市民のためだけにある海水浴の場所と述べています。島への渡船のことや無料の脱衣場・コンクリートの監視塔のこと、団平船を改造した飛び込み台など詳しく述べています。

その上で、長崎游泳協会のことについても、次のように詳しく触れています。

「学校では夏休みまえに游泳協会の入会申込みを受《う》けつけた。会費をはらえば焼印の押《お》された小さな木の鑑札《かんさつ》をくれる。鑑札の穴にひもを通し、肩からたすき掛《が》けに下げてネズミ島にかようのだ。これさえ見せれば船賃はその年の夏じゅういらない。船にのるときも泳いでいるときも札はいつも持っていた。会員には、小堀流《こぼりりゅう》という古式泳法にもとづく訓練もやってくれる。だからみんな船にのるときも泳いでいるときも肌身《はだみ》はなさず鑑札を持っていた。試験により甲から丙までのクラスに分けられ、甲の一級といえば名人か達人クラス。たしか白い水泳帽《すいえいぼう》に紺色《こんいろ》の線を三本か巻いていて、これをかぶった者はわたしたち中学生にとってまさにヒーローだった。」（50―51頁）「夏休みの楽しみは、なんといっても海水浴だ。夏休みのあいだ、長崎湾港の大波止桟橋《おおはとさんばし》から一日に何十回も船が出る。港の出入口にうかぶネズミ島は、ふだんはちっぽけな無人島にすぎないが、いったん夏になると毎日何千人という人びとでにぎわう。サジキとよぶ無料の脱衣場《だついじょう》が砂浜《すなはま》にそってぐるりとならび、コンクリートの監視塔《かんしとう》も立っているし、浜のすこし沖《おき》に団平船《だんぺいせん》を改造したとびこみ台もいくつか浮《う》かべてある。長崎市民の

海水浴のためだけにあるような島だ。」（49頁）

戦後、当人が13歳以上で、1949年（昭和24）以降の話と思われますが、相当に興味があったこと、中学校の内外でも話題として語られてきたことが想像されます。しかし、その実は、当の本人が家庭の事情で講習を受けていないことも述べられています。同書には、記述以外に、「ネズミ島」と長崎游泳協会が登場します。それは、表紙の挿入絵でした。長崎游泳協会の団平船とネズミ島と思《おぼ》しき風景が描かれています。余程、思い出深かったのではないかと憶測されます。

前出「長崎游泳協会の話」（本書口絵3）を著した文筆家永見徳太郎（幼名＝良一）も、長崎游泳協会（当時、瓊浦游泳協会）の会員となっていません。長崎游泳協会創始の1903年（明治36）時点の永見良一は、高等小学校に通う13歳程でした。年齢も関わってなのか、水泳に興味が無かったのか別な事情があったのかは不明ですが、水泳講習は、受けていません。

戦前の永見徳太郎、戦後の中里喜昭の二人は、共に水泳講習を受けていない外部者でありながら鮮明に記憶が残っていることに驚きます。

それは、取りも直さず、ネズミ島での長崎游泳協会の水泳講習が、地域の水泳文化的な意識で捉えられていたことを示していると、私には思えます。

『オヤジがライバルだった』中里喜昭著（筑摩書房）

ネズミ島時代の長崎游泳協会の水泳講習の印象は、周囲の人間から見ても極めて深い意識で捉えられていた推測が広がります。さらに、プール時代に入って拡散力は低下しても印象深さは同様にあったと感じます。具体的には、「夏季教室」で継承されている独特な泳法修得課程や大名行列の伝承があります。それとプール外でも毎年報道されるネズミ島での「寒中水泳」は、多くの生徒と市民に印象を残してきたことでしょう。さらに、「大村湾遠泳」や近年実施の「海洋訓練」は参加者に長く強く思い出として残ることが想像されます。これらのことは、120年の記念誌「第三章　思い出」(225—250頁)に収められた、述懐録からも窺い知ることができます。

長崎游泳協会が「水難事故防止」=「市民皆泳」で進めてきた水泳講習は、ネズミ島時代、自然を相手の修練場であったことから、必然的に遊びや環境の中から事故防止への対応が体得でき、自然への観察力も育成されたと推測されます。それは、プール移設後も自然との接点を継続させることで、経験者(指導者)からの実践による知恵の伝達や自己体験からの育成が保たれていると捉えられます。同時に、伝承的な泳法と恒例行事を組み合わせたこの講習には、独自性と,郷土の水泳文化,の継続があると推察しています。

話の方向が少し違いますが、『子どもの「体験格差」実態調査　最終報告書』(公益社団法人　チャンス・フォー・チルドレン、2023.7.)という、現在の子ども社会の問題の調査があります。そこでは、全国の小学生保護者2、097人へのアンケート調査の結果が報告されています。それに拠ると、親の年収(世帯年収、600万円以上と以下対象)と子どもの学校外の体験には、年収の高い家庭の子供が優位にあることの格差が指摘されています。中でも、「スポーツ・運動」での「水泳」と「文化芸術活動」での「音楽」が顕著であると報告されています。また、「自然体験」においても同様で、その中に「海水浴、マリンスポーツ」も含まれています。

現在、長崎市主催長崎市教育委員会共催指導NPO法人長崎游泳協会指導「令和6年度夏期水泳教室」の受講料は、1回170円の講習料計算で、A班(月水金)14回とB班(火木土)16回が行われています。子どもの一般的な習い事教室の平均と比べて、非常に安価な設定となっていると考えられます。右記で取り上げた格差を埋める設定と捉えるならば、長崎游泳協会の水泳講習が果たす意義もあるように思えます。

ついでな話ですが、本書は、長崎游泳協会120年祝賀の2022年(令和4)1月までを述べたものです。
そこで、文末を借りて、その後の恒例行事の経過について、触れておきたいと思います。

祝賀の2022年（令和4）の恒例行事では、「寒中水泳」が1月3日に、3年ぶりに「夏期水泳教室」（7月21日〜8月30日、抽選による430人受講）と「大村湾遠泳」（8月4日17人完泳）が実施されました。しかし、コロナ禍の影響として「大名行列」と新企画3年目の「海洋訓練」の合宿は中止となりました。

翌2023年（令和5）からは、恒例行事のすべてが実施されています。以下、①が2023年、②が2024年の状況です。

「寒中水泳」①②1月3日実施

「夏期水泳教室」①7月21日〜8月30日1400人受講②7月23日〜8月28日1600人受講、

「大村湾遠泳」①8月11日生徒25人参加②8月4日生徒23人参加

「海洋訓練」①（第3回）7月29日〜30日生徒20人参加、②（第4回）7月27日〜28日生徒16人参加

「大名行列」①8月26日姫神輿《みこし》のみ中止で実施②8月24日姫神輿復活して実施

また、同協会の伝承と関わる出来事として、2023年（令和3）8月、第68回日本泳法大会（日本水泳連盟主催）において、同協会副理事長の浅岡泰彦先生が、日本水泳連盟が認定する日本泳法資格の最高位「範士」の審査に合格（本書口絵7）されています。このことは、協会を通じての熱心な修練と指導が実って、日本泳法（伝承泳法）における指導者として、全国的な承認が得られたことを意味すると捉えられます。論者には、同時に、協会の先人、第11代主任師範唐津勝彦氏（詳細は、本書272〜276頁）とダブって見えます。先人は、日本水泳連盟との関わりから全国との繋がりを大切に活動され、2000年（平成12）に同資格に合格されています。継続性と言う意味も含めて、同じ道を辿ったと受け止められます。それは、長崎の地に伝承泳法が継承されていることを、地域の内外においても、知らしめる一役を担っていることにもなると思います。なお、右記の恒例行事に関する情報は、浅岡泰彦先生から提供をいただきました。

現時点で、ネズミ島での講習復活の可能性、2021年（令和3）以来出現してきたプール移転問題の決着と言う様相が、情報としてあります。この中で、変わらず恒例行事が継続され、殊に自然との接点を失わず存続して行くことは、大きな存

在意義を持ち、'郷土の水泳文化'としての価値が認知されることでもあると考えます。

これは、本書を読んで下さった方に、ご理解をお願いしたいことですが、論考では、史実を捉える中での疑問点の探求、内側と外側から見た論点の再吟味、内部感情には添わない解釈、掘り起こしとしての新たな視点など、長崎游泳協会が意図しない方向も多く含まれていたと思います。加えて、論文調の雰囲気のまま、提示資料や引用文の多さに、煩瑣で読み辛いと感じ、意味不明に受け取られる向きもあるかと思います。さらに、出典の略称などわかり辛い表記もあったと感じられたかもしれません。しかも、こまごまと大まかの混淆《こんこう》、推論と論点の定まらない例示なども見られたかもしれません。しかし、論者の勝手な言訳ですが、読み手側は大変と思いつつも新たな視点も含めた外部論理による今後への手掛かりと理解して、ご勘弁願いたいと思います。

このようにお断りを申し上げながら、'あとがき'も長くなりました。過去の長崎游泳協会、今後の長崎游泳協会が、'郷土の水泳文化'として、長崎市の内外から共感と認識が得られることを願って欲張りました。

長崎游泳協会は、単に大きな伝承泳法も伝える団体に留まらず、'郷土の水泳文化'の存在から見ても大きな団体です。本書を120年の記念誌から別冊子として発刊した意図は、そこにあります。

同時に、現在の伝承泳法の存続・発展にも関わる問題であると、伝承泳法(日本泳法)を考究する論者の立場からは考えられました。伝承泳法は、'地域の水泳文化'そのものとして存在してきた時代もありました。そのことを含めて、我国の水泳文化の中で、独自の発展と存続を果たしてきました。それ故に、歴史的な存在意義や今後の有り様、今なお有用と思われる伝承(泳技・知恵)の存続として、意識を拡大して理解していただければ嬉しく思います。

本書が上梓に至るまでに、NPO法人長崎游泳協会の方々には、ご助力とご協力をいただきました。殊に、同協会理事長の田中直英先生には、数多くのご教示とご高配をいただいた上に別冊出版への快諾を賜りました。また、同協会副理事長の浅岡康秀先生には、ここまでの論考に欠かせない膨大な資料の提示と時として行き詰った論考へのヒントをいただくなどがありました。本書では、新情報と本誌口絵7に掲載のご本人「範士」合格証写真の提供などをいただきました。さらに同協会理事の八田寛先生には、思い入れ深さと楽しさに充ち溢れた本書表紙の挿入画を提供していただきました。

前長崎市市長の田上富久氏には、ご多用の中で直接の面談による貴重な情報のご教示を賜り、同席いただいた同市市民生活部スポーツ振興課の方々にもご支援をいただきました。

『月刊水泳』連載「水泳ニッポン・のルーツ」の著者今村昌明氏からは、日本の競泳史に関する刺激と情報提供をいただきました。また、友人の那須賢二氏と岡嶋一博氏には、論述上のいろいろな展開場面で専門家としてのアドバイスと論考のお付き合いをいただきました。

今回、本書を市販本とできた経緯では、長崎文献社に大変お世話になりました。中でも、編集人川良真理氏には、示唆からのお導きと、言いつくせないご尽力をいただきました。しかも、ごつごつとした読み辛い論述へのお付き合いと此方都合の日程を飲み込んで下さるなど感謝を申し上げます。

資料収集においては、国立国会図書関西館をはじめ、長崎県立歴史文化博物館、その他公共図書館の担当の方には種々のご協力をいただきました。その他に記していませんが、御礼申し上げるべき多くの方々もおられました。ここに深甚なる感謝の気持ちを込めて御礼を申し上げます。

２０２４年12月晦日

中森一郎

※本書は、「まえがき」に示した長崎游泳協会１２０周年記念誌『泳ぎ継がれて－そして未来へ－』（長崎文献社編集・制作、ＮＰＯ法人長崎游泳協会発行）に寄稿した「長崎游泳協会（瓊浦游泳協会）の"存在"と"未來"－伝承泳法研究の視点から－」（第２章、６２－２２３頁、２０２２年１月脱稿）を、誤字脱字や文面の一部に修正加筆した上で、改題して縦書きの単行本としたものです。

〈註釈〉まえがき

＊1　『観海流の伝承とあゆみ』（共著、伊勢新聞社、2008）、「〝踏海流游泳術〟に関する研究」（『京都体育学研究』第11号、京都体育学会、1996）、『岩倉流　伝承三百年のあゆみ』（共著、伊勢新聞社、2010）、『上野徳太郎と向井流東京連絡会　―日本泳法向井流の伝承と関わって―』（共著、文栄堂書店、2011）、「日本泳法神統流の伝承と実相に関する調査研究　―判明した成果と課題―」（『真宗総合研究所紀要』第32号、大谷大学、2015）他

＊2　関西圏（滋賀県）

＊3　競技水泳と伝承泳法関係に関する記事掲載の月刊誌。1931年（昭和6）5月創刊、同年9月5号まで以後絶刊

〈註釈〉Ⅰ

＊4　軍人としての体力育成のため鍛錬の必要性、人間の発育においての身体育成の必要性

＊5　『スポーツの近代日本史』「海水に浴する感覚の海水浴場に、泳ぎの練習場という雰囲気を持ちこんで」（65頁）「〝水練場〟が海水浴場に進出」・「〝海国日本〟の海水浴場には、水練の場という特色が付加され」（66頁）

＊6　東京都公文書館所蔵の『往復録』には、1877年（明治10）に隅田川河岸で水泳場（游泳場）を開設する旨の許可申請した大橋寛悟や笹沼勝用などの書類が現存している

＊7　木村吉次「東京大学創成期の水泳について」（日本体育学会第53回大会『大会抄録』、2002）に拠ると、1873年（明治6）前身開成学校の日課表に「水泳」が記載されているが、隅田川での実施が確認できるのは1877年（明治10）からとある

＊8　1893年（明治26）神戸、1895年（明治28）小樽、1902年（明治35）高松など

＊9　1894年（明治27）本部、1899年（明治32）北海道、1900（明治33）大阪など

＊10　1896年（明治29）本部、1901（明治34）和歌山など

＊11　1都1同2府35県が確認されている

＊12　流名・団体名が不詳もあるが、講武永田流、水府流、向井流、笹沼流、神伝流、義則流、新蔭流、日本体育会、帝国水練奨励会など

＊13　1905年（明治38）第1回が挙行され、今回は第2回で「大正四年浜寺海水浴開始十年記念として　…　第二回海上十マイル大競泳会を催した」（『濱寺海水浴二十周年史』、165頁）

＊14　西郷四郎と来歴が酷似している

＊15　朝日新聞福島版「姿三四郎を追って8　心血注いだ水泳普及」2010年1月9日付31面

＊16　”向井流“は、会津藩が幕府御船手頭向井将監配下から泳法を学び、藩内泳法として伝えた流儀で、佐倉藩へは元会津藩士によって伝えられた。向井流連絡会編『向井流』（第65回日本泳法研究会資料）２０１７年3月参照

＊17　『武芸流派大事典』、７４２頁

＊18　講道館柔道の創始者、「日本の体育の父」と称され、東洋初のＩＯＣ委員

＊19　東京外国語大学

＊20　１８７８年（明治11）年流祖太田捨蔵によって隅田川日本橋の浜町河岸に開設された道場。水戸で創始された水府流の泳法から派生している

＊21　編著『大日本柔道史』講道館、１９３９などがある

＊22　『東洋日の出新聞　鈴木天眼　アジア主義もう一つの軌跡』、57頁参照

＊23　元沼津藩士大橋寛悟、大竹森吉が藩政時代に水術を学んだ師

＊24　１８８４年（明治17）より既に水府流太田派の太田捨蔵による指導が始まっている

＊25　『校友会誌』第2号、東京高等師範学校校友会、１９０２年12月、１２４頁

＊26　鹿児島大学

＊27　悟りの境地を指す事や体験によって物事を理解する事をいう

＊28　『水府流太田派』、3-5頁

＊29　＊28に同じ、5頁

＊30　市村魁山「競泳発達史」『水泳』第6号、日本水上競技連盟、１９３１年6月、22頁

＊31　「水泳の歴史」『スポーツ八十年史』、１７４頁

＊32　筆者不詳「水府流太田派大日本游泳術の対外競泳」『運動会』第2巻第9号、運動会発行所、１８９８年9月、13頁

＊33　本人記述では「日本游泳協会」

＊34　大日本体育協会編『第九回極東選手権競技大会報告書』、１９３０年、’片抜手二重伸‘，’大抜手‘披露

＊35　プログラム、’大抜手‘披露

＊36　前出とは別に創刊号「セーヌ河大競泳失策せし打ち明け話」（ペンネーム’徹翁‘）、第2号「セーヌ河大競泳」（同じ）、第3号「大川端の思出漫談」（ペンネーム’宇田川徹翁‘）、9月号「隅田公園プール寸言」（’宇田川五郎‘）

＊37　プログラム（”第10回“・”第11回“は、手持ち欠）

＊38 除村一學・岡みち編集、國際子女親善協会発行、帰国子女向けと聞く
＊39 雑誌、藤村女子体育研究会、第8号「浮くまでと浮いてから」（7-11頁）、第9号「横體泳法」（8-9頁）の標題
＊40 『水府流太田派』、5頁、但し、その後の太田道場は、１９００年（明治33）開設の向井流山敷派の「大日本共修会」水泳場と合体して１９１７年（大正6）まで継続された
＊41 『東洋日の出新聞　鈴木天眼　アジア主義もう一つの軌跡』、４５９頁
＊42 同上、46頁
＊43 紳商＝品格ある一流の商人。長崎銀行頭取、澤山汽船会社社長など歴任

〈註釈〉Ⅱ

＊44 元水戸藩士、幕府講武所の水泳助教、維新後の１８７８年（明治11）「水府流太田道場」を開く、この道場から発して，水府流太田派，と称す。『水府流太田派』（3頁）参照
＊45 内閣官報局『明治八年　法令全書』、１８８９、１５０３頁
＊46 『学校法人日本体育会　日本体育大学　八十年史』、67頁
＊47 同上、２５４頁
＊48 同上、62頁
＊49 『大日本武徳会沿革　黄』、１１６丁、個人所蔵を複写した手許資料、丁数は所蔵者加筆に従う
＊50 同上、１１９-１２０丁
＊51 『濱寺海水浴二十周年史』、１２０頁
＊52 同上、１１４頁
＊53 同上、36頁
＊54 ＊46に同じ、２５４頁
＊55 ＊49に同じ、１３６丁
＊56 「臼杵山内流游泳所条例施行規則」（平成29年12月27日教育委員会規則第18号）
＊57 １９１８年（大正7）よりは、本部から京都支部游泳部に所管変更となった
＊58 水瀬正之「昭和篇」『踏水会六十年史』88-92頁

*59 国立国会図書館関西館所蔵。同図書館デジタルコレクションから閲覧可、検索タイトル「瓊浦遊《ママ》泳協会の十年」
*60 大竹森吉により創始され呼称された流派。向井流の流れを汲む
*61 和歌山で発祥した流派。"紀州三派"の一つと言われ、蛙足を用いる
*62 １９００年（明治33）発行『日本游泳術』に"水府流太田派"の名辞あり
*63 長崎市内の春徳寺境内の池田先生碑文による。碑は「平成元年五月建立」
*64 １８５４年（安政元）幕府の戦闘力強化から幕府が創建した武術稽古場
*65 安藤直方『東京市史外篇　講武所』聚海書林、１９８８、19-20頁
*66 同上、38頁
*67 日本水泳連盟日本泳法委員会所管資料、『水泳艪手世話出役暦《ママ》代』の「参考」記述より
*68 「浮働法」は、誤植の可能性があり「浮動法」が正しいと思われる
*69 『学校法人日本体育会　日本体育大学　八十年史』、２５５頁
*70 『踏水会六十年史』、５頁
*71 同上、６頁
*72 『濱寺海水浴二十周年史』、１２０-１２１頁
*73 *11に同じ、『観海流の伝承とあゆみ』１６１-１６６頁に所属学校・団体名等記載あり、但し長崎県は無し
*74 藤川貞『弘化雑記』、内閣文庫、国立文書館蔵
*75 『踏水会九十年史』、51頁
*76 １８９８年（明治31）では、「１００ヤード」・「４４０ヤード」・「８８０ヤード」
*77 大凡、当時の1円は現在の2万円、同じく1銭は２００円と推定
*78 向井流鈴木正家の水泳場、鈴木は日本体育会游泳場最初の教師
*79 入門金
*80 『踏水会九十年史』、46-51頁
*81 『濱寺海水浴二十周年史』、１４４頁
*82 1浬＝１，８５２m
*83 『濱寺海水浴二十周年史』、１１９-１２０頁

＊84　中森一郎「「水術」に関する研究　その1　水術についての序説」『研究紀要』第3号、日本体育学会京都支部体育原理・体育史専門分科会、1977、12頁
＊85　『体育・スポーツ書解題』、727-728頁
＊86　『大日本武徳会沿革　黄』、132丁

〈註釈〉Ⅲ

＊87　黒竜会編著『東亜先覚志士記伝』（中巻）、「三九　東洋と東洋日の出新聞」明治百年叢書、原書房、1966、729-733頁
＊88　笠井尚「維新残影-西郷四郎と「大アジア主義」『日本主義』（季刊、16号、「辛亥革命百年記念特集」）白陽社、2011、60-63頁
＊89　1864年生誕-1923年没
＊90　原本は国立国会図書館憲政資料室所蔵：1888年-1922年（9冊）、本論では、大里浩秋に依る神奈川大学人文学会『人文学研究所報』第37号（2007）-第50号（2013）掲載解読文に基づいた
＊91　〈大日本武徳会青年大演武会〉は、本部主催で1899年（明治32）を第1回として開始された夏期の演武会。早稲田大学図書館所蔵
＊92　1905年（明治38）『能島流游泳術』を著す
＊93　小堀流第8代師範、猿木宗那の末弟で城家の養子に、1897年（明治30）6月-1918年（大正7）6月大日本武徳会本部游泳部教師を歴任
＊94　『踏水会六十年史』、11頁
＊95　藩政時代は「師役」と呼称、明治以降「師範」
＊96　『小堀流踏水術』（第66回日本泳法研究会資料）、11-12頁・『日本泳法流派史話』、145-150頁
＊97　『泳ぎ』、16-19頁
＊98　『大阪毎日新聞』1905年（明治38）8月26日付、7面
＊99　『新版近代体育スポーツ年表』、103頁
＊100　富士山山頂に小屋を設立して越冬観測を最初に試みた気象学者野中到の妻千代子であろうと思われる
＊101　『踏水会六十年史』、17頁
＊102　『泳ぎ』、60頁
＊103　https://www.ehagaki.org/history/

＊１０４　『岩倉流　伝承三百年のあゆみ』、１８６-１８７頁

＊１０５　『日本水泳資料集成』収録の「游術手數之傳」が相当する、１９５-２００頁、第６代師範猿木宗那以降の伝位は「目録」「踏水之巻」「腰水之巻」「忘水之巻」の順次を原則として伝授している、なお、写真の伝書は、伝授された巻物（墨書）を表具に仕立てたものと思われる

＊１０６　『踏水会六十年史』、27-29頁

＊１０７　『スポーツ八十年史』、５８６頁、1マイル自由形で今村豊が優勝、８００ヤード自由形で八牧貫一が2位

＊１０８　『水連四十年史』、41-42頁、１９１８年（大正7）は背泳１００ｍで持永義崇が優勝、自由型１００ｍ自由形と２００ｍ平泳で西村太郎が2位、自由型１５００ｍで今村栄三が2位、翌１９１９年（大正8）は、「一般」の部で西村太郎が自由形１００ｍ2位と８００ｍ優勝、今村栄三が自由形４００ｍ優勝と同１５００ｍ2位、持永義崇が背泳１００ｍ1位（日本新記録）

＊１０９　この批評と協会の視点は、１９２０年（大正9）当時、クロールの研究はＹＭＣＡ（東京）や茨木中学（大阪）で既に行われていたことから、新聞記者鷲田成男が、クロールを練習すべき旨を本田存に尋ねると「日本泳法はすぐれている。これに熟達すればオリンピックに優勝するものは必ず出る。いまさら外国の泳ぎを研究する要はない。」（『水連四十年史』27頁）と答えた時期の話と捉えられます。因みにクロール研究は、１９２０年（大正9）頃より本格化し、一気にクロールが競泳界を席捲する時代となる

＊１１０　戦前における我が国の国家的最大の総合体育大会で、１９２４年（大正13）から１９４３年（昭和18）まで明治神宮外苑競技場で開催された。名称は4度変更されている

＊１１１　厚生省『紀元二千六百年奉祝　第十一回明治神宮国民体育大会報告書』１９４１、14頁・４７４-４８０頁

＊１１２　日本游泳連盟主催、日本游泳連盟は１９２５年（大正14）に東京の伝承泳法関係者によって組織された団体。１９３０年（昭和5）全国組織となる。競技種目名は、同大会プログラムより抜粋

＊１１３　「近代日本における水泳のスポーツとしての自立への摸索と挫折（1）」『三重大学教育学部研究紀要』（第53巻、人文・社会科学）、三重大学、２００２、59頁

＊１１４　日本水上競技連盟機関誌『水泳』№57、１９３８、５頁

＊１１５　遠泳挙行に配布されたものと思われる

＊１１６　『踏水会八十年史』、58頁

＊１１７　山崎武也『持たない贅沢』三笠書房、２００９、１５１頁

＊１１８　木村義夫「有明海横断の記」『熊本放送』熊本放送、１９６５、「三十九年オリンピック東京大会記念行事として挙行のはずであっ

＊１１９　た小堀流第二回有明海横断遠泳は、異常台風十四号のため中止のやむなきにいたり翌年に持ち越されたのである。」１１０頁
＊１２０　１９２６年（大正15）協会初段免許取得者
＊１２１　１９０３年（明治36）協会初段免許取得者「岡本栄次」の可能性があり、派遣された当時協会の指導自体が小堀流中心であったので小堀流の泳法を指導したと考えられる
＊１２２　会誌『踏水』第7号、１９８５、10頁

〈註釈〉Ⅳ

＊１２３　例えば、遊びの動機から考えると、カイヨワは「競争」「模擬」「運」「眩暈（めまい）」を取り上げている。ロジェ・カイヨワ『遊びと人間』多田道太郎・塚崎幹夫訳、講談社学術文庫９２０など参照
＊１２４　『スポーツ八十年史』、１７４頁
＊１２５　『風俗画報』、第１９６号、東陽堂、１８９９、坪川達夫「●内外人競泳会」、３-４頁
＊１２６　宇田川五郎「日本最初の試み　大毎十哩競泳」、『水泳界』第２号、１９３１、「断じて他の泳法を用いず、只一重伸のみを以て一貫する覚悟なれば」、67頁
＊１２７　『水連四十年史』、13-14頁
＊１２８　『水泳日本　１９３４』、19頁
＊１２９　京都踏水会出身（１９２５年（大正14）卒業）、１９２８年（昭和３）第９回オリンピックアムステルダム大会出場、スポーツジャーナリスト
＊１３０　『水泳競技』、21頁
＊１３１　『濱寺海水浴二十周年史』、１５６-１６１頁、本論で示す全国大会となって以降の開催回数は、同書の記載表記に従っている
＊１３２　『山内流』、９頁
＊１３３　『濱寺海水浴二十周年史』、１５２頁、詳しくは、高田義一郎「国際的競泳に就いて」、浪花游泳同志会機関紙『游泳雑誌』第６号、１９１２、32-39頁参照
＊１３４　１９０９年（明治42）協会初段免許取得者
＊１３５　１９１１年（明治44）　同上

『濱寺海水浴二十周年史』、１６６頁

＊136　この遠征日程について、1916年（大正5）『大阪毎日新聞』8月21日付（11面）・8月23日付（夕刊‐6面）の報道記事から、予選大会は同月20日、〈全国中等学校競泳大会〉が同月22日の挙行であったと判明している
＊137　『水連四十年史』、18頁、〈第3回全国大会〉が予選会を兼ねていた。
＊138　1914年（大正3）協会初段免許取得
＊139　協会初段免許取得については不詳
＊140　同上、19頁、「赤羽の日本製麻会社」
＊141　持永義崇は協会初段免許を1918年（大正7）に取得している、第3回〈極東選手権競技大会〉（1917）の百ヤード背泳優勝記録は1分23秒4
＊142　『長崎県スポーツ史』、175頁
＊143　1917年（大正6）協会初段免許取得
＊144　1918年（大正7）　同上
＊145　1915年（大正4）　同上
＊146　1913年（大正2）　同上（水谷泰世か？）
＊147　『濱寺海水浴二十周年史』、159頁
＊148　1909年（明治42）協会初段免許取得
＊149　極東選手権競技大会の開催期日を5月から8月に変更を大日本体育協会が、極東体育連盟に求めたが受け入れられず、同連盟を脱退、『スポーツ八十年史』、117頁
＊150　『長崎県スポーツ史』、161頁
＊151　『踏水会六十年史』、18頁
＊152　『スポーツ八十年史』、178頁
＊153　一高卒、1924年（大正13）大日本水上競技連盟会長、法学者
＊154　『水連四十年史』、20‐22頁
＊155　同上、38頁
＊156　東京高等師範学校卒、第7回オリンピックアントワープ大会代表、水泳と陸上で参加、スポーツ万能
＊157　日本游泳術研究会所属、第7回オリンピックアントワープ大会代表に選出されたが病気の為辞退

＊158　『水泳競技』、20頁

＊159　当時、東北帝大学生（現、北海道大学）、自由型で中学生時代より頭角を現し、第3回、第4回極東競技選手権大会に出場して活躍

＊160　『スポーツ八十年史』、178頁

＊161　『水泳日本1934』、21頁

＊162　『内田正練』18頁、出典：杉本伝『泳ぎと歩き』久敬会、1965

＊163　『水泳競技』、68頁

＊164　＊162に同じ

＊165　第3回極東選手権競技大会出場、後、杉本伝との経験からクロール指導を進める

＊166　他の原書名など不記述

＊167　『泳ぎと私』、38-42頁、年次は、前後記述との記憶矛盾があり確定できていない

＊168　『踏水会六十年史』、18頁

＊169　『資料　山内流』、11頁

＊170　『泳ぎ』、69頁

＊171　観海流泗水会編『観海流の伝承とあゆみ』伊勢新聞社、2008、72頁、この頃、観海流の泳者が競泳の平泳ぎで活躍したことが誘因として発会、数年で消滅

＊172　大熊廣明「水府流水術における外国泳法および他流派への対応」日本体育学会体育史専門分化会『体育史研究』第21号、2004、63頁、1927年（昭和2）までにクロールも泳がれていたが、「競技会に出場する上級者はクロールを練習していたが、水府流水術を習得中の生徒たちへの指導については、流派としてまだ躊躇があったのである。」

＊173　大日本武徳会和歌山支部水練部は、1904年（明治37）創設ですが、1906年（明治39）からは、新組織体制として岩倉流と能島流が伝承された。現在、和歌山市で伝承される岩倉流がその流れを継承している。那須賢二編『岩倉流　伝承300年のあゆみ』伊勢新聞社、2010、120-121頁、また、大日本武徳会〈青年大演武会〉での活躍は、『同』99頁を参照

＊174　『水連四十年史』、48-49頁

＊175　1920年（大正9）協会初段免許取得者

＊176　1947年（昭和22）から自由形400mで世界記録を上回るタイムを出しながら、国際水泳連盟への復帰が認められていなかったので公認はされなかったが、1949年（昭和24）復帰後〈全米男子屋外水上選手権〉に招待され400m・800m・1500m

で世界記録樹立

＊177　紀州・和歌山水泳史誌編集員会編『紀州・和歌山水泳史誌』所収、和歌山県水泳連盟、2000、36頁

＊178　1924年(大正13)〈第8回オリンピックパリ大会〉出場、1928年(昭和3)〈第9回オリンピックムステルダム大会〉800mリレー銀メダル、100m自由形銅メダル。自由型の日本記録を何度も更新。1949年(昭和24)芦屋水練学校設立

＊179　『水泳日本 1934』、28頁

＊180　日本水上競技連盟が1930年(昭和5)8月に、機関紙『水泳』を創刊、それを戦後継続して、1949年(昭和24)4月に復刊第1号(第84号)を発刊、現在では『月刊　水泳』のタイトルで毎月発行されている

＊181　2017年(平成29)4月号(通号第489号)に「第1話　日本泳法と水泳競技史」を連載開始「①」として現在も継続中

＊182　連載のタイトル㊿「-競泳の飛躍と日本泳法-」、㊿「-ハワイと日本の交流が始まる-」、㊾「-日米対抗戦　準備着々-」、なお競技会名としては日本游泳連盟『日本游泳連盟要録』(1932)に〈第1回日本游泳競技大会〉(1頁)とある

＊183　岩倉流、小堀流、観海流、向井流、能島流　、山内流、神伝流、水府流太田派(大会プログラムより)

＊184　東京高等師学校付属中学時代水府流太田派を学ぶ、第一高等学校時代水泳部、日本水上競技連盟の中心的存在、東京帝国大学卒、地震学者

＊185　中森一郎「"日本游泳連盟"の組織と活動」『大谷大学研究年報』第58集、大谷大学、2006、97-108頁

＊186　第9回(1935)・第12回(1938)~第15回(1942)

＊187　『観海流の伝承とあゆみ』、167頁、「〈付録表3〉年次別段位授与者の所属数・授与者数の学校外/学校割合一覧表」参照

＊188　『岩倉流　伝承三百年のあゆみ』、194-196頁

〈註釈〉V

＊189　『踏水会六十年史』、96頁

＊190　同上、50頁

＊191　1987年(昭和62)11月,日中友好寒中水泳交流隊訪中団.

＊192　水府流は茨城県水戸市で伝承される泳法流派。『日本水泳資料集成』所収、599-646頁

＊193　1783年(天明7)に第1巻、1791年(寛政3)に全16巻・3分冊を刊行

＊194　1854年(嘉永7)より同流の修行開始、1856年(安政3)同流皆伝免許、1870年(明治3)津藩泗水術教師任命、

１８７８年（明治11）廃藩置県後の道場再開から，家元，と自ら称したと考えられる

*１９５　家元家保存資料、第15回日本泳法研究会資料『泅水術観海流』浜田朋文編、１９６６年（昭和41）、８-10頁参照

*１９６　１町＝１０９m

*１９７　『泳ぎと私』、11頁

*１９８　『観海流の伝承とあゆみ』、30頁

*１９９　歩兵の組

*２００　shimada-.jp/tourist/tourist_detail.php?id＝11

*２０１　例えば，www.nagasaki.med.or.jp/about/history_oz.htm

*２０２　有明海で，赤クラゲ，と称しているのは，ビゼンクラゲ，

*２０３　大日本武徳会青年大演武会は、本部主催で１８９９年（明治32）を第１回として開始された、学生の為に開催された夏期の演武会。游泳術のみ、年齢制限なし

*２０４　『濱寺海水浴二十周年史』、１５８-１５９頁

*２０５　『水連四十年史』、39頁

*２０６　『濱寺海水浴二十周年史』、１７３頁

*２０７　www.nezumijima.com/index2

*２０８　『踏水会九十年史』、74頁

*２０９　『泳ぎ』、96-98頁

*２１０　『観海流の伝承とあゆみ』、82頁

*２１１　『踏水会六十年史』、88-89頁

*２１２　『泳ぎ』、１１７頁

*２１３　同上、１６６頁

*２１４　『資料　山内流』、13-14頁

*２１５　『岩倉流　伝承三百年のあゆみ』、１３０頁

*２１６　『観海流の伝承とあゆみ』、83頁

*２１７　*１８５に同じ、71-１２６頁

＊２１８　『スポーツの近代日本史』、２２４-２３２頁
＊２１９　『水連四十年史』、１６２頁
＊２２０　藤田昭「とりとめもないこと」『水魚』第12号、向井流水法会、１９８０、９頁
＊２２１　＊２１８に同じ、２３３頁
＊２２２　日本水泳連盟編・発行、機関誌『水泳』第91号、１９５１年の「連盟日誌」に同年2月17日・18日「日本泳法研究会（伊東プール）」（52頁）とあり、同好会的な集まりが既に行われたことが判明している
＊２２３　＊２２０に同じ、10頁
＊２２４　『日本泳法大会50年史』、19頁・１６１頁・１６３頁
＊２２５　同上、１６４頁
＊２２６　〈第1回日本泳法大会〉プログラムに、「「水練証」に就いて古語に於て「水練」と云う語は又は水泳（みずおよ）ぎの達者なものを意味したと云う事であります。「アノ男は水練なり」の如きであります。今度日本水連に於て日本泳法練達の士を定め之に一定の階位を与える事になったに就き此文字を用うる様に定まりました。」（5頁）とある
＊２２７　岡林隆俊・吉田優「長崎港の埋立と近代都市の形成」『土木史研究』第12号、土木学会土木史研究員会編、土木学会発行、１９９２、２９５-３０４頁
＊２２８　www.nagasaki-port.jp>history
＊２２９　大竹森吉より楊心流戸塚派柔術と笹沼流泳法を学んだ深井子之吉が開いた道場。存続の最終年の確認は、深井子之吉長男（準平）手記『我が道場の記』より、詳しくは、第65回日本泳法研究会資料『向井流』向井流連絡会、２０１７、１８２-１８５頁参照
＊２３０　１９７０年（昭和45）に能島流第19代宗家を継承。日本の，シンクロナイズド（アーティスティック）スイミング生みの親，と言われている
＊２３１　『踏水会九十年史』、81頁
＊２３２　１９６６年（昭和41）に完成
＊２３３　会誌『踏水』第13号、１９９０、35-36頁
＊２３４　「調査種別・施設種別体育・スポーツ施設設置個所数」、第1回が１９６９年10月1日現在、第2回が１９７５年10月1日現在

〈註釈〉Ⅵ

＊２３５　2代目梅ケ谷藤太郎第20代横綱（身長１６８㎝、体重１５８㎏）と思われる

＊236　www.tanakaya-inc.com
＊237　1939年（昭和14）の起きた満州国とモンゴル人民共和国との国境線に関わっての日本軍とソビエト連邦軍との衝突事件、日本軍敗走の結末であった。
＊238　リン・シェール著・高月園子訳『なぜ人間は泳ぐのか？』太田出版、2013、15-16頁
＊239　大貫映子著『テルちゃんののびのびスイミング』民衆社、1985、15頁、なお、日本人初の成功は、男性。1970年（昭和45）に中島正一が10時間40分で達成している（『最新スポーツ大事典』、110頁）
＊240　その後、この記録は59年間破られなかった（『最新スポーツ大事典』、110頁）
＊241　長崎西高校第14回生同窓会ホームページ「トピックス」に投稿した2012年9月3日付の「110年目の水泳教室を終えて」（長崎県教育界雑感№7）より
＊242　機動力のある小型船
＊243　『水泳界』創刊号、120頁
＊244　『東洋日の出新聞』8月20日付、3面
＊245　『65年誌』、44頁
＊246　『東洋日の出新聞』9月4日付、3面
＊247　近年では2018年（平成30）第66回日本泳法研究会「課題　小堀流」（於、長崎）では、主催県として長崎県中村法道知事が歓迎の挨拶をしている
＊248　公家、政治家、茶人
＊249　後の昭和天皇
＊250　陸軍の軍人

〈註釈〉Ⅶ
＊251　のぎまれすけ、軍人、教育者、明治天皇の指名により学習院院長に就任（1907年-1912年）
＊252　哲学者プラトンの『法律編』
＊253　くまがいもりかず、日本画家
＊254　観海流山田家所蔵資料の写し、同資料では「六、海江湖水池溝堀谷川瀑泉業前差別の事」の目録説明となっている

＊２５５　なかむらとしお、体育教育・スポーツ文化研究家
＊２５６　現在、愛媛県松山市を発祥地としている
＊２５７　ながいかふう、小説家・随筆家、初校１９１０年発表『紅茶の後(三)』の改題
＊２５８　てづかおさむ、医師免許を持ち科学者的視点からの作品『鉄腕アトム』など有名
＊２５９　２０１５年(平成27)４月から、関西の伝承泳法関係団体の若手を中心として、和歌山県民プールを使用して開催が始まった競技会(年１回開催)、参加者の地域は問わない、種目によっては年齢を問わない、現在も継続中
＊２６０　日本游泳連盟『日本游泳連盟要録』、１９３２、13-27頁

【主な参考文献】

1. 小堀流踏水術資料編集委員会編・発行『小堀流踏水術』(第66回日本泳法研究会資料)、2018 →略称『研究会資料・長崎』及び『研究会資料・小堀流』
2. 中森一郎『日本泳法のススメ 伝承文化としての"オヨギ"が伝えるもの』BABジャパン、2018
3. 大串嘉好編『瓊浦游泳協会拾年紀念』瓊浦游泳協会、1912 →略称『10年誌』
4. 田栗奎作『長崎游泳協会六十五年誌 ―鼠島年代記―』長崎游泳協会、1978 →略称『65年誌』
5. 唐津勝彦『長崎游泳協会/ねずみ島物語 追想録』、2006 →略称『追想録』
6. 木下秀明『スポーツの近代日本史』(杏林新書)杏林書院、1970
7. 岸野雄三他編著『新版近代体育スポーツ年表』大修館書店、1986
8. 木下秀明『学校法人日本体育会 日本体育大学 八十年史』不昧堂出版、1973
9. 平井清光『長崎県スポーツ史』長崎県体育協会長崎県スポーツ史刊行委員会編、長崎新聞社、1988年
10. 加藤進・向井正治『最新游泳術』博文館、1905
11. 宇田川五郎(枕水)『水泳日本』雄山閣、1936
12. 牧野登『史伝西郷四郎 ―姿三四郎の実像』島津書房、1983 →略称『史伝西郷』
13. 星亮一『伝説の天才柔道家 西郷四郎の生涯』(平凡社新書685)平凡社、2013 →略称『四郎の生涯』
14. 高橋信雄『東洋日の出新聞 鈴木天眼 アジア主義もう一つの軌跡』長崎新聞社、2019
15. 大阪毎日新聞社編纂『濱寺海水浴二十周年史』大阪毎日新聞社、1926
16. 綿谷雪・山田忠史『武芸流派大事典』新人物往来社、1969
17. 水府流太田派SOプロジェクト『水府流太田派』(第64回日本泳法研究会資料) 水府流太田派連絡会、2016
18. 日本体育協会編・発行『スポーツ八十年史』、1958
19. 造士會編・発行『日本游泳術』(造士會叢書)、1900
20. 山内流第62回日本泳法研究会実行委員会編『山内流』(第62回日本泳法研究会資料)臼杵市教育委員会、2014 →略称『資料 山内流』
21. 社団法人京都踏水会編・発行『踏水会六十年史』、1958
22. 財団法人京都踏水会編・発行『踏水会九十年史』、1985

23．120周年記念誌実行委員会編『京都踏水会120年記念誌 10年間のあゆみ』公益財団法人京都踏水会、2015
24．松浪稔「草創期のメディア・スポーツ・イベントの実態 ―1901（明治34）年 大阪毎日新聞社主催「長距離競争大会」に着目して―」
『福岡女子大学文学部紀要 「文藝と思想」』第72号、2008
25．熊本県体育協会編・発行『肥後武道史』1940
26．瀬尾謙一『日本泳法流派史話』翔雲会、1974
27．毎日新聞大阪本社編『泳ぎ 毎日新聞社浜寺水練学校60年史』毎日新聞社、1966 ↓略称『泳ぎ』
28．那須賢二編『岩倉流 伝承三百年のあゆみ』伊勢新聞社、2010
29．日本水上競技連盟編纂『日本水泳史料集成』（文獻篇）古今書院、1937
30．日本水泳連盟編・発行『水連四十年史』、1969
31．財団法人京都踏水会『踏水会八十年史』、1975
32．石川芳雄『日本水泳史』米山弘編・発行、1960
33．財団法人日本体育協会『現代スポーツ百科事典』大修館書店、1970
34．西島猛『泳ぎと私』、1977
35．杉本伝『水泳競技』創元社、1926
36．三浦裕行『内田正練とその時代 ―日本にクロールがもたらされた頃―』北海道大学総合博物館、2005 ↓略称『内田正練』
37．高石勝男・木村象雷『水泳日本』改造社、1934 ↓略称『水泳日本1934』
38．観海流泗水会編『観海流の伝承とあゆみ』伊勢新聞社、2008
39．財団法人日本水泳連盟日本泳法委員会第50回日本泳法大会記念事業小委員会編『日本泳法大会50年史』同連盟、2006
40．岸野雄三ほか編『最新スポーツ大事典』大修館書店、1987

〈論者紹介〉

中森　一郎（なかもり・かずお）

1952年(昭和27)三重県生まれ。伝承泳法(日本泳法)を中心とした自称「日本水泳史研究家」。過去、複数の伝承泳法流派に関わり、史的研究調査からの論述と実技の研鑽(観海流・小池流・小堀流など)を行ってきた。現在は、伝承泳法の文化的価値とその発展・普及について取り組む中で、戦前に存在した伝承泳法の団体組織'日本游泳連盟'に関わっての論考を具体的に進めつつある。本書関連以外の近著としては、2018年(平成30)8月上梓『"日本泳法"のススメ　伝承文化としての"オヨギ"が伝えるもの』(単著、(株)BABジャパン)、2022年(令和4)11月発行『―"神統流"に関わる黒田清光の作為と地域の水泳文化としての可能性―』(岡嶋一博との共著、自費出版)がある。

郷土の水泳文化
"長崎游泳協会(瓊浦《けいほ》長崎游泳協会)"
120年のあゆみと想いを俯瞰《ふかん》する

発行日	初版　2025年2月3日
著者	中森 一郎
発行人	片山 仁志
編集人	川良 真理
発行所	株式会社 長崎文献社 〒850-0057 長崎市大黒町3−1　長崎交通産業ビル5階 TEL. 095-823-5247　FAX. 095-823-5252 ホームページ https://www.e-bunken.com 本書をお読みになったご感想・ご意見をお寄せください。
印刷所	オムロプリント株式会社

ISBN978-4-88851-419-4　C0075